JOACHIM GROSSKOPF • KORALLENRIFFE IM WOHNZIMMER

Umschlagfoto
Links: *Chrysiptera tampou*
Rechts: *Himerometra robustipinna*
Unten: Riffaquarium mit Steinkorallen

Die deutsche Bibliothek - CIP-Einheitsaufnahme

Korallenriffe im Wohnzimmer/Joachim, Großkopf
5., überarb. Aufl. - Ettlingen: Dähne, 1999
Früher u.d.T.: Das Korallenriff im Wohnzimmer
ISBN 3-921684-48-X

Joachim Großkopf
Korallenriffe im Wohnzimmer

5., überarbeitete und erweiterte Auflage 1999.
ISBN 3-921684-48-X

© 1994 Dähne Verlag GmbH, Postfach 250, D-76256 Ettlingen.

Umschlaggestaltung: Bomans Design, Siebeldingen
Lektorat: Ulrike Wesollek-Rottmann
Herstellung: Werner Trauthwein
Druck: Kraft Druck GmbH, Ettlingen

Joachim Großkopf

Korallenriffe
im Wohnzimmer

Eine wunderschöne Garnele ist *Stenopus pyrsonotus*

Inhaltsverzeichnis

Vorwort

Meeresaquaristik und Umweltschutz – ein Gegensatz?

Wenn man die Meinung einiger Verbände und Organisationen, ja sogar ganzer Parteien oder deren Vertreter zu diesem Thema richtig versteht, schließt das eine das andere aus. Aus der Sicht des engagierten Aquarianers, der sowohl Süßwasser- wie Meerwassertiere pflegt und züchtet, kann das so nicht akzeptiert werden. Von 1987 bis 1997 war die Einfuhr von Halfter-*(Zanclus cornutus),* Falter- (Fam. Chaetodontidae) und Kaiserfischen (Fam. Pomacanthidae) nach Deutschland untersagt: Der Fang und der Handel von *Tridacna*-Muscheln und vielen Blumentieren (Korallen, Dörnchenkoralle, Edelkoralle) unterliegt jedoch nach wie vor Beschränkungen (Citespflicht). 1997 wurde das Bundesartenschutzgesetz dem Europäischen Recht angepaßt, und da Falter- und Kaiserfische nicht auf dem Washingtoner Artenschutzübereinkommen aufgelistet sind, mußten sie für den Handel wieder freigegeben werden. Für die Pflege im Riffaquarium eignen sich nur einige wenige Fischarten aus diesen Familien, ganz besonders wenn darin kleinpolypige Steinkorallen (z.B. *Acropora)* und *Tridacna*-Muscheln gepflegt werden. Das Handelsverbot dieser Korallenfische war ohnehin wirkungslos, weil in allen anderen Ländern nach wie vor Falter- und Kaiserfische im Angebot waren. In den Heimatländern werden einige Arten auch gegessen, gehören aber nicht zu den begehrten Speisefischen. Nur sehr wenige Korallenriffe sind für den Fang von Fischen und das Sammeln von Wirbellosen Tieren für die Meerwasseraquaristik erschlossen. Die teilweise rapide fortschreitende Zerstörung vieler Korallenriffe wird in erster Linie durch eine zunehmende Wasserverschmutzung, Dynamitfischerei (eine extreme Methode des Fischfangs für Nahrungszwecke), Massentourismus, Kalkbrennen aus Korallenskeletten, Landgewinnungsmaßnah-

men und auch durch wahrscheinlich vom Menschen beeinflußte oder forcierte Krankheiten der Korallen (Bleaching, White- and Black-Banded Desease) verursacht. Der 1997/1998 ungewöhnlich stark auftretende El Niño (Verschiebung der Wassertemperaturzonen im Pazifik) hat ein Massensterben von Korallen nach sich gezogen. Gemessen an diesen teilweise globalen Katastrophen ist die Entnahme von Tieren für die Meeresaquaristik zweitrangig, wenngleich weltweit die Anzahl gefangener Tiere zunimmt. Besonders in den USA, aber auch in Europa und Deutschland werden immer mehr Salzwasseraquarien betrieben. In den meisten Ländern dürfen nur eng eingegrenzte Riffe für die Aquaristik befischt werden und so sind die Auswirkungen auf die Populationen geringer als man meinen möchte. Steinkorallen werden nur von zwei, drei Ländern zur Entnahme freigegeben. Trotzdem sollte der Zucht von Meerestieren für die Aquaristik noch viel mehr Bedeutung beigemessen werden. Erste Ansätze gibt es bereits, und besonders der Tausch von Korallenablegern gewinnt stetig an Bedeutung.

Aquaristik und Tierschutz?

Wer auf dem Standpunkt steht, daß Tiere nur in freier Natur leben dürfen, weil jegliche Pflege in menschlicher Obhut Tierquälerei ist, der darf sich nur vegetarisch ernähren. Bleiben wir einmal bei den Fischen: Fressen und gefressen werden, unter Wasser ein allgegenwärtiger Grundsatz!

Wer weiß, wie große Raubfische ihre Beute fressen, wird vielleicht noch einmal darüber nachdenken, ob es einem Fisch im Aquarium schlecht geht. Fische, die ihr Opfer zerreißen, sind beinahe schon »human«, weil die Beutetiere schnell sterben, aber viele große Jäger saugen ihre Beute ein. Das Opfer wird bei lebendigem Leib verdaut.

Während der Regenzeit kommt es zu einer drastischen Verschlechterung der Lebensbedingungen im Riff. Die Dichte verringert sich, und die Temperatur fällt bis auf 20 °C ab.

Die ausbrechenden Stürme tun ein übriges. Auf die Fische hat das katastrophale Auswirkungen, viele werden von *Cryptocarion* und anderen Parasiten befallen und sterben.

Oberster Grundsatz in der Aquaristik ist selbstverständlich (und muß es auch sein): Jegliches vermeidbare Sterben ist zu verhindern.

Für jeden Aquarianer ist es eine Ehrensache, seine Tiere so gut wie möglich zu pflegen. Tierschutz ist solange notwendig, wie es Menschen gibt, denen das Wohlergehen ihrer Tiere nicht vorrangig ist. Das neue erweiterte Tierschutzgesetz, das die Einfuhr von Korallenfischen verbietet, und vor allem auch die Meinung einiger Verbände und einzelner Politiker, lassen für den Liebhaber den Schluß zu, daß man der Meinung ist, die Aquaristik sei eine Tierquälerei. Das kann nicht stimmen. Uns allen bleibt nur zu hoffen, daß die Fänger so sorgfältig wie möglich vorgehen und ohne Betäubungsgifte fischen, daß der Importeur oder Großhändler so sorgfältig wie möglich auspackt und anpaßt, daß der Einzelhändler so sorgfältig wie möglich eingewöhnt, und daß der Liebhaber so gut wie nur irgendwie möglich seine Tiere pflegt und züchtet. Schon heute sind die Transportverluste unter 10 %, aber Auswüchse, wie das Fischen mit Betäubungsgiften müssen aufhören. Besser sollte ein Fisch das Doppelte oder das Dreifache kosten. Jeder Aquarianer, Händler, Großhändler und Fänger sollte es den Tieren so leicht wie möglich machen und auch Selbstkritik nicht scheuen. Es kann noch einiges verbessert werden, packen wir es alle an, damit wir guten Gewissens unser schönes Hobby gegen seine oft nicht fachkundigen Kritiker verteidigen können.

Meeresaquaristik und Wissenschaft

Die Meeresaquaristik ist mittlerweile in Grenzbereiche der wissenschaftlichen Forschung vorgestoßen. Besonders schwierige Themen sind die Artbestimmung der wirbellosen Tiere, die Ökologie im Riff und das Brut- und Zuchtverhalten der Riffbewohner.

Meeresaquarianer können gerade zu diesen Themen wertvolle Hinweise beisteuern. Viele Tierarten werden in Aquarien gepflegt, die wissenschaftlich noch unbekannt sind. Leider ist es wegen der oft unklaren geographischen Herkunft und der meist schwierigen Gesamtübersicht nicht möglich, aquaristisch durchaus bekannte Tiere genau zu bestimmen. Wertvolle Erkenntnisse gehen so verloren, weil nur Beobachtungen an wissenschaftlich bestimmten Tieren anerkannt werden. Wenn es die allgemeine Übersicht zuläßt, ist es jedoch möglich, neue Arten anhand von Aquarien-exemplaren zu beschreiben. Ein Beispiel dafür ist die seltene Gelbe Marmorgarnele, *Saron inermis* HAYASHI, die nach Tieren beschrieben wurde, die ich von verschiedenen Zoohändlern bekommen habe; oft sind das aber nur glückliche Zufälle.

Beobachtungen über die Vermehrung der Riffbewohner in freier Natur sind meistens nur zufällig, im Aquarium sind gezieltere und vielleicht auch genauere Forschungen möglich, die durch die neuerliche Importbeschränkung auch für die Aquaristik sehr wichtig sind. In Zukunft muß es gelingen, mehr Korallenfische, Krebse und Stachelhäuter nachzuzüchten. Bisher war der Liebhaber dabei auf sich allein gestellt, allenfalls Zoologische Gärten hatten Erfahrungen und haben sie auch weitergegeben. Das entscheidende Problem bei der Zucht ist das fehlende Aufzuchtfutter für die freischwimmenden Larven. Eine Lösung dieses Problems ist nur dann möglich, wenn wissenschaftliche Forschungen eine Grundlage für den Liebhaber schaffen, damit ihm verschiedene Futterzuchten zur Verfügung stehen. Tauchende Meeresaquarianer geben wertvolle Hinweise über die Ökologie der Riffbewohner. Ein tauchender Aquarianer entwickelt sicherlich ein anderes Gespür dafür, was wesentlich ist. Der Liebhaber ist auch tiefer in die Materie eingearbeitet, er kann Unbekanntes anders anpacken. Für den ernsthaften Aquarianer ist das aber auch eine besondere Verantwortung.

Für die Anerkennung unseres Hobbys und seine Zukunft wird das noch von großer Bedeutung sein.

Danksagung

Mein Dank richtet sich an alle, die zur Veröffentlichung meines Buches, besonders in dieser 5., neu überarbeiteten Auflage, beigetragen haben. Auch all die Diskussionen nach meinen Vorträgen oder in Fachgeschäften haben mir viele wichtige Erkenntnisse vermittelt.

Mein besonderer Dank für die Determination von Tieren gilt den immer hilfsbereiten Herren vom Senckenbergmuseum in Frankfurt, Herrn Dr. Manfred Graßhoff, Herrn Dr. Michael Türkay und Herrn Prof. Dr. Klausewitz.

Mein Dank richtet sich auch ganz besonders an meine Eltern, die mich schon in frühester Jugend mit der Natur vertraut machten und meinetwegen und wegen meiner Tiere so manche Strapaze auf sich nehmen mußten.

Von vielen Fachhändlern und Liebhabern habe ich seltene Tiere und Ableger von Korallen bekommen, recht herzlichen Dank dafür. Selbstverständlich bin ich auch all den Firmen dankbar, die mir kostenlos oder zu Selbstkosten Technik oder anderes Zubehör überließen, ohne dafür Gegenleistungen zu erwarten.

Die Vorbereitung und Herstellung dieser 5. Auflage war nur möglich durch die Unterstützung und Mitarbeit meiner Freunde Rolf Wergandt, Fritz Rauh, Peter Schmidt und Gerd Rauh, denen ich dafür ganz besonders danken möchte.

Sehr viele Anregungen und ausführliche Gespräche und gemeinsame Erlebnisse verbinden mich mit meinem Freund Michael Mrutzek. Sein Beitrag zu diesem Buch ist viel größer als es auf den ersten Blick erscheint, eine ganze Reihe der neuen Fotografien zeigt Tiere aus seinen Aquarien.

Mein besonderer Dank geht auch an den Dähne Verlag für die neu überarbeitete 5. Auflage dieses Buches und an Frau Wesollek-Rottmann für die Unterstützung bei der Durchsicht meiner Manuskripte.

Joachim Großkopf   September 1998

Riffbecken mit Steinkorallen und Mördermuscheln   Foto: M. Mrutzek

Abb. 1: Steinkoralle *Blastomussa merleti* (S. 96)   Foto: M. Mrutzek

Seit Juli 1999 besteht für diese Koralle ein Importverbot innerhalb der Europäischen Union (EU). *Blastomussa merleti* kann aber recht gut durch Fragmentation vermehrt werden, so daß die Aquarien-bestände als gesichert angesehen werden können.

Einführung

Die Meeresaquaristik hat sich in den letzten Jahren erheblich verändert. Anfangs interessierten sich die Aquarianer vor allem für die Pflege der prächtigen Korallenfische. Schon bald mußte man aber erkennen, daß die Hälterung der Korallenfische sehr aufwendig ist und sich viele Fische nur bedingt für Aquarien üblicher Größe eignen.

Trotzdem hat die Korallenfischhaltung eine weite Verbreitung gefunden. Mit den vermehrten Einfuhren von Fischen schickten die Fangstationen gelegentlich wirbellose Tiere mit. Viele Blumentiere konnten aber unter den unzureichenden Bedingungen nicht am Leben erhalten werden.

Nachdem mehr Aquarianer erfolgreich wirbellose Tiere pflegen konnten, wurden regelmäßig Niedere Tiere eingeführt. Viele neue Tierarten gelangten so nach Europa und den USA. Das Interesse an dieser vollkommen neuen Tierhaltung nahm immer mehr zu.

Mit der Einführung der biologischen Filterung und der Verwendung sogenannter »Lebender Steine« machte die private Meerestierhaltung große Fortschritte. Als vorläufiger Wendepunkt kann das Jahr 1980 angesehen werden. Seitdem wird eine Vielzahl von Blumentieren, Stachelhäutern, Zehnfußkrebsen, Schnecken, Muscheln, Würmern, Schwämmen, Seescheiden und Fischen erfolgreich gehältert und gezüchtet. Der Tausch von Nachzuchten zwischen Meeresaquarianern ist heutzutage nichts ungewöhnliches mehr. Durch das große Interesse fanden sich auch viele Zubehörhersteller bereit, dem Aquarianer speziell für das Meerwasseraquarium entwickelte Produkte anzubieten. Dadurch gelang es anfängliche Probleme zu beseitigen.

Mit den verbesserten Bedingungen sind jedoch noch lange nicht alle Schwierigkeiten überwunden. Verschiedene lästige Algen verursachen noch immer Verluste unter den empfindlichen Blumentieren. Oft bereitet auch der Nitratgehalt des Aquarienwassers Probleme. Nicht zufriedenstellend sind auch die bisher spärlichen Zuchterfolge mit den Riffbewohnern, die sich über pelagische Larven fortpflanzen.

Ein besonderer Hemmschuh für die Meeresaquaristik ist die unzureichende Artbestimmung von vielen wirbellosen Tieren. Eine sichere Determination ist vielfach auch Wissenschaftlern unmöglich, so daß es bei der Nomenklatur der importierten Meerestiere noch über Jahre hinaus einige Unklarheiten geben wird.

Sehr erfreulich ist allerdings, daß von Aquarianern und Tauchern der Wissenschaft schon viele neue, noch unbestimmte Tiere zugeführt wurden. In den zoologischen Sammlungen konnte so manche Lükke geschlossen werden. Das trägt mit dazu bei, das Korallenriff als Tiergemeinschaft zu erfassen und wissenschaftlich aufzugliedern.

Besonders wertvoll ist auch, daß im Aquarium viele Erkenntnisse über die Lebensweise von wirbellosen Tieren und Fischen gewonnen werden können, die in freier Natur für immer verborgen blieben. Jedes Riffaquarium ist für sich eine kleine Welt, in der Mikroorganismen, Kleintiere, sessile Wirbellose, Krebse, Stachelhäuter und Fische eng miteinander verknüpft, eine Lebensgemeinschaft bilden. Ob Bakterie oder Fisch, alles muß so gesteuert werden, daß ein harmonisches Ganzes entsteht. Diese große schöpferische Aufgabe obliegt dem Aquarianer, der sein ganzes Wissen und Fingerspitzengefühl dafür aufwenden muß. Die notwendige Technik wird nur zur Unterstützung der biologischen Vorgänge eingesetzt. Diese Erkenntnis wird mittlerweile von den meisten Meeresaquarianern akzeptiert. Nicht zuletzt deshalb ist der erfolgreichste Zweig der Seewasseraquaristik die Pflege wirbelloser Tieren gemeinsam mit Fischen in einem Riffaquarium.

Die technischen Voraussetzungen

Die Aquaristik ist eine schöne und interessante Tierhaltung. Ein Unterschied zu anderen zoologischen und botanischen Hälterungsbedingungen ist das Wasser. Tiere und Pflanzen, die im Wasser leben, sind extrem eng mit ihrem Element verbunden. Aus dem Wasser erhalten sie alles, was zum Überleben notwendig ist: Sauerstoff, Spurenelemente, Nahrung und Wärme. Die Bewohner der Meere, Seen und Flüsse haben sich ihrer Umwelt in wunderbarer Weise angepaßt. Sie entnehmen dem Wasser nicht nur lebenswichtige Stoffe, sie belasten es auch mit ihren Abfallstoffen. Bakterien, Algen und Pflanzen sorgen in der Natur dafür, daß es von den tierischen Verunreinigungen befreit wird. Dazu sind komplizierte Stoffkreisläufe notwendig. Als Resultat entsteht wieder einwandfreies gereinigtes Wasser. Verschmutztes Wasser wird in den Korallenriffen rasch durch sauberes Hochseewasser ersetzt, dafür sorgen Meeresströmungen, Ebbe und Flut.

Überall auf der Erde werden unvorstellbare Mengen Wasser von Bakterien und einzelligen Algen (Phytoplankton) aufbereitet. Die Korallenriffe beleben zwar nur einen kleinen Teil der riesigen Ozeane, aber ihnen wird täglich gereinigtes Wasser zugeführt. Gereinigt von einem enorm großen und perfekten Biofilter. Diese erdumfassenden Vorgänge werden in der Meeresaquaristik auf weniger als einem Kubikmeter zusammengezogen, und trotzdem funktioniert ein Aquarium.

Der Aquarianer muß mit der ihm zur Verfügung stehenden Technik versuchen, seinen Tieren eine gleichmäßig gute Wasserqualität zu bieten, das ist nicht einfach und gelingt auch noch nicht perfekt. Trotzdem können viele Riffbewohner im Aquarium erfolgreich gepflegt und gezüchtet werden. Die notwendigen technischen Geräte sollen fehlende biologische Vorgänge nicht ersetzen, sondern erst ermöglichen. In einem biologischen Filter erbringt nicht das Substrat die Leistung, sondern die darin lebenden Bakterien. Andere zusätzliche Geräte, wie zum Beispiel der Abschäumer, sollen den bakteriellen Stoffwechsel nicht ersetzen, sie sollen die Bakterien nur entlasten.

Keine Frage, ohne Technik geht es nicht. Die Filterung, die Heizung, die Strömungspumpen, die Beleuchtung und der richtige Behälter sind Dinge die wohlüberlegt eingesetzt werden müssen. Alle Technik muß im Einklang mit den natürlichen Vorgängen arbeiten, andernfalls ist sie wirkungslos.

Das Aquarium

Eine maßgebende Bedeutung für das Wohnzimmerriff hat der zur Verfügung stehende Behälter. Die Abmessungen des Aquariums richten sich nach dem zukünftigen Verwendungszweck. Eine große Bedeutung haben auch die Materialien, aus denen der Unterschrank und der Beleuchtungskasten gefertigt sind. Salzwasser ist sehr aggressiv und kann bei vielen Werkstoffen mit der Zeit schwere Schäden verursachen.

Der für den Aquarienschrank vorgesehene Standplatz sollte zuvor auf seine Eignung geprüft werden, denn eine Zimmerdecke ist nicht unbegrenzt belastbar. Silikonverklebte Nur-Glas-Aquarien müssen genau in der Waage stehen, vor allem so große Behälter wie sie in der Meeresaquaristik üblich sind. Das Gewicht des Aquariums wird am besten auf eine große Fläche verteilt. Aus diesem Grund ist es empfehlenswert, das Aquarium auf eine gleichgroße Platte zu stellen. Der Druck wird so gleichmäßig verteilt, und das tragende Gestell drückt nicht auf ein paar Quadratzentimeter, was im günstigsten Fall Vertiefungen im Boden hinterläßt.

Am gebräuchlichsten sind heutzutage silikonverklebte Nur-Glas-Aquarien. Der Fachhandel bietet zwei unterschiedlich verklebte Beckentypen an. Es finden sich Behälter mit Wulst- und Stoßverklebung. Welches Klebeverfahren zum Einsatz kommt, bleibt jedem selbst überlassen. Notwendig ist, daß alljährlich die Silikonnähte überprüft werden. Es ist zu kontrollieren, wie weit Algen unter die Klebenaht gewachsen sind. Die Algen dürfen nicht unter die Glaskante gelangen, weil das Aquarium an dieser Stelle undicht werden kann.

Sehr große Behälter können auch zementiert werden, sofern es die baulichen Gegebenheiten ermöglichen. Eventuell kann man sich in Zoologischen Gärten, bei anderen Aquarianern oder bei Herstellern über Einzelheiten, die beim Bau eines solchen Aquariums zu beachten sind, informieren. Wie groß ein Meeresaquarium sein sollte, ist von Fall zu Fall unterschiedlich. Ein Behälter, in dem nur Korallenfische leben, kann gar nicht groß genug sein. Die Maße eines Riffaquariums sollten genau überlegt werden. Zweifellos läßt sich ein Riffaquarium, das zwei Meter oder sogar noch länger ist, sehr schön einrichten, doch ist dabei zu bedenken, daß ein so großes Meeresaquarium nicht einfach zu steuern ist. Als recht günstig, auch für den Einsteiger, hat sich ein Behälter erwiesen, der 155 cm lang, 60 cm breit und 55 cm hoch ist. Für eine Beleuchtung mit Leuchtstoffröhren ist dieses Aquarium geeignet. Soll das Riffbecken mit HQI-Strahlern beleuchtet werden, kann es auch 70 cm breit sein. Die Höhe richtet sich dann nach der Wattstärke der verwendeten Strahler (siehe Beleuchtung). Bei der Verwendung eines HQI-Strahlers wären die idealen Abmessungen quadratisch, 80 cm lang, 80 cm breit. Die Höhe ist abhängig von der Stärke des Brenners. Quadratische Aquarien haben aber den Nachteil, daß für den wichtigen Gasaustausch nur eine geringe Oberfläche, im Vergleich zur Wassermenge, gegeben ist. Beste Filterung und Abschäumung sind deshalb für ein Würfelbecken unabdingbar, wegen der vielen Probleme sind würfelförmige Aquarien nur wenig geeignet. Viele Blumentiere gedeihen nicht gemeinsam in einem Riffaquarium, weshalb zuvor überlegt werden sollte, ob man nicht anstatt eines 800 Liter fassenden, zwei verschiedenartige 400 Liter fassende Meeresaquarien einrichtet.

Die Filterung

Die Filtertechnik ist ein entscheidender Faktor in der Meeresaquaristik. Ohne Schnellfilterung sollte kein Aquarium betrieben werden. Über den Einsatz biologischer Filter ist man sich zur Zeit uneins. Eine Reihe von Experten befürwortet den Einsatz von biologischen Filtern und Abschäumern, während die meisten Liebhaber aber nur mit Abschäumern arbeiten.

Die Biologische Filterung

Bei der Biologischen Filterung erbringt nicht das Filtersubstrat die eigentliche Leistung, sondern die darauf lebenden Bakterien. Damit möglichst viele Bakterien im Filter die Stoffwechselprodukte der anderen Tiere abbauen, muß das Filtersubstrat eine große Oberfläche aufweisen. Diese Bedingung erfüllt am besten ein sehr feinporiges Material wie zum Beispiel Korallensand. Quarzkies ist zu glatt und deshalb kein geeignetes Substrat für einen Biologischen Filter. Unter anderem werden vielfach mit Erfolg auch Keramikprodukte, geeignete Kunststoffe (spezieller Schaumstoff) und Lavagruß eingesetzt. Der Zoofachhandel bietet einige unterschiedliche, gut arbeitende Biofilter-Systeme an. Die Eigenanfertigung guter Filteranlagen ist recht problematisch, denn viele wichtige Faktoren, wie zum Beispiel die Fließgeschwindigkeit, die richtige Substratmenge, die korrekten Abmessungen und die passende Pumpenleistung sind nicht einfach zu berechnen. Je weiter ein Filter von den optimalen Werten abweicht, um so geringer wird seine Effektivität. Das Grundprinzip, nach dem alle Biologischen Filter arbeiten ist gleich, mit Ausnahme der speziellen denitrifizierenden Bakterienfilter.

Abb. 2: Riesenmuschel *Tridacna squamosa* (S. 105).

In den anderen Biofiltern arbeiten Bakterien nach den gleichen Prinzipien. Unterschiede zwischen den Filtern bestehen nicht in der Art wie die Bakterien abbauen. Im Trockenfilter erhalten die Bakterien mehr Sauerstoff, so daß sie effektiver oxidieren können. Im Naßfilter sind die Bakterien dafür vor Luftverunreinigungen geschützt.

Vor der Betrachtung der einzelnen Filtertypen ist es wichtig, die allen gemeinsame Wirkungsweise zu betrachten. In allen Bakterienfiltern üblicher Bauart findet derselbe bakterielle Stoffwechselkreislauf statt.

Der bakterielle Stoffwechselkreislauf

Bakterien übernehmen im Aquarium eine wichtige Aufgabe. Ständig fallen organische Abfallstoffe an wie Futterreste, abgestorbene Tiere, Überreste von Algen und die Ausscheidungen der Fische und der wirbellosen Tiere. Davon bleiben dann vor allem Proteine (Eiweiß) und Harnstoffe übrig. Eiweiß ist eine komplexe Stickstoffverbindung, die dann von den Bakterien aufoxidiert wird.

Die Harnstoffe werden nur zu einem ungenügenden Teil abgebaut. Im Wasser reichern sich diese Stoffe, zusammen mit anderen schwer abbaubaren Substanzen an und färben es gelb. Aus diesem Grund sollten alle 4 bis 6 Wochen diese Gelbstoffe mit einer guten Aktivkohle herausgefiltert werden.

Bakterien übernehmen den Abbau der übriggebliebenen Stickstoffverbindungen. Das Ammonium (NH_4) und das Ammoniak (NH_3) oxidieren sie über Nitrit (NO_2) zu dem ungiftigen Nitrat (NO_3). Unter Sauerstoffausschluß denitrifizieren die Bakterien das Nitrat wieder, über Nitrit und Distickstoffmonoxid (N_2O), zu Stickstoff, der als Gas in die Atmosphäre entweicht.

Ammonium, Ammoniak, Nitrit und Nitrat sind Zwischenprodukte des in jedem eingerichteten Aquarium vorhandenen Stickstoffkreislaufes. Das Ammonium ist ungiftig und unschädlich für Tiere. Für Al-gen und Pflanzen ist das Ammonium ein wertvoller Nährstoff. Das Ammoniak ist eine große Gefahr für alle Fische und wirbellosen Tiere. Es ist giftig und steht in einer Wechselwirkung mit dem pH-Wert. Ist der pH-Wert im sauren Bereich (unter 7,0) liegt 100 % Ammonium vor. Bei einem alkalischen pH-Wert, (über 7,0), steigt der Gehalt des Ammoniaks prozentual an. Bei den im Meerwasser üblichen Werten sind es ca. 10 % Ammoniak. Deshalb ist es wichtig, daß das giftige Ammoniak schnellstens von *Nitrosomonas*-Bakterien zu Nitrit aufoxidiert wird.

Nitrit ist in größeren Konzentrationen ebenfalls sehr giftig. Sind im Wasser mehr als 1,0 mg/l Nitrit vorhanden, besteht für die Fische Lebensgefahr. Kleinere Mengen unter 1,0 mg/l führen auf Dauer zu Schädigungen der Tiere. Erhebliche Störungen im bakteriellen Stoffkreislauf liegen vor, wenn mehr als 0,1 mg/l nachzuweisen sind. Das Nitrit wird von Nitrobacter-Bakterien zu dem unschädlichen Nitrat aufoxidiert. Diese ganzen Vorgänge können bei Sauerstoffentzug auch umgekehrt ablaufen, es findet dann eine Reduktion statt. Im Gegensatz zur Oxidation steht bei der Reduktion nicht das ungiftige Nitrat am Ende, sondern das giftige Nitrit oder das Ammoniak. Bei der positiven Oxidation von Ammonium/Ammoniak entziehen die *Nitrosomonas*-Bakterien dem Ammonium Wasserstoff und ersetzen es durch Sauerstoff. Aus NH_4 (Ammonium) wird NO_2 (Nitrit). Dabei wird Sauerstoff gebunden, weshalb es so wichtig ist, daß im Wasser immer genügend Sauerstoff gelöst ist. Das Nitrit (NO_2) wird dann durch Einlagerung eines weiteren Sauerstoffatoms zu Nitrat (NO_3) aufoxidiert. Nitrit wird auch durch Ozon (O_3) zu Nitrat aufoxidiert.

Jederzeit kann es auch zu einer **Reduktion** kommen, was bedeutet, daß Sauerstoff entzogen und Wasserstoff zugeführt wird. Der Sauerstoff wird frei, dafür wird Wasserstoff gebunden. Zu einer Reduktion kommt es erst, wenn den Bakterien kein Sauerstoff mehr zur Verfügung steht. Das ist zum Beispiel dann der Fall, wenn ein Filter durch Stromausfall mehrere Stunden ohne Zirkulation steht. Im Filter entstehen dann schnell erhebliche Mengen der giftigen Reduktionsprodukte Nitrit und Ammoniak. Nicht nur durch biologische Vorgänge kann es zu einer Reduktion kommen. Die Bestrahlung mit UV-Licht reduziert ebenfalls Nitrat zu Nitrit.

Das Nitrat ist unschädlich für Tiere, gelangt es aber in den Organismus, zum Beispiel durch das Wasser oder die Nahrung, wird es im Körper zu giftigem Nitrit reduziert. Durch das dabei entstehende Nitrit werden innere Organe, besonders Leber und Nieren der Fische geschädigt. Bei Krebsen verursacht es Störungen der lebenswichtigen Häutung. Blumentiere reagieren ebenfalls negativ auf zu hohe Nitratwerte, möglicherweise auch wegen einer im Körper vorgehenden Reduktion zu Nitrit. Das Nitrat ist in einem biologisch sinnvollen Gefüge keineswegs ein Endprodukt. Bakterien, die in sauerstofflosen Zonen leben, denitrifizieren das Nitrat über Nitrit (NO_2) und Distickstoffmonoxid (N_2O) zu Stickstoff (N_2), der als Gas in die Atmosphäre entweicht. Diese **Denitrifizierung** erfolgt nur in anaeroben (sauerstofflosen) Zonen, ganz im Gegensatz zu dem vorher beschriebenen bakteriellen Abbau, der an eine sauerstoffreiche (aerobe) Umgebung gebunden ist. Steigt der Nitratgehalt in einem Aquarium über 15 mg/l an bedeutet das, daß den denitrifizierenden Bakterien nicht genügend Lebensraum angeboten wird. Der Fachhandel bietet spezielle Biofilter an, die nur anaeroben Bakterien Siedlungsraum bieten. Damit die Bakterien aber wirkungsvoll Nitrat abbauen, müssen sie zusätzlich mit einer Energiequelle versorgt werden, das heißt, sie müssen zusätzlich gefüttert werden. Aus diesem Grund ist es bei diesen Biofiltern sehr wichtig, genau nach den Angaben des Herstellers zu arbeiten.

Ein Vorteil ist es, wenn zur Unterstützung der bakteriellen Vorgänge ein Abschäumer eingesetzt wird. Der Fachhandel bietet spezielle denitrifizierende Filtersysteme an, die die anderen Biofilter hervorragend ergänzen. Sie können mitunter die letzte Rettung sein, besonders dann, wenn kein nitratfreies Leitungswasser zur Verfügung steht.

Die Wirksamkeit eines Bakterienfilters kann durch einige Wassermessungen ermittelt werden. Das sehr giftige Ammoniak darf auch nicht in kleinen Mengen im Wasser gelöst sein. Der Nitritgehalt muß unter 0,1 mg/l sein, und der Nitratgehalt sollte 15 mg/l nicht übersteigen. Sind die vorgenannten Wasserwerte in Ordnung, sollte man noch das Redoxpotential überprüfen. Stimmen alle Meßwerte, ist die Filtertechnik nach dem heutigen Stand unserer Erkenntnisse als optimal anzusehen.

Die biologische Naßfilterung

Am häufigsten werden Bakterienfilter im Naßverfahren betrieben. Bei dieser Art der biologischen Filterung ist das Substrat vollständig von Wasser umgeben.

Von der Belastung durch die eingesetzten Tiere ist die Größe des Filters abhängig. Auf 100 Liter Aquariuminhalt muß mit 0,5 bis 5 kg Filtersubstrat gerechnet werden, wenn Korallensand als Filtersubstrat verwendet wird. Gut geeignet ist auch Filterkeramik.

Stark belastete Aquarien können nicht alleine mit einem Naßfilter gefahren werden. Sobald es zu einem Anstieg des Nitratgehaltes kommt, muß die Filterung erweitert werden. Dazu eignen sich spezielle denitrifizierende Filter, ein Trockenfilter oder auch ein Abschäumer. Mit Luft betriebene Bio-Innenfilter können ebenfalls verwendet werden. Der Zoofachhandel bietet verschiedene komplette Filtersysteme an, die bewährt sind und zuverlässig arbeiten.

Nitratfilter, denitrifizierende Filter

Einige Hersteller bieten mittlerweile auch denitrifizierende Filtersysteme an. In diesen

Abb. 3: Lederkoralle, *Sinularia* cf. *brassica* (S. 72)   Foto M. Mrutzek

nitratabbauenden Filtern arbeiten die Bakterien nahezu völlig ohne freien Sauerstoff. Der dabei im Idealfall entstehende Stickstoff entweicht in die Atmosphäre, die ohnehin zu ca. 75 % Stickstoff enthält. So einfach wie sich das aber liest, ist es leider nicht. Im Gegenteil: Denitrifizierende Filter gehören zu den schwierigsten biologischtechnischen Systemen. Damit die Bakterien Nitrat (NO_3) abbauen, ist eine nahezu sauerstofffreie Umgebung erforderlich.Desweiteren müssen die Bakterien »gefüttert« werden. Die Ernährung der Bakterien kann mit Glukose, Lactose oder Alkohol (Glyzerin, Ethanol, Methanol, Schnaps) erfolgen. Zu ihrer Sauerstoffassimilierung entnehmen die Bakterien dem Nitrat (NO_3), ein Sauerstoffatom, zurück bleibt dann Nitrit (NO_2) und umgewandelt Distickstoffmonoxid (N_2O). Bei optimaler Versorgung mit Nährstoffen entnehmen die Bakterien diesen Verbindungen auch noch die drei anfallenden Sauerstoffatome, so daß im Idealfall nur Stickstoffgas (N) zurückbleibt. Der Stickstoff entweicht dann in die Raumluft. Wird zuwenig Nahrung in den Filter eingebracht, bleibt der Abbau bei dem Nitrit stecken. Das ausfließende Wasser ist in diesem Fall giftig. Deshalb sollte das Wasser aus dem Nitratfilter niemals direkt in das Aquarium geleitet werden, sondern erst durch einen aeroben biologischen Filter laufen.

Wird zuviel gefüttert, entnehmen die Bakterien den Sauerstoff auch anderen Inhaltsstoffen, wie Phosphaten oder Sulfaten. Brechen sie das O_2 aus den Sulfaten, können hochgiftige Schwefelverbindungen entstehen, das ausfließende Wasser riecht dann wie faule Eier. Das gleiche passiert, wenn Schwefelbakterien den Filter besiedeln. Das kann man jedoch einfach dadurch verhindern, indem man das Wasser im Filter mit einer kleinen Pumpe umwälzt.

Die Balance zwischen optimaler, zu geringer und zu reichlicher Fütterung der Filterbakterien ist nicht einfach. Eine Rolle dabei spielt auch der Wasserdurchlauf. Ist er zu hoch, wird immer nitrithaltiges Wasser entstehen, ist er zu niedrig, kann es sein, daß die Bakterien auch andere Substanzen verändern. Bei der Denitrifikation entsteht je nach Futterstoff auch unterschiedlich viel CO_2. Der pH-Wert beträgt bei Glucosefütterung ca. 7,0–8,5, bei Fütterung mit Alkoholen ca. 5,5–7,5. Eventuell läßt sich die Durchflußrate im Filter auch mit einem Redoxmeter steuern, der beste Steuerwert liegt dann zwischen -200 mV und -100 mV.

Trotz aller Probeme und Risiken ist der Nitratfilter im Moment die einzige wirksame Methode, zu hohe Nitratwerte im Riffbecken abzubauen; Ionenaustauscher funktionieren nur im Süßwasser.

Der biologische Trockenfilter

Der Trockenfilter ist, ebenso wie der schon beschriebene Naßfilter, keine Erfindung der letzten Jahre. Im Trockenfilter arbeiten die Bakterien nach den gleichen Prinzipien wie im Naß- und Bodenfilter, nur steht ihnen dabei mehr Sauerstoff zur Verfügung, so daß sie das Ammonium, das Ammoniak und das Nitrit besonders effektiv zu Nitrat aufoxidieren können. Das gelingt allerdings nur, wenn das Wasser lange genug mit dem Substrat Kontakt hat. Eine optimale Abbauleistung der Bakterien ist dann gewährleistet, wenn das Wasser 30 bis 60 Sekunden zum Passieren der Filtermasse benötigt. Als Filtermasse eignen sich verschiedene feinporige Materialien. Der Trockenfilter ist eine Ergänzung anderer Systeme, im Verbund mit einem Naßfilter ergibt sich eine hervorragende Kombination.

Leider hat der Trockenfilter auch Nachteile, die nicht ganz beseitigt werden können. Er verursacht eine merklich höhere Wasserverdunstung. Die Bakterien sind sehr anfällig gegenüber Luftverunreinigungen und Temperaturschwankungen. Ein weiterer Nachteil des Trockenfilters ist, daß er dem Wasser Spurenelemente entzieht. Ein regelmäßiger kleiner Wasserwechsel (1 % bis 10 % im Monat) ist darum sehr

Abb. 4: Zusammen mit Steinkorallen leben oft kleine Kalkröhrenwürmer (*Spirobranchus*, S. 112). Die Würmer überleben im Aquarium in der Regel nur, wenn sich auch die Koralle erfolgreich ansiedelt. Typisch für *Spirobranchus* ist der kleine gehörnte Deckel, mit dem sie bei Gefahr ihre Wohröhre verschließen. Der Fisch ist eine Putzergrundel aus der Karibik (*Gobiosoma oceanops*).

Abb. 5: Riffbecken.

Abb. 6 unten: Schematische Darstellung der im Text beschriebenen Filtersysteme. Die Grafik zeigt, was alles an ein Aquarium angeschlossen werden kann.

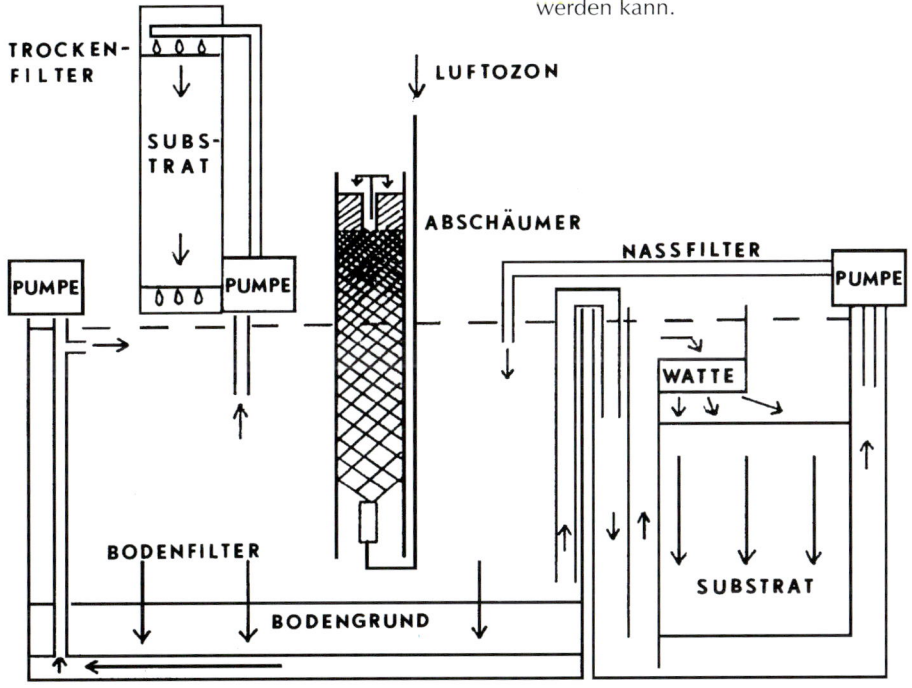

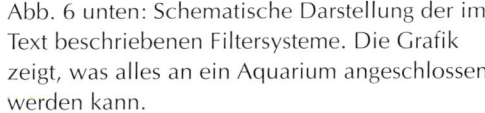

TROCKEN-FILTER

SUBS-TRAT

PUMPE

PUMPE

LUFTOZON

ABSCHÄUMER

NASSFILTER

PUMPE

WATTE

BODENFILTER

SUBSTRAT

BODENGRUND

wichtig, das ist aber bei allen Aquarien zu beachten, die intensiv biologisch gefiltert werden.

Ein wichtiger Vorteil des Trockenfilters ist, daß das im Wasser gelöste Ammoniak aufgrund seiner gasförmigen Eigenschaften, in die Atmosphäre entweicht.

Trockenfilter eignen sich besonders für größere Meeresaquarien ab 300 Litern Inhalt. Im Verbund mit einem anderen Biofilter, oder einem Abschäumer, ergibt sich ein wirkungsvolles System.

Filterung mit Aktivkohle

Im Aquarienwasser reichern sich mit der Zeit verschiedene Gelbstoffe und Harnstoffe an. Mit einer biologischen Filterung sind sie nur schwer aus dem Wasser zu entfernen. Im Abschäumer wird ein kleiner Teil aus dem Aquarium herausgebracht, eine zusätzliche starke Ozonisierung verbrennt die meisten Gelbstoffe. Hohe Ozondosen sind aber nicht ohne Nachteile, so daß eine andere Lösung erforderlich ist.

Hier bietet sich die Filterung mit Aktivkohle an. Einmal im Monat kann man einen Beutel mit hochqualitativer Filterkohle in den Wasserkreislauf integrieren. Ich verwende auf ca. 100 Liter Beckeninhalt etwa 50-100 Gramm Aktivkohle. Die Kohle verbleibt ca. 3 Tage im Kreislauf. In sehr nährstoffarmen Aquarien können einige Blumentiere aber empfindlich auf den Einsatz von Kohle reagieren. Sollte das Wasser keine Gelbfärbung aufweisen muß man mit dem Einsatz von Kohle sehr vorsichtig sein, wenn schon leicht im Abschäumer ozonisiert wird, ist ein Einsatz von Kohle meistens nicht mehr erforderlich. Die Gelb-stoffe und ein Teil der Harnstoffe werden dadurch aus dem Wasser entfernt. Die verbrauchte Kohle sollte weggeworfen werden. Gelegentlich kommt es vor, daß keine nennenswerte Gelbfärbung mehr auftritt, obwohl viel gefüttert wird. Dieser Vorgang ist noch nicht vollends geklärt, scheint aber mit einer besonders effektiven biologischen Filterung zusammenzuhängen, die auch durch die in der Dekoration und im Bodengrund lebenden Bakterien erfolgen kann.

UV-Bestrahlung, Krankheitsprophylaxe

Ultraviolettes Licht (UV) ist eine kurzwellige, an das sichtbare Licht angrenzende Strahlung. Sie liegt im Bereich zwischen 380 Nanometer und 190 Nanometer (nm). Das ultraviolette Licht ist in drei Bereiche eingeteilt. Unterschieden werden der UV-A, UV-B und UV-C-Anteil. UV-Licht können wir mit unseren Augen nicht sehen, es gibt aber Tiere, zum Beispiel Hummeln, die es sehr wohl wahrnehmen können. Ultraviolettes Licht sorgt beim Sonnenbaden für die Braunfärbung der Haut und verursacht dabei mitunter eine schmerzhafte Verbrennung, den Sonnenbrand.

Ein Großteil der natürlichen, von der Sonne erzeugten, UV-Strahlung filtert die Ozonschicht unseres Planeten heraus. Würden mehr UV-Strahlen bis zur Erdoberfläche durchdringen wären die katastrophalen Auswirkungen auf Pflanzen, Tiere und den Menschen nicht abzusehen.

In der Aquaristik werden spezielle UV-Leuchten eingesetzt, die im Bereich von 253,7 nm abstrahlen. Um eine optimale Desinfektion zu erreichen, sollten Strahler mit einer Leistungsaufnahme ab 15 Watt verwendet werden. Die zur Beleuchtung benutzten Leuchtstoffröhren, HQL-Strahler und HQI-Strahler geben unterschiedliche Mengen UV-Strahlung ab. Erwünscht ist davon die Strahlung im UV-A-Bereich.

Der UV-A-Anteil hat von den drei Bereichen die längste Wellenlänge und dringt deshalb am weitesten in das Meerwasser ein. HQI-Leuchten haben einen fast schon zu hohen Anteil an UV-Strahlung. Viele Blumentiere aus geringen Wassertiefen haben gegen die ständige Bestrahlung mit UV-Licht Schutzmaßnahmen entwickelt. Die bekannten und beliebten irisierenden Färbungen von verschiedenen *Xenia*-Arten, Füllhornkorallen, Scheibenanemonen und

Riesenmuscheln stehen im Zusammenhang mit der UV-A-Bestrahlung. Leider filtert das Glas der Aquarienscheiben diese irisierenden Effekte zum Größtenteil heraus. Durch die Wasseroberfläche betrachtet erstrahlt das Aquarium in einem ungewohnten Farbspiel.

Bei der Beleuchtung mit Leuchtstoffröhren kann zusätzlich mit UV-A-Licht bestrahlt werden. Der Fachhandel bietet diese, als Blacklight bezeichneten, Röhren an. Anfangs darf man nur wenige Minuten bestrahlen, damit die Tiere Zeit haben, ihre Schutzmaßnahmen aufzubauen. Im Verlauf einiger Wochen kann man die Bestrahlungszeit auf eine Stunde erhöhen. UV-A-Strahlung hat auf viele Korallenfische eine gesundheitsfördernde Wirkung, darf aber nicht übertrieben werden.

Zur Desinfektion wird UV-B-Licht eingesetzt, das eine verheerende Wirkung auf Bakterien, Viren und Einzeller hat. Verschiedene Stoffe werden reduziert oder oxidiert.

Es ist möglich, daß durch die UV-Strahlung Nitrat (NO_3) zum giftigen Nitrit (NO_2) reduziert wird. In erheblich mit Nitrat angereichertem Wasser darf deshalb keine ständige UV-B-Strahlung eingesetzt werden. Nicht alle Krankheitserreger tötet das UV-Licht. Trotzdem hat sich der Einsatz von UV-Leuchten bewährt. Bakterielle Krankheiten können damit gestoppt und eventuell auch geheilt werden, wichtig dabei ist aber immer, daß die Fische noch in ausreichend guter Verfassung sind. Sehr stark befallene Tiere sind damit meistens nicht mehr zu retten. *Cryptocarion* (»Ichtyo«) und *Oodinium* (Pünktchenseuche) lassen sich alleine mit UV-Bestrahlung nicht behandeln. Verschiedentlich festgestellte Heilungserfolge haben ihre Ursache wohl darin, daß die Fische von bakteriellen Schwächeparasiten befallen waren und nicht von *Cryptocarion*. Im Riffbecken erkranken besonders Doktorfische sehr leicht. Innerhalb weniger Tage können zum Beispiel der Weißkehldoktorfisch *Acanthurus leucosternon* und der Orangefleckdoktorfisch *Acanthurus achilles* zahlreiche weiße Pünktchen

an Körper und Flossen bekommen. Deshalb sollte bei neu erworbenen Fischen vorsorglich eine UV-Leuchte, mit einer Leistung von mindestens 15 Watt zum Einsatz kommen. Schreitet der Befall weiter fort, ist es kaum mehr zu vermeiden, die Fische mit Medikamenten zu behandeln.

Bevor Medikamente verwendet werden, sollte man auch noch den Einsatz eines Diatom-Filters ausprobieren, der anschließend beschrieben wird. Im Riffbecken darf auf gar keinen Fall mit irgendwelchen Medikamenten gearbeitet werden.

Behandlungen müssen immer in separaten Aquarien, mit wenigstens 200 Liter Inhalt und mit bester technischer Ausrüstung vorgenommen werden.

UV-Strahler haben auf den Chemismus des Wassers zum Teil erhebliche Auswirkungen, weshalb sie nicht ständig in Betrieb sein sollten, sondern nur wenn sie unbedingt benötigt werden, etwa zur Krankheitsbehandlung oder prophylaktisch. Durch einzellige Algen hervorgerufene Wassertrübungen können mit UV-Leuchten sicher bekämpft werden. Wichtig dabei ist nur, daß das aus dem Strahler ausfließende Wasser über Perlonwatte gefiltert wird. Die Watte muß täglich gewechselt werden, bis das Wasser wieder klar ist.

Diatom-Filter

Mit dem Diatom-Filter gibt es eine weitere Möglichkeit, im Riffbecken Fischkrankheiten zu bekämpfen. Bei diesem Filtersystem wird das Wasser durch eine feinporige Schicht Diatomeen-Erde gezogen. Die Erde fängt alle Partikel ab, die größer als ein tausendstel Millimeter sind. Die Schwärmer von *Oodinium* und *Cryptocarion* sind größer und bleiben in der Erde hängen. Wird dem Filter eine UV-Leuchte, mit einer Leistung von mindestens 15 Watt vorgeschaltet, ist das Wasser nahezu keimfrei.

Zur Vorbeugung, wenn neu erworbene, empfindliche Fische eingewöhnt werden

DER BAKTERIELLE STICKSTOFFKREISLAUF

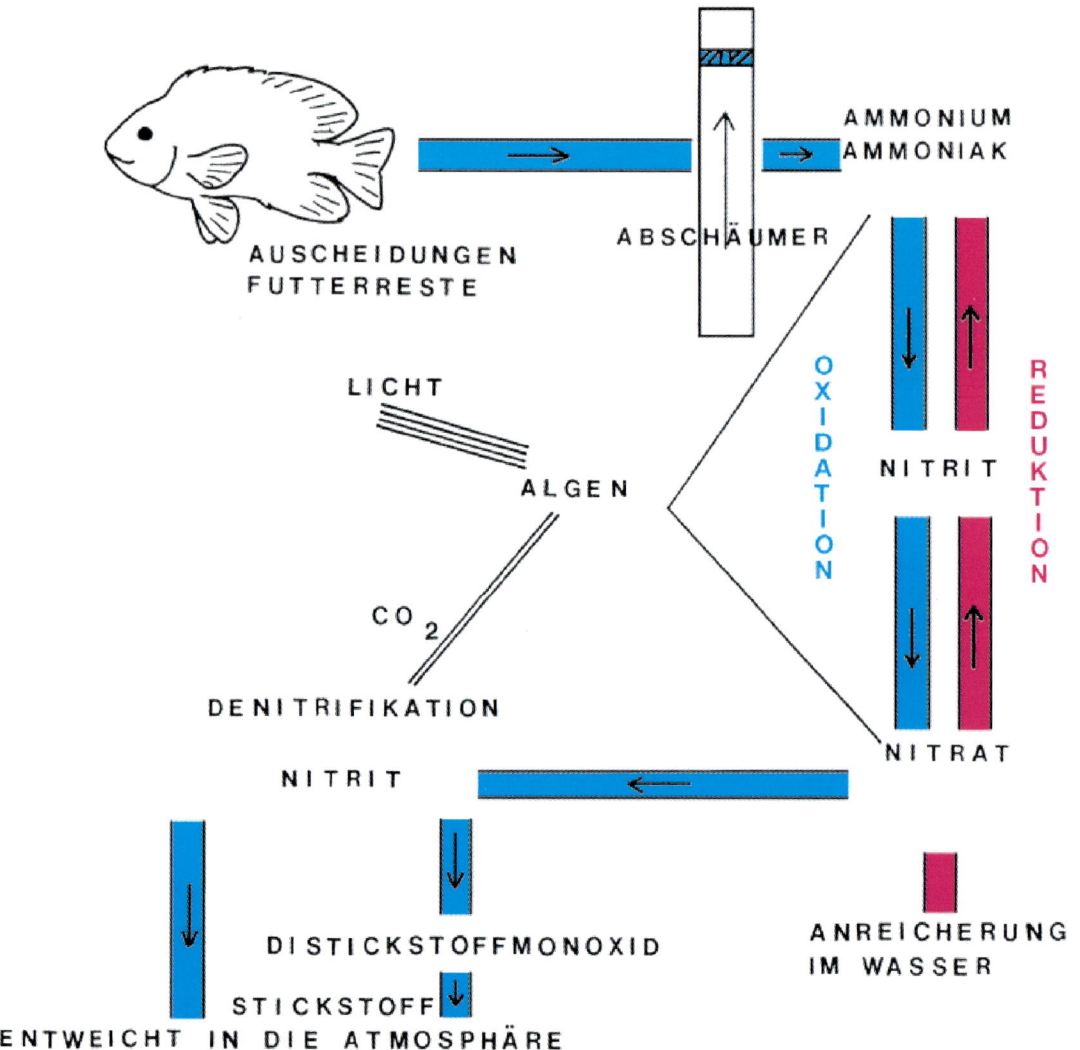

AUSCHEIDUNGEN
FUTTERRESTE

ABSCHÄUMER

AMMONIUM
AMMONIAK

OXIDATION

REDUKTION

NITRIT

NITRAT

LICHT

ALGEN

CO_2

DENITRIFIKATION

NITRIT

DISTICKSTOFFMONOXID

STICKSTOFF

ENTWEICHT IN DIE ATMOSPHÄRE

ANREICHERUNG
IM WASSER

Abb. 7

Abb. 8: Riffaquarium des Autor mit kleinpolypigen Steinkorallen besetzt.

Abb. 9: Ein Gesellschaftsaquarium des Autors

sollen, können der Diatom-Filter und eine UV-Leuchte helfen, Unheil abzuwenden.

Die Abschäumung

Die Abschäumung beruht auf einem physikalischen Vorgang, der es ermöglicht, gelöste Stoffe und kleinste Partikel aus dem Aquarienwasser zu entfernen. Das Kernstück eines jeden Abschäumers ist das Kontaktrohr. Im Kontaktrohr entsteht durch intensive Luftzufuhr ein Gemisch von Meerwasser und feinsten Luftblasen. Die Luftblasen müssen sehr klein sein, weil nur dann der Abschäumer funktioniert. An den Rändern der feinen Blasen lagern sich vor allem Proteine (Eiweiß) und kleinste Schwebepartikel an und werden nach oben aus dem Gerät entfernt.

Der Zoofachhandel bietet viele hervorragende Modelle an, die fast immer besser funktionieren als selbstgebaute Geräte. Vor dem Kauf eines Abschäumers ist es empfehlenswert, sich im Fachhandel über die verschiedenen Modelle zu informieren. Die Größe ist jedoch kein Maßstab für die Leistungsfähigkeit der verschiedenen Geräte, denn es werden Abschäumer mit völlig unterschiedlichen Funktionsprinzipien angeboten. Elegant ist der Einsatz eines kleineren Abschäumers der mit Kreiselpumpen betrieben wird. Anstandslos arbeiten aber auch Geräte, die mit Holzausströmern betrieben werden. Bei jedem Abschäumer ist es wichtig, daß das Kontaktrohr regelmäßig gereinigt wird, weil der sich darin absetzende Schmutz die Entfernung der Proteine erheblich behindert.

Bereitet es Schwierigkeiten das Redoxpotential über 200 mV zu bringen, kann der Einsatz eines leistungsfähigen Abschäumers Abhilfe schaffen. Genügt auch das nicht, ist es möglich die Luft, mit der das Gerät betrieben wird, mit Ozon anzureichern. Ein Nachteil aller Abschäumer ist es, daß sie neben vielen schädlichen Stoffen auch nützliche aus dem Wasser entfernen. Da-

rum sollte ein Abschäumer in der Leistung nicht zu groß gewählt werden.

Mit einem regelmäßigen Wasserwechsel (maximal 10 % im Monat) und einer genauen Nachdosierung von hochwertigen Vitaminlösungen und Spurenelementen läßt sich dieses Manko aber ausgleichen.

Bis auf ganz wenige Ausnahmen, z. B. reine Algenaquarien mit extrem unbelastetem Wasser sollte ein Meeresaquarium immer mit Abschäumer betrieben werden, auch wenn nur sehr wenig gefüttert wird.

Die Beleuchtung

Für alle Bewohner eines Aquariums ist die Beleuchtung ein lebenswichtiger Faktor. Die Ansprüche an das Licht sind von Tier zu Tier völlig unterschiedlich. Einige Arten leben in lichtabgeschatteten Zonen und vertragen keine stärkere Beleuchtung, andere besiedeln die obersten Wasserschichten im Korallenriff und haben sich der dort herrschenden Lichtfülle angepaßt. Eine große Anzahl der bei Aquarianern sehr beliebten Blumentiere *Anthozoa* leben mit einzelligen Algen in Symbiose. Die einzelligen Algen, die Zooxanthellen, leben im Körpergewebe der Blumentiere. Sie verwerten das einfallende Licht und tauschen mit den Tieren ihre Stoffwechselprodukte aus. Diese Symbiose ist von den Tieren so verbessert worden, daß sie keine andere Nahrung mehr annehmen müssen. Erhalten nun diese Tierkolonien zu wenig Licht wird den Algen die Lebensgrundlage entzogen und damit natürlich auch den Blumentieren. Andere Blumentiere und Schwämme leben in Höhlen und tieferen Wasserschichten; werden sie der vollen Beleuchtungsstärke ausgesetzt, können sie absterben.

In einem Riffaquarium, das mit den am häufigsten eingeführten Blumentieren besetzt ist, sollte eine Beleuchtung verwendet werden, die dem natürlichen Tageslicht am nächsten kommt. Die Praxis hat gezeigt, daß für Lederkorallen, Krustenanemonen,

Füllhornkorallen und Steinkorallen, HQI-Strahler mit tageslichtähnlichem Spektrum die beste Lichtquelle darstellen. Daylight-Leuchtstoffröhren eignen sich zwar auch, doch ist ihre Lichtstärke bei weitem nicht so groß wie die der HQI-Strahler.

Die Lichtstrahlen des kurzwelligen roten Bereiches werden im Korallenriff schnell vom Meerwasser absorbiert. Deshalb ist es empfehlenswert die Halogenmetalldampflampen (HQI) mit einer blauen Leuchtstoffröhre zu kombinieren. Die blauen Lichtwellen dringen im Meer bis in größere Tiefen vor, so daß für Blumentiere die eine helle Beleuchtung nicht vertragen, am besten nur mit einer blauen oder grünen Lichtquelle gearbeitet wird.

Bei der Beleuchtungskombination HQI-Strahler/blaue Leuchtstoffröhre muß die Anordnung der Lampen so gestaltet sein, daß auch Stellen vorhanden sind für Blumentiere und Schwämme, die dunkel stehen wollen. Gerade diese Tiere sind sehr farbig und sorgen erst für die besondere Ausstrahlung eines Riffbeckens. Viele Blumentiere die mit Zooxanthellen in Symbiose leben, stellen auch unterschiedliche Ansprüche an die Beleuchtungsstärke. *Xenia*-Weichkorallen aus den oberen Regionen im Riff können gar nicht zuviel Licht erhalten. Eine Kolonie der gleichen Art, aus zehn Metern Tiefe, wird, an der gleichen Stelle angesiedelt, einen Lichtschock erleiden. Die Arten, die auch sehr viel Licht aushalten können, werden den momentanen Schock überstehen und sich anpassen. Blumentiere aber, die erst im Bereich um fünf bis zehn Meter Tiefe vorkommen, vertragen keine Beleuchtung mit einer 250 Watt starken Halogenmetalldampflampe. Zu diesen Tieren gehören die bunten Scheibenanemonen, sowie einige Weichkorallen und verschiedene Krustenanemonen. Stellt ein Tier spezielle Ansprüche an die Beleuchtung, wird das bei der Artvorstellung angegeben. Viele Korallenfische, Zehnfußkrebse und Stachelhäuter sind zu einer dämmerungs- oder nachtaktiven Lebensweise übergegangen. Für sie sollten immer

weiträumige Höhlen eingeplant werden. Auch Korallenfische lieben schattige Stellen in der Dekoration, in die sie sich immer wieder einmal zurückziehen, andere Fische werden aus diesem Bereich vertrieben. Damit sich alle Tiere auf die bevorstehende Nacht vorbereiten können, sollte eine Dämmerung miteingebaut werden. Am einfachsten erreicht man das mit stufenweise geschalteten Leuchtstoffröhren oder Glühlampen. Bei der Verwendung von HQI-Strahlern müssen dazu zusätzliche Leuchtstoffröhren eingebaut werden. Besonders wichtig ist eine Dämmerungsphase für viele Fische, weil sie erst dann mit dem Ablaichen beginnen. Morgens hat eine schwache Beleuchtung auch Vorteile. Fische und Wirbellose brauchen ungefähr eine Stunde bis sie auf das einfallende Licht reagieren. Wird die Beleuchtung stufenweise eingeschaltet spart man Strom und erleichtert den Tieren den Tagesanfang. Die lichtabhängigen Blumentiere benötigen auch ein bis zwei Stunden, ehe sie sich mit Wasser vollgepumpt haben und eine starke Beleuchtung brauchen. Erst zu diesem Zeitpunkt sollten die viel Strom verbrauchenden HQI-Strahler eingeschaltet werden.

Mit Halogenmetalldampflampen ist es möglich, eine Lichtintensität zu erreichen, wie sie bisher mit Leuchtstoffröhren nicht möglich war. Pumpende *Xenia*-Weichkorallen, *Anthelia*-Weichkorallen, Füllhornkorallen, die Orgekoralle *Tubipora musica*, einige Krustenanemonen und viele riffbildende Steinkorallen, können nur bei einer Beleuchtung mit HQI-Strahlern erfolgreich gepflegt und vermehrt werden. Allerdings hat die große Lichtfülle der Halogenmetalldampflampen nicht nur Vorteile. Ein großer Nachteil ist, daß grüne Fadenalgen schnell zum Problem werden können. Dagegen ist besonders dann vorzubeugen, wenn ein eingefahrenes Aquarium umgerüstet wird. Kommen Strahler mit einer zu großen Leistung zum Einsatz, erleiden empfindliche Blumentiere leicht gefährliche Verbrennungen.

Für Aquarien mit einer üblichen Wasserhöhe (50–60 cm) reichen Strahler von 70 oder 150 Watt völlig aus. 250 Watt starke Lampen sind für ein 50 cm hohes Aquarium viel zuviel, zumal noch der Bodengrund vom Wasserstand abgezogen werden muß.

Der UV-Anteil der Halogen-Strahler erweist sich in der Praxis meist als sehr nützlich. Vor allem der UV-A-Anteil hat auf viele Tiere einen günstigen Einfluß. Zu groß darf die Dosis aber auch nicht sein. Mit der Wattzahl steigt auch die Menge der UV-Strahlung an, ein weiteres Argument gegen zu große Strahler. Ein Teil des UV-Lichtes wird von dem hitzebeständigen Glas herausgefiltert, das die Lampen nach unten hin abschließt. Das reduziert die Dosis.

Die Glasscheibe soll jedoch vor allem Wasserspritzer vom Brenner fernhalten. Schon ein kleiner Tropfen würde das Zerplatzen des Brenners verursachen.

Wer keine HQI-Strahler verwenden will, hat noch die Möglichkeit, seine Aquarien mit Leuchtstoffröhren zu betreiben. Quecksilberdampflampen eignen sich wegen ihrer ungünstigen Lichtfarben nicht besonders für ein Meeresaquarium. Die Beleuchtung mit Leuchtstoffröhren ist nicht schlecht. Viele reizvolle Tierkombinationen sind bei dieser Beleuchtung möglich. Ein Nachteil kann sein, daß das Aquarium gleichmäßig ausgeleuchtet wird. Unter Umständen ist es auch ein Vorteil, je nachdem, welcher Besatz angestrebt wird. Viele Gorgonien und Schwämme vertragen eine Beleuchtung mit Leuchtstoffröhren noch, zumal das Spektrum jeder Wassertiefe angepaßt werden kann. Es genügt einfach eine Tageslichtröhre gegen eine andere mit einem höheren Blauanteil auszutauschen. Von den Herstellerfirmen ist sicherlich das genaue Spektrum eines Lampentyps zu erfahren. Einige Blumentiere gedeihen bei einer Beleuchtung mit Leuchtstoffröhren sogar besser, auch gibt es meistens weniger Probleme mit Fadenalgen. Scheibenanemonen, einige Lederkorallen (*Lobophytum*, *Sinularia*), lichtunabhängige Muscheln, Hornkieselschwämme und einige Hornkorallen (*Anthoplexaura, Pseudopterogorgia*) gedeihen sogar besser als bei HQI-Beleuchtung. Ein Vorteil der HQI-Beleuchtung ist es aber, daß sehr helle, normal ausgeleuchtete und dunkle Stellen im Aquarium, ohne großen Aufwand, erreichbar sind. Die Dekoration muß dem nur angepaßt werden, außerdem erhält das Aquarium durch seine dunklen und hellen Zonen eine sehr schöne Tiefenwirkung.

Welche Beleuchtung letztendlich zum Einsatz kommt, sollte sich danach richten, welche Tiere in dem Aquarium gepflegt werden sollen. Für die am häufigsten importierten Blumentiere eignen sich die HQI-Strahler eindeutig am besten. Die Stärke der Beleuchtung darf aber nicht zu groß gewählt werden, weil das auf lange Sicht zu Problemen führen kann. Ist die Filterung optimal und funktioniert die Mikro- und Makrowelt im Aquarium einwandfrei, benötigen die Tiere gar keine extremen Lichtmengen. Die Beleuchtung ist zwar wesentlich, aber beileibe nicht der einzige entscheidende Faktor.

Das was ein wirklich schönes Meeresaquarium ausmacht, ist das gelungene Zusammenspiel aller wichtigen Faktoren, sowohl technischer als auch biologischer Art. Mit dem heute im Fachhandel erhältlichem Zubehör ist es selbst für den Laien nicht schwierig, ein funktionierendes Riffbecken einzurichten. Entscheidend für ein gutes Gelingen ist es, den Vorgaben des qualifizierten Zoofachhändlers zu folgen. Auf empfindliche Blumentiere sollte man anfangs verzichten und in der Auswahl der Fische sollte man sehr zurückhaltend sein. Welche Wattzahl die Beleuchtung bei der vorhandenen Wasserstandshöhe haben sollte, ist aus der nachfolgenden Tabelle ersichtlich.

Das Spektrum der eingesetzten Beleuchtung sollte soweit als möglich dem des Tageslichtes gleichen, mit einer leichten Verschiebung in den blauen Bereich. Je tiefer die Wasserschichten sind aus denen die Blumentiere stammen, um so mehr sollte die blaue bis blaugrüne Tendenz der Be-

Abb. 10: Fisch-Aquarium

Oben: Zwei Symbioseanemonen *Entacmea, Heteractis*. Mitte: Jugendlicher *Pomacanthus paru* (schwarz-gelb); Doktorfisch, *Acanthurus sohal*, darüber ein Seestern *Protoreaster lincki*; am Bildrand ein Anemonenfisch *Amphiprion frenatus* und ein Lippfisch *Bodianus rufus*. Unten: Vor dem Kissenstern *Pentaceraster mammilatus*: ein Putzerlippfisch *Labroides* und ein *Pomacanthus paru*. Daneben ein Palettendoktorfisch *Paracanthurus hepatus*.

leuchtung zunehmen. Bei den am häufigsten importierten Blumentieren genügt es, wenn die blaue Leuchtstoffröhre etwa 10 bis 20 % der restlichen Beleuchtungsstärke ausmacht. Zumal die Fänger meistens nur Tiere aus dem Bereich bis 10 Meter Tiefe fangen. Die oft importierten Blumentiere stammen fast immer aus flacherem Wasser. Deswegen scheiden andere Lichtfarben für den Einsatz im Meeresaquarium aus.

In letzter Zeit werden viele verschiedene HQI-Strahler angeboten, die sich vor allem in der Form der Reflektoren unterscheiden. Runde Reflektoren zentrieren das Licht mehr als eckige oder asymmetrische, die folgende Tabelle bezieht sich auf runde Reflektoren. Geeignete Lichtfarben sind »NDL«, »D« und »10.000 Kelvin«. Im Handel werden mittlerweile von mehreren Firmen Varianten mit unterschiedlichen Lichtfarben angeboten, vor allem im Bereich von D (daylight, ca. 5.000-6.500 Kelvin) über bläulich-weißes Licht abstrahlende Brennertypen (CW 10.000), bis zu extremen Typen mit einer Farbtemperatur von 18.000 Kelvin. Die Farbtemperatur alleine sagt nur wenig über die biologische Tauglichkeit einer Lichtquelle aus, sondern nur über die Färbung des gesamten abgegebenen Lichts. Je höher die Farbtemperatur, um so bläulich-weißlicher wirkt das abgestrahlte Licht. Trotzdem können aber im Spektrum der Lichtquelle lebensnotwendige Bereiche fehlen oder stark unterbetont sein. Im Zweifelsfall ist es ratsam beim jeweiligen Hersteller oder Zoofachhändler nachzufragen, wie die spektrale Verteilung des Brennertyps ist. Kann ein Hersteller dazu keine Angaben machen, ist der Einsatz eher kritisch zu sehen. Die natürlichen Lichtverhältnisse des Flachwasserbereiches (bis ca. 10 m Tiefe) werden am ehesten mit den 11.500 Kelvin-Brennern nachgeahmt. Allerdings geben diese Varianten relativ große Mengen an UV-Strahlung ab (!),weshalb neu erworbene Tiere in der ersten Zeit meistens einen zusätzlichen UV-Schutz (Auflegen einer Glasabdeckscheibe) benötigen. Viele Blumentiere wachsen unter dieser Be-leuchtung etwas langsamer und mehr in die Breite als bei den früher üblichen NDL- und D-Typen. Trotzdem verwende ich fast ausschließlich 11.500er-Typen, weil die Korallen unter dieser Beleuchtung schönere Färbungen entwickeln, die Wuchsform meistens mehr den natürlichen Verhältnissen entspricht und das Aquarium durch das bläulich-weiße Licht insgesamt schöner und vor allem natürlicher aussieht. Sehr wichtig ist auch der Reflektor der HQI-Leuchten, er sollte das Licht möglichst weiträumig und diffus abstrahlen, damit die Tierkolonien nicht, oder besser nicht so sehr unter einer Selbstabschattung leiden. Besonders bei großen und verzweigt wachsenden Steinkorallen, wie z.B. *Acropora*, liegen die unteren Bereiche oft im eigenen Schatten der darüberliegenden Äste. Dadurch wird an diesen, nur mit wenig Licht versorgten Stellen, ein langsames Absterben der Korallen gefördert. Nicht wenige Kolonien beginnen mit der Zeit das lebende Gewebe zurückzuziehen. Allerdings wird das nicht durch Selbstabschattung verursacht, sondern nur verstärkt. Im Aquarium fehlt fast immer das diffus reflektierte Licht, wie man es in der Natur beobachten kann. Im flachen Wasser reflektiert vor allem der Sandboden Lichtwellen. Ebenso ist die Sonne keine punktuelle kleine Lichtquelle wie unsere Aquarienbeleuchtung. Leuchtstoffröhren sind in diesem Punkt zwar besser, aber mit ihnen bekommt man einfach nicht die notwendige große Lichtfülle in das Aquarium. Ideal ist aber eine Kombination von HQI-Beleuchtung und Leuchtstoffröhren. Ideal ist mit Sicherheit auch Tageslicht, die Erfahrungen damit sind aber zumindest in Europa noch recht spärlich und in den Wintermonaten müßte wohl trotzdem zusätzlich beleuchtet werden. Mit einer Kombination HQI/Leuchtstoffröhren können die meisten der im Fachhandel angebotenen Tiere, die mit Zooxanthellen in Symbiose leben, erfolgreich gepflegt werden. Blumentiere ohne Zooxanthellen sind sowieso nur etwas für Spezialisten. Die HQI-Lampen sollten zwi-

Für ein Aquarium mit den Maßen 155 x 55 x 55 cm sind notwendig:

HQI-Beleuchtung

	35 cm	40 cm	45 cm	50 cm	55 cm	60 cm	70 cm	80 cm	100 cm
70 W	X	X	X	X					
–20 W–									
150 W			X	X	X	X	X		
–36 W–									
250 W							X	X	X
–36 W–									

Spalte: Wasserstandshöhe

Strahlungskegel 70 x 70 cm.
Zusätzliche Kombination mit einer blauen Leuchtstoffröhre (–20 W–, –36 W–).

340 Watt bei HQI-Beleuchtung. 2 mal 150 Watt HQI und 1 mal 36 Watt blau.

Leuchtstoffröhren

	35 cm	40 cm	45 cm	50 cm	55 cm	60 cm
5 W	X	X	X	X		
7 W		X	X	X	X	
10 W					X	X

Spalte: Wasserstandshöhe

1 mal 36 Watt blau. Wattzahl pro 10 Liter Wasser, einschließlich blauer Lichtfarbe. 36 Watt starke Röhren können mit 40 Watt berechnet werden. Ca. 300 Watt; 4 mal 59 Watt Tageslicht (65 W),

HQI-Beleuchtung

Nachteile:
– Hoher Anschaffungspreis
– Stromkosten
– Lebensdauer der Brenner ca. 12 Monate,
– Neupreis fast 10 mal so hoch wie der einer Leuchtstoffröhre
– Erhebliche Wärmeentwicklung
– Selbstabschattung der Korallen

Vorteile:
– Tageslichtähnliches Spektrum
– UV-A-Anteil
– Unterschiedliche Helligkeitsstufen im Aquarium
– Gute Ausleuchtung höherer Aquarien
– Ideal für Würfelbecken
– Einige anspruchsvolle Blumentiere und Algen können nur mit HQI-Beleuchtung erfolgreich gepflegt und vermehrt werden
– Viel Platz über dem Aquarium
– mehrere gut geeignete Lichtspektren stehen zur Verfügung, besonders 10.000 Kelvin haben sich gut bewährt.

Leuchstoffröhren

Nachteile:
– Nachlassen der Leuchtkraft (Austausch nach 12 Monaten)
– Lichtstärke für einige Blumentiere und Algen ungenügend
– Ungeeignet für hohe Aquarien
– Weniger Freiraum über dem Aquarium (großer Beleuchtungskasten erforderlich)
– Geringe Selbstabschattung der Tiere

Vorteile:
– Verschiedene Lichtfarben leicht zu kombinieren
– Günstiger Preis einer Leuchtstoffröhre
– Stromsparende Maßnahmen möglich
– Stufenweise Beleuchtung problemlos
– Anschaffungspreis günstiger

Abb. 11: *Sinularia flexibilis*; dieses Blumentier wird im Fachhandel oft als »Spaghetti-Lederkoralle« angeboten (S. 72).

Abb. 12: Pumpende Lederkoralle, *Sinularia* sp., eine besonders schöne Wuchsform (S. 73) Foto P. Schmidt.

Abb. 13: Lederkoralle *Lobophytum* sp. (S. 74).

Abb. 14: Große Pilzlederkoralle *Sarcophyton trocheliophorum*. (S. 73).

Abb. 15: Lederkoralle, *Sinularia dura*. (S. 72).

Abb. 16: *Sarcophyton* cf *glaucum* (S. 73), der rote Fisch ist ein Zwergkaiserfisch *Centropyge loricu-lus*.

Abb. 17: Veränderliche Lederkoralle, *Studeriotes* sp. (S. 74).

Abb. 18: Indopazifische Meerhand, *Nephthyi gorgia* (S. 74).

schen 7 und 10 Stunden brennen (maximale Differenz 5-12 Stunden). Die zusätzliche blaue Beleuchtung muß nicht 12 Stunden eingeschaltet sein, sollte aber morgens vor der HQI-Leuchte angehen und abends danach erst abgeschaltet werden.

CO_2-Diffusion, pH-Wert

Das zusätzliche Einblasen geringer Mengen von Kohlendioxid (CO_2) in das Aquarienwasser wurde eine Zeit lang von relativ vielen Meerwasseraquarianern praktiziert. Mittlerweile wird nur noch recht wenig mit dieser Methode gearbeitet. Bei einer regelmäßigen Anwendung von Kalkwasser (Calciumhydroxidlösung) kann eine CO_2-Diffusion aber durchaus sinnvoll sein. Viel eleganter und effektiver ist der Einsatz eines Kalkreaktors (besonders das System Löbbecke-Museum, nach Hebbinghaus).

Manchmal kann der Einsatz eines pH-Wert gesteuerten CO_2-Diffusionssystems notwendig werden, z.B. wenn der pH-Wert täglich auf mehr als 8.9 ansteigt, trotz Verwendung eines Kalkreaktors, erhöhtem Bodengrund und verringerter Beleuchtungsstärke. In den üblichen Riffaquarien ist das aber nur äußerst selten der Fall, in dicht mit verschiedenen Algen bewachsenen Becken kann der pH-Wert aber durchaus regelmäßig auf über 8,9 ansteigen, was auch für die Algen sehr ungünstig ist.

Die Ozonisierung

Ozon (O_3) ist dreiwertiger Sauerstoff, das heißt, Ozon setzt sich aus 3 Sauerstoffatomen zusammen. Im Wasser löst sich ein Sauerstoffatom. Das Ozon (O_3) zerfällt in normalen Sauerstoff (O_2) und in ein einzelnes Sauerstoffatom.

Dieses einzelne Atom versucht nun schnellstens mit anderen Substanzen eine Verbindung einzugehen; gelingt das, findet eine Oxidation statt. Zum Beispiel wird Nitrit (NO_2) mit 2 Sauerstoffatomen zu Nitrat (NO_3) mit 3 Sauerstoffatomen aufoxidiert. Das ist aber nicht die einzige Bindung welche das einzelne aggressive Sauerstoffatom eingeht. Phenole zum Beispiel werden schnell oxidiert. In älterem Seewasser sind viele das Wasser verunreinigende Stoffe vorhanden, mit denen das aggressive Atom eine Bindung eingehen kann. Gelangen durch die Ozonisierung zuviele Atome in das Wasser, werden die Tiere geschädigt. In frisch angesetztem Salzwasser darf auf keinen Fall ozonisiert werden, weil das schwerwiegende Veränderungen der darin gelösten Substanzen verursacht. Krankheitskeime und Wasserverunreinigungen verbrennt (oxidiert) das einzelne Sauerstoffatom, die erwünschte Wirkung einer Ozonisierung. Viele Krankheitskeime können aber nur mit einer überhohen Ozonmenge bekämpft werden.

Ozon ist also ein starkes Oxidationsmittel und darf auf keinen Fall in das Aquarium gelangen, weil dadurch Fische und Wirbellose schwere Schäden erleiden würden. Eine Ozonisierung ist nur im Abschäumer oder in speziellen Kontaktrohren möglich. Wird zuviel Ozon frei, gelangt es auch in die Zimmerluft und ist leicht an seinem »scharfen« Geruch zu erkennen. Das sollte nicht passieren. Für eine sinnvolle Ozonisierung genügen 5 mg in der Stunde. Ozon ist ein nützliches Hilfsmittel, kein Allheilmittel!

Reicht die Filterung aus, das Redoxpotential über 200 mV zu stabilisieren funktioniert ein Aquarium einwandfrei, sofern der Nitrat- und Phosphatgehalt in Ordnung ist. Zusätzliche Wasserbelastungen können jedoch ein erhebliches Absinken des Redoxwertes verursachen. Mit einer leichten Ozonisierung kann das aber vermieden werden.

Eine geringe Ozonisierung ist nicht nur wegen des Redoxpotentiales nützlich, viel wertvoller ist, daß das Ozon die phenolischen Verbindungen verbrennt und somit unschädlich macht. Phenole gelangen ständig mit der Nahrung in das Aquarium. Frei im Aquarium darf man nicht ozonisieren, immer nur im Abschäumer! In den mittlerweile weit verbreiteten Riffbecken mit sehr sauberem und schwach belastetem Wasser ist eine Ozonisierung nicht unproblematisch. Die meisten Liebhaber verzichten bei der Pflege von empfindlichen Steinkorallen auf eine Ozonisierung und verwenden geringe Mengen von Aktivkohle.

Das Redoxpotential

Eine große Aufmerksamkeit erfuhr einige Jahre lang das Redoxpotential. Mittlerweile messen nur noch relativ wenige Aquarianer das Redoxpotential ihres Aquarienwassers.

Der Begriff Redoxpotential setzt sich aus den Abkürzungen der Wörter Reduktion und Oxidation zusammen. Das Redoxpotential resultiert aus allen chemischen und biologischen Vorgängen im Aquarium.

Das »eigentliche« Redoxpotential wird mit einer recht komplizierten Elektrode gemessen. Zur Vereinfachung wurden andere Elektroden entwickelt. Die Werte in diesem Buch beziehen sich auf Einstabelektroden Platin gegen Silberchlorid. Der Redoxwert wurde bei einem pH-Wert von 8,3 und einer Temperatur von 25 °C ermittelt, im Aquarium sollte er zwischen 180 mV und 280 mV liegen. Andere Elektroden zeigen abweichende Werte an, weil ihre Differenz zum wissenschaftlichen Meßverfahren unterschiedlich ist. Viel wichtiger ist es, regelmäßig die Temperatur, Dichte, den Phosphatgehalt und den Calciumgehalt des Aquarienwassers zu überprüfen.

Meerwasseraquarien, die optisch keinen Qualitätsunterschied erkennen lassen, haben oft ein völlig anderes Redoxpotential. Mit einer regelmäßigen Messung ist es möglich, die biologische Stabilität eines besetzten Riffaquariums festzustellen. Werden erhebliche Schwankungen des Redoxpotentiales ermittelt, bedeutet das, daß die biologischen Abläufe im Aquarium nicht

im Lot sind. Ein deutliches Absinken, unter 200 mV, kann schon das unbemerkte Verenden eines Tieres verursachen. Liegt der gemessene Wert unter 170 mV, ist das Aquarium möglicherweise so stark besetzt, daß jede weitere Wasserbelastung zu einem Zusammenbruch des vorhandenen Systems führt.

Alteingerichtete Behälter, die zufriedenstellend funktionieren, sollten keine größeren Schwankungen aufweisen. In neu eingerichteten Aquarien ist ein Wert von 230 mV anzustreben. Muß das Redoxpotential erhöht werden, geschieht das am besten durch eine Verbesserung der Filtertechnik. Sehr sinnvoll ist auch die Verwendung eines Abschäumers.

Als letzte Maßnahme kann auch der Einsatz von Ozon in Betracht gezogen werden. Eine Ozonisierung ist nur in Verbindung mit einem Abschäumer praktikabel. Mehr als 5 mg in der Stunde sind dabei nur selten notwendig. Wird das Ozon im Abschäumer nicht vollständig abgebaut und gelangt in das Aquarium, werden die Beckeninsassen geschädigt.

Die Messung des Redoxpotentiales führt zu einem Anhaltspunkt über die biologische Stabilität des Riffbeckens. Wertvoll ist die Messung aber nur dann, wenn regelmäßig jede Woche, oder sogar täglich, der vorhandene Wert ermitteilt wird. Ich messe nur noch gelegentlich das Redoxpotential, weil es mir einfach zuwenig gebracht hat, ständig nach den mV-Wert zu schielen. Nach meinen Erfahrungen ist es viel wichtiger z. B. den Sauerstoffgehalt elektrisch zu messen, daraus erhält man viele wichtige Erkenntnisse.

Zur Erleichterung ist die **notwendige technische Ausrüstung** kurz zusammengefaßt:

Bei dem Behälter sollte es sich um ein silikonverklebtes Nur-Glas-Aquarium handeln.
Für den Einstieg sind die idealen Maße (Länge x Breite x Höhe):
Fisch-Aquarium 150 x 65 x 70 cm
Riff-Aquarium 155 x 55 x 55 cm.

Filterung: Biofiltersystem, Schnellfilter und wenn notwendig, ein denitrifizierender Bakterienfilter. Der zusätzliche Einsatz eines Abschäumers ist bei einer größeren Wasserbelastung empfehlenswert. Unter Umständen sind auch eine UV-Leuchte, ein Diatom-Filter und ein Ozonisator notwendig.

Beleuchtung: 2 mal 150 Watt HQI, oder 2 mal 70 Watt HQI. Zusätzlich 1 mal 36 Watt Lichtfarbe hellblau. Als Beleuchtungsalternative sind auch Leuchtstofffröhren geeignet. 4 mal 58 Watt daylight und 1 mal 36 Watt hellblau.

Strömung: Einschließlich der Filterpumpen sollten 3 bis 4 Geräte mit einer Leistung von 3 mal 1000 Liter/h und eventuell 1 mal 400 bis 600 Liter/h eingesetzt werden. Wieviele Pumpen genau notwendig sind, ist von der jeweiligen Dekoration abhängig.

Heizung: In den wärmeren Monaten erübrigt sich meistens eine zusätzliche Heizung, weil die Temperatur sowieso über 25 °C liegt. In den kühleren Monaten würde die Temperatur zu weit abfallen, weshalb die Wassertemperatur mit einer im Zoofachhandel angebotenen Heizung zwischen 23 und 25 °C stabilisiert wird. Im Sommer sollte die Heizung ganz abgeschaltet werden, damit keine unnötigen Pannen passieren können.

Weitere nützliche Hilfsmittel sind eine lange Futterzange, eine kleine Edelstahlpinzette, ein großes, weiches und engmaschiges Fangnetz, ein kleines Plexiglas-Aquarium (Kantenlänge ca. 20 cm) für einen schonenden Fang von Korallenfischen, Stachelhäutern und Krebstieren, ein Scheibenreiniger und mehrere Futtersiebe.
Außerdem braucht man noch einen 20 Liter fassenden Kanister, einen 10 Liter fassenden Plastikeimer und eine kleine Gießkanne zum Nachfüllen des verdunsteten Wassers. Vor der Verwendung müssen diese Plastik-Gegenstände mehrmals mit heißem Wasser gefüllt werden, damit die phenolischen Weichmacher keinen Schaden anrichten können.

Die wichtigsten Wasserwerte

Damit wir unseren Tieren Bedingungen bieten können, bei denen sie sich wohlfühlen, müssen regelmäßige Kontrollen der wichtigsten Wasserwerte durchgeführt werden. Viel Mißgeschick entsteht durch Nachlässigkeit auf diesem Gebiet. Die Zubehörindustrie bietet mittlerweile die wichtigsten Testverfahren an, so daß es möglich ist, wesentliche Unregelmäßigkeiten zu erkennen und zu korrigieren. Wird ein, mit der entsprechenden Technik ausgestattetes Aquarium richtig eingerichtet und besetzt, ist eine Grundlage dafür geschaffen, daß es auch auf Dauer zufriedenstellend funktioniert. Je länger ein Meeresaquarium in Betrieb ist, umso größere Probleme kann es mit manchen Substanzen geben. Bis jetzt sind bei weitem noch nicht alle Schwierigkeiten gelöst, aber gravierende Mängel lassen sich doch vermeiden. Die nachfolgen-

Abb. 19: Weichkoralle, *Dendronephthya* sp. (S. 76).

Abb. 20: *Litophyton arboreum* aus Ostafrika, mit verschiedenen Korallenfischen in einem Riffaquarium (S. 75).

Abb. 22: *Briareum asbestinum* (S. 84), im Hintergrund ein *Acanthocauli* (Siehe S. 96) der Pilzsteinkoralle *Heliofungia actiniformis*.

Abb. 21: Weißer Telesto, *Carijoa (Telesto) riisei* (S. 84).

den Wasserwerte wird man unterschiedlich oft messen müssen, aber regelmäßige Kontrollen sind unerläßlich. Vor dem Einsetzen der Tiere muß das Aquarienwasser erst einmal auf seine Tauglichkeit hin geprüft werden. Wichtig sind folgende Wasserwerte: Ammonium/Ammoniak, Nitrit, Karbonathärte (Kh), pH-Wert, Temperatur, Dichte. Für einen dauerhaften Betrieb ist das Wissen über folgende Substanzen notwendig: Nitrate, Phosphate, Redoxpotential und Sauerstoff. Treten Schwierigkeiten auf und besteht der Verdacht einer Vergiftung, sollte man folgende Analysen in der angegebenen Reihenfolge durchführen: Dichte, Temperatur, Ammonium/Ammoniak, Nitrit, pH-Wert, Kupfer, Zink und Aluminium. Eine Behandlung mit Kupfersulfat ist nur in Verbindung mit einem Kupfertest sinnvoll. Bei jedem Wassertest ist zu beachten, daß sie genau nach den Herstellerangaben gelagert und verwendet werden. Alle Meßreagenzien müssen so untergebracht sein, daß sie nicht in die Hände von Kindern gelangen können. Darunter befinden sich gefährliche Substanzen, aber bei sachgemäßer Verwendung besteht kein Grund zur Sorge. Alle ermittelten Meßwerte und daraufhin durchgeführte Maßnahmen sollten in ein Meßprotokoll eingetragen werden.

pH-Wert		8,0	8,5	
Ammonium	0,5	0,02	0,05	Ammoniak
mg/l	1,0	0,04	0,11	mg/l
	3,0	0,12	0,33	
	5,0	0,20	0,55	

Ammoniak	bis 0,1	ungefährlich, aber zu hoch
	bis 0,2	bedenklich
	bis 0,6	sehr gefährlich, auf Dauer tödlich
	ab 0,7	tödlich

Ammonium (NH₄)/Ammoniak (NH₃)

Ammonium und Ammoniak sind die erste Stufe des bakteriellen Stickstoffkreislaufes (Seite 14). Algen ziehen das Ammonium dem Nitrat (NO_3) als Nährstoff vor. Ammonium ist ungiftig, nicht so das Ammoniak. Vom pH-Wert ist es abhängig, wieviel Ammoniak das Wasser enthält. Bei einem pH-Wert unter 7,0 sind 100 % Ammonium im Wasser gelöst, bei einem pH-Wert über 7,0 steigt der Ammoniakgehalt prozentual an. In einem Meeresaquarium muß der Ammoniumgehalt unter 0,5 mg/l sein, fast immer wird er aber weit darunter liegen, was aber auch richtig ist.

Nitrit (NO_2)

Nitrit folgt im bakteriellen Stoffkreislauf dem Ammonium. In Konzentrationen ab 0,5 mg/l ist das Nitrit, ebenso wie das Ammoniak sehr giftig. Ist es notwendig, Nitrit einmal schnell aus dem Wasser zu entfernen, gelingt das am einfachsten mit Wasserstoffsuperoxid (15%). Davon gibt man dem Wasser tropfenweise soviel zu, bis der gemessene Wert im unbedenklichen Bereich ist (unter 0,5 mg/l). Diese Methode sollte nur in Notfällen angewendet werden, bei einer akuten Vergiftungsgefahr von Fischen oder Niederen Tieren. Ozon (O_3) oxidiert das Nitrit (NO_2) ebenfalls zu Nitrat (NO_3), aber bei einer akuten Vergiftungsgefahr nimmt das zuviel Zeit in Anspruch.

Werden im Aquarium Nitritmengen über 1,0 mg/l gemessen, bedeutet das, daß die Bakterien kein Nitrit mehr zu Nitrat aufoxidieren. Bei den Fischen verursachen so hohe Werte gefährliche Vergiftungen. Das Nitrit behindert die Sauerstoffaufnahme der Tiere. In einem gesunden Biotop, mit einer einwandfreien Technik, kann es zu einem übermäßigen Nitritgehalt eigentlich nur dann kommen, wenn der Strom einige Stunden ausfällt und dadurch die Filterbakterien absterben.

Nitritgehalt

0,05 mg/l	gut/normal
0,1 mg/l	ungefährlich, aber etwas zu hoch
0,2 mg/l	noch ungefährlich, aber es können Störungen im bakteriellen Stoffwechsel vorliegen
0,5 mg/l	sehr gefährlich
ab 1,0 mg/l	tödlich

Nitrat (NO$_3$)

Nitrat ist eine vorläufige Endstufe im bakteriellen Stickstoffkreislauf. Für Fische ist das Nitrat ungiftig. Im Körper der Tiere kann es aber zu giftigem Nitrit (NO$_2$) reduziert werden, das dann die inneren Organe schädigt. Wirbellose reagieren negativ auf zu hohe Werte über 50 mg/l. Ab ca. 80 mg/l können Krebse ihre Häutung nicht mehr ohne Schwierigkeiten durchführen. Ab 30 mg/l werden viele Blumentiere geschädigt. Steinkorallen vertragen über längere Zeiträume nur Werte unter 10 mg/l. Im Meer liegt der Nitratgehalt bei ca. 1 mg/l!

Nitrat wird am besten mittels denitrifizierender Bakterien aus dem Aquarium entfernt (S. 14). In stark belasteten Riffbecken müssen spezielle denitrifizierende Biofilter eingesetzt werden.

Nitrat ist in der Meerwasseraquaristik einer der entscheidensten und wichtigsten Faktoren.

Fische und Wirbellose entwickeln sich am besten in nitratarmem Wasser unter 10 Milligramm pro Liter. Steinkorallen benötigen oft noch geringere Werte zum Gedeihen, am besten so wenig, daß es mit den herkömmlichen Tests nicht nachzuweisen ist. Achtung, die oft verwendeten Meßstäbchen eignen sich nur zur Überprüfung grösserer Nitratmengen. Messungen sollten immer mit genaueren Tests gemacht werden. Immer in der Beschreibung nachlesen, ob die Reagenzien zur Verwendung mit Meerwasser auch geeignet sind!

Niemals nitrathaltiges Leitungswasser verwenden! Schlechtes Leitungswasser muß vor der Verwendung mit Ionenaustauschern oder mittels Umkehrosmose gereinigt werden. Steigt der Nitratgehalt an, wurde wahrscheinlich zuviel gefüttert, es kann aber auch sein, daß unbemerkt Tiere verendet sind, oder das Leitungswasser war nicht einwandfrei.

Der Fachhandel bietet bislang nur wenige Methoden zur Nitratentfernung an, zumeist denitrifizierende Filter oder spezielle Ionenaustauscher; welche Marke nun geeignet ist, und welche nicht, kann ich nicht sagen, wenden Sie sich bei Problemen am besten an Ihren Fachhändler oder an den Hersteller.

Calcium, Karbonathärte, Calciumzugabe, Kohlendioxid (CO$_2$)

Ein sehr wichtiges Element im Meerwasser ist das Calcium. Für viele Tiere ist es ein lebensnotwendiger Grundstoff. Tiere und Pflanzen verwenden es in seinen verschiedenen chemischen Formen oft zum Aufbau von inneren oder äußeren Skeletten und Stützelementen; darüber ist bislang aber erst sehr wenig bekannt.

Calcium ist im Meerwasser vor allem als Calciumhydrogencarbonat (Ca[HCO$_3$]$^+$, Ca[HCO$_3$]$_2$) und als Calcium-Ionen (Ca^{2+}) gelöst. Die Fähigeit der Meerestiere, Calciumcarbonat auszuscheiden und so dauerhaft CO$_2$ (Kohlensäure) in fester Form zu speichern, war und ist noch für die Entstehung des Lebens auf der Erde von entscheidender Bedeutung. In der Frühzeit der Erdgeschichte herrschte in der Atmosphäre ein erheblicher Überschuß an Kohlendioxid. Erst die CO$_2$-Assimilation der Tiere (vor allem Schwämme, erst in jüngerer Zeit auch durch die Korallen) und Algen, führte zu einem allmählichen Abbau von Kohlendi-

Abb. 23: Hornkorallen, die nicht mit Zooxanthellen in Symbiose leben. (ab S. 81).

Abb. 24: *Acanthomuricea* sp. (S. 80).

Abb. 25: Hornkoralle, *Euplexaura* sp. (S. 80).

Abb. 26: Hornkoralle, *Solenocaulon* sp. (S. 81).

Abb. 27: Federhornkoralle *Pseudopterogorgia acerosa* (S. 81).

Abb. 28: Venusfächer *Gorgonia ventalina* (S. 81).

Abb. 30: Hellgrüne Füllhornkoralle *Pachyclavularia ssp.* (S. 78).

Abb. 29: Orgelkoralle *Tubipora* (S. 78).

oxid und zu einem Anstieg von Sauerstoff in der Atmosphäre. Recht wenig weiß man bisher aber darüber, wie die Korallen und andere Tiere und Algen ihre Calciumskelette aufbauen. Selbst in spezieller Literatur findet man darüber nur die allgemeinen Hinweise, besonders über das Zusammenspiel der riffbildenden Steinkorallen mit den Zooxanthellen. Auch im Standardwerk von J. E. N. Veron ist darüber nichts genaueres nachzulesen. Lediglich Hering erwähnt schon 1968 das Enzym Carbonatanhydrase, das die Korallen zur Steuerung der Kalkabscheidung verwenden. Diese Unsicherheit erschwert es auch festzulegen, in welcher Form den Korallen das so lebensnotwendige Calcium nun gegeben werden sollte.

Viele Liebhaber verwenden zur Anreicherung des Aquarienwassers Kalkwasser (Calciumhydroxid-Lösung) und haben damit gute Erfolge, ich selbst verwende es schon seit längerer Zeit nicht mehr, und habe seitdem auch dauerhaft Erfolg mit meinen Bemühungen, Steinkorallen zu pflegen.

Die Erfahrungen der letzten Jahre bestätigen aber immer öfter, daß die Steinkorallen besser wachsen, wenn regelmäßig Calciumhydrogencarbonat zugeführt wird. Das darin enthaltene CO_2 scheint das Wachstum zu beschleunigen. Aus der Luft diffundiert nicht genügend Kohlendioxid nach, um auch bei einem Einsatz von Kalkwasser für einen optimalen Gehalt an Calciumhydrogencarbonat zu sorgen. Besonders an kleineren Aquarien (unter 400 Litern Wasserinhalt) funktioniert darum die Kalkwasser-Methode (nach Wilkens) nicht so besonders gut.

Besonders die Zooxanthellen assimilieren große Mengen Kohlendioxid und produzieren bei der Photosynthese enorme Mengen an Sauerstoff.

Das verursacht dann, je nach Beleuchtungsstärke und der Menge an anderen Tieren, die den Sauerstoff wieder veratmen, einen Anstieg des pH-Wertes, der dauerhaft nicht über 8,5 (Maximum 8,8) liegen sollte.

In einigen Riffbecken konnte ich Sauerstoffsättigungen von über 200% Sättigung ausmessen (WTW-Meßgerät) .

Im Gegensatz zum Kalkwasser wird mit calciumhydrogencarbonathaltigem Wasser neben dem lebenswichtigem Calcium auch genügend CO_2 zugeführt. Eigentlich sogar zuviel CO_2, aber bei maßvoller Anwendung eines Kalkreaktors (Löbbecke-System) oder dosierter Anwendung meines »künstlichen Quellwassers«, sind keine negativen Auswirkungen feststellbar.

Calciumhydroxid verwende ich schon seit Jahren nicht mehr. Calciumhydroxid ist ein Enthärtungsmittel, das die Karbonathärte senkt. Nur in Aquarien die selbst genügend Kohlensäure produzieren ist der Einsatz von Calciumhydroxid effektiv genug. Die Kohlensäure wird in diesen Becken vor allem von Bakterien, Kleinlebewesen und Fischen produziert.

Vor allem morgens kann man dann Kalkwasser verwenden (immer in Osmosewasser auflösen!!), aber ich arbeite damit nur noch sehr maßvoll in reinen Fischaquarien, nicht im Riffbecken. Frisch angesetztem Meerwasser gebe ich nach dem Ausreagieren Calciumchlorid zu, für den Fall, daß der Calciumgehalt zu niedrig sein sollte. Bei den heute meistens angebotenen Salzmischungen ist das nicht der Fall. In der Regel enthalten die Salze schon viel zu viel Calcium und es kommt nach dem Ansetzen zu starken Ausfällungen. Sinkt der Calciumgehalt drastisch ab, was bei der Verwendung eines Kalkreaktors nur selten vorkommt, gebe ich Calciumchlorid/Calciumsulfat und Calciumbromid zu (im Verhältnis 8:1:1/2).

Ein gutes Wachstum zeigen die Korallen auch bei der Verwendung von Biocalcium (TropicMarin); allerdings ist diese Methode recht aufwendig, aber für jeden, der keinen Kalkreaktor anschließen kann, eine gute Alternative. Ebenso wie die Methode nach Balling und Pawlowski, bei der Calciumchlorid und Natriumhydrogencarbonat (1:1) gemischt und dann dem Aquarium zugegeben werden. Bei diesen Methoden gibt man aber viele andere Substanzen in das Wasser und nur relativ wenig Calcium (Anteil ca 15%). Bei der Zugabe von Biocalcium, Calcium-Natriumbicarbonat-Lösung sollte man darum monatlich 10% Wasser wechseln und eventuelle Dichterhöhungen dabei wieder maßvoll nach unten korrigieren.

Künstliches Quellwasser

Ansatz im Kanister: 20 g Calciumcarbonat gibt man in einen dichten Kanister, der zu ca. 2/3 mit Osmosewasser befüllt wird.

Danach wird der Kanister mit CO_2 prall gefüllt. Über 14 Tage verteilt muß noch etwa zweimal CO_2 nachdosiert werden, bis der pH-Wert auf 7,0 oder darunter gefallen ist. Von diesem Wasser sollten täglich nicht mehr als 1-2 Liter (400 l-Aquarium) verwendet werden.

In kleinerem Maßstab kann man auch mit Mineralwasser arbeiten.

Kalkreaktor

Am besten arbeitet man mit dem System Löbbecke-Museum /Hebbinghaus.

In diesem Gerät wird, aus Calciumcarbonat und CO_2 Calciumhydrogencarbonat gebildet. Am meisten wird Korallensand verwendet. Der Vorteil dabei ist, daß die in dem Korallensand einmal von den Blumentieren eingelagerten Spurenelemente ebenfalls wieder gelöst werden und so den Korallen optimal wieder zugeführt werden. Leider wird immer auch etwas Phosphat gelöst. Aus diesem Grund darf man keinesfalls verunreinigten oder schon in Aquarien verwendeten Korallensand verwenden. Zu Beginn das ausfließende Wasser auf Phosphate testen.

Sehr wichtig ist, daß dem Becken nicht zuviel Wasser aus dem Kalkreaktor zugeführt wird, was enorme Probleme bereiten kann. Je nach Calcium- und CO_2-Verbrauch sind ca. 5-20 Liter/h auf 200 Liter Beckeninhalt sinnvoll, die restliche Pumpenleistung bleibt im internen Kreislauf des Kalkreaktors. Nur in extrem dicht mit Steinkorallen und Kalkalgen besiedelten Aquarien kann eine Erhöhung der Austauschmenge erforderlich werden.

Phosphate

Phosphate sind lebensnotwendige Grundsubstanzen, die aber, wenn sie in zu hohen Konzentrationen im Wasser gelöst sind, viele Probleme verursachen. Nach meinen Beobachtungen wachsen Steinkorallen bei Werten ab etwa 0,5 mg/l nicht mehr so gut, wie bei niedrigeren Konzentrationen. Ab ungefähr 5 mg/l zeigen die meisten Blumentiere deutliche Vergiftungserscheinungen.

Phosphate gelangen vor allem durch die Fütterung und sterbende Tiere in das Aquarienwasser, selten ist es auch schon im Leitungswasser enthalten. Phosphat reichert sich im Wasser schneller an, als das ebenfalls stark auf Belastungen hinweisende Nitrat. Wenn Sie wieder einmal Futter auftauen, messen Sie doch einmal das Wasser, in dem das Frostfutter eingeweicht war!

Zur Zeit gibt es nur zwei praktikable Lösungen, um Phosphate wieder aus dem Wasser zu entfernen, Teilwasserwechsel und der Einsatz von Granulaten (z.B. Contraphos), oder Flüssigkeiten, die Phosphate im Aquarium direkt ausfällen. Nitratfilter entfernen im Idealfall auch Phosphate, aber dabei können andere giftige Stoffwechselprodukte von den Bakterien abgegeben werden.

Erschreckend ist, wie wenig man füttern muß, um eine Anreicherung der Phosphate im Aquarienwasser zu vermeiden. Das macht es auch so schwierig, größere Korallenfische mit Blumentieren gemeinsam zu pflegen, weil die Fische für eine artgerechte Hälterung einfach zuviel Futter benötigen und dadurch das Wasser für Korallen zu stark belastet wird. Von den Problemen mit den Erkrankungen der Korallenfische an *Cryptocarion* einmal abgesehen, ist die Wasserbelastung durch das einfach notwendige Futter die größte Schwierigkeit. Die meisten Korallenfische wachsen im

Riffbecken ohnehin nicht richtig aus, neben dem im normal großen Korallenaquarium (um 500 l) zu niedrigen Wasserstand ist die oft notgedrungen zu sparsame Fütterung dafür die Hauptursache.

Jod

Das vielleicht wichtigste Spurenelement im Meerwasser ist Jod. Ich dosiere Jod schon seit langen mit Betaisadona-Lösung nach. Lugolsche Lösung (Jodjodkalium) oder Kaliumjodid kann schon bei relativ geringer Überdosierung Vergiftungen verursachen. Regelmäßig bekommen meine Korallenfische auch getrocknete Algen (Nori) aus dem Naturkostladen. Diese Algen enthalten viel Jod, das so in einer recht natürlichen Form in das Aquarium eingebracht wird. Im Fachhandel werden heute recht gute Spurenelemtmischungen angeboten, die für den Neueinsteiger ihren Zweck vollauf erfüllen.

Strontium

Viele Aquarianer geben dem Wasser Strontiumchlorid zu, um das Wachstum der Korallen zu beschleunigen oder zu fördern. Eigentlich wird aber mit einem regelmäßigen kleinen Wasserwechsel genug Strontium zugeführt. Aquarien, die mit oder ohne Strontiumchloridzugaben betrieben werden, lassen per Augenschein keinen Qualitätsunterschied erkennen.

Die Temperatur

Die Temperatur in den Heimatgewässern der importierten Tiere ist oft sehr unterschiedlich. Im Roten Meer schwankt sie das Jahr über zwischen 20 °C und 28 °C. In den Indoaustralischen Gewässern sind die Schwankungen nicht ganz so extrem, aber doch vorhanden. Im Aquarium kann die Temperatur zwischen 22 °C im Winter und 28 °C im Sommer schwanken. Temperaturen über 29 °C sind für die meisten Wirbellosen tödlich. Korallenfische vertragen bis zu 33 °C. Die günstigste Durchschnittstemperatur ist 24 °C. **Sehr effektiv kühlen kann man das Aquarium im Sommer mit einem Ventilator, der auf die Wasseroberfläche ausgerichtet ist.**

Sauerstoff

In den letzten Jahren habe ich regelmäßig und sehr oft den Sauerstoffgehalt meiner Aquarien und den Sauerstoffverbrauch von biologischen Filtern gemessen. Zur Messung verwendete ich nur WTW-Meßgeräte, die mir mein Freund Herbert Stark zur Verfügung stellt und wartet. Dabei konnte ich je nach Beleuchtung und Besatz in gut funktionierenden Aquarien zwischen 85 % und 170 % Sättigung ausmessen (nachmittags); eine Angabe in Milligramm (mg/l) ist zwar genauer, aber nicht unbedingt ein Muß. Die Werte beziehen sich auf eine Dichte von ca. 1023 und einer Temperatur von 25 °C, die ich in meinen Aquarien fast immer einhalte. Nachts kann der Sauerstoffgehalt rapide absinken und erstaunlicherweise können Korallenfische schon bei 40 % Sättigung sterben! Eine Tatsache, die mich sehr schockiert hat, denn Süßwasserfische ohne spezielle Atemorgane (wie z. B. Labyrinthfische) ertragen auch noch bis zu 10 % Sättigung und weniger. Selbstverständlich gibt es auch viele Süßwasserfische, die empfindlich sind gegenüber zu geringen Werten, ich denke da vor allem an die Malawibuntbarsche, aber trotzdem sind 40 % schon ein recht hoher Wert. Im Süßwasser sind bei diesem Wert zwar höhere Sauerstoffkonzentrationen vorhanden, aber so groß ist der Unterschied nun auch nicht. Zu beachten ist dabei auch, daß der Sauerstoffgehalt in einem dicht mit Tieren besetzten Riff-

Abb. 31: Große Bänderhornkoralle *Pterogorgia guadalupensis* mit Schnabellippfisch (S. 80).

Abb. 32: *Xenia* sp. (S. 77).

Abb. 33: *Plexaurella nutans* (S. 79).

Abb. 34: *Anthelia* sp. (S. 77).

Abb. 35: *Clavularia* cf *viridis* (S. 78), mit *Hoplolatilus purpureus.*

Abb. 36: Brokkoli-Lederkoralle (S. 73).

becken nachts erheblich absinken kann. Mit technischen Maßnahmen ist nur eine 100% Sättigung zu erreichen, die einzige mir bekannte technische Lösung, die Übersättigung ermöglicht, ist das Einblasen von reinem Sauerstoff.

Mit steigender Dichte und Temperatur mindert sich die Fähigkeit des Salzwassers Sauerstoff aufzunehmen. Bei der recht gün-stigen Dichte von 1023,0 und einer Tem-peratur von 25 °C sind bei einer 100%igen Sättigung ca. 7 mg/l Sauerstoff (O_2) gelöst.

Phenole

Phenolische Verbindungen gelangen mit dem Futter in das Aquarium. In Kunststoffen werden sie als Weichmacher eingesetzt, die das Salzwasser auslaugt. Phenole werden am einfachsten mit einer schwachen Ozonisierung (5 mg/h) aus dem Wasser entfernt.

Die spezifische Dichte

In den tropischen Meeren ist die spezifische Dichte unterschiedlich. Das Rote Meer hat mit 1028 bis 1030 (bei 25 °C) einen recht hohen Salzgehalt. Im Indopazifik liegt sie im Durchschnitt etwa bei 1023, bei den Philippinen und vor Ostafrika etwas höher. Die Dichte ist abhängig von der Temperatur. Je niedriger die Temperatur, umso höher wird die Dichte. Falls mit einem Aräometer gemessen wird, sollte eine große Spindel verwendet werden, die nur den wichtigen Bereich zwischen 1019 und 1030 anzeigt. Diese besonders präzisen Aräometer sind bei 25 °C geeicht. Im Riffaquarium sollte der Salzgehalt zwischen 1021 und 1024 liegen, bei 25 °C. Entscheidend ist nicht ein bestimmter Wert, sondern daß die Dichte möglichst wenig schwankt. Deshalb muß verdunstetes Wasser möglichst schnell durch Süßwasser ersetzt werden, weil die Salze im

Wasser verbleiben und so die Dichte ansteigt.

Mit steigender Dichte und Temperatur mindert sich die Fähigkeit des Salzwassers, Sauerstoff aufzunehmen. Bei der recht günstigen Dichte von 1023,0 und einer Temperatur von 25 °C sind bei einer 100%igen Sättigung ca. 7 mg/l Sauerstoff (O_2) gelöst. Im Meeresaquarium sollte eine Sättigung von 80 bis 100% erreicht werden.

Schwermetalle/Spurenelemente

Kupfersulfat ist eine der gebräuchlichsten Substanzen im Kampf gegen die Korallenfischkrankheit *Oodinium* und gegen den Seewasserichtyo *Cryptocarion*. Im Seewasser fällt Kupfer je nach Verschmutzungsgrad des Wassers mehr oder weniger schnell aus. Damit die wirksame Dosis nicht über- oder unterschritten wird, muß täglich der Kupfergehalt gemessen werden. Entsprechend erfolgt dann eine Nachdosierung, so daß immer ein Wert von 1,0 mg/l beibehalten wird.

Im Riffaquarium verursachen so hohe Werte, wie sie zur Behandlung notwendig sind, ein Massensterben der Wirbellosen. Im Meerwasser können nur 0,003 (!) mg/l Kupfer nachgewiesen werden, eine Menge, die meistens schon im Leitungswasser deutlich überschritten wird. So kann es immer wieder vorkommen, daß Kupfer bei den wirbellosen Tieren Vergiftungen verursacht. Zink verursacht mitunter auch Vergiftungen. Auch hier ist wieder das Leitungswasser zu testen, Zink kann auch aus schlechten Filterkohlen stammen. Wer sicher gehen will, sollte nur mit einer Osmoseanlage aufbereitetes Wasser verwenden. Allerdings ist dann die Karbonathärte zu niedrig. Im Zoofachhandel werden aber dazu spezielle Aufhärtungsfilter angeboten, die mittels CO_2 das gereinigte und enthärtete Wasser wieder mit Calciumcarbonat aufhärten. Auf diese Weise entsteht auch für die Steinkorallen ein recht gut geeignetes Wasser. Allerdings ist darauf zu achten, daß das Wasser nicht mit zuviel Kohlensäure versetzt wird, weil sonst schnell unerwünschte Algen, wie z. B. Fadenalgen zu wachsen beginnen.

Osmoseanlagen sind trotz der radikalen Enthärtung die beste Art der Leitungswasseraufbereitung. Ionenaustauscher geben immer auch kleinste Menge in Lösung gegangenes Harz ab. Dieses Wasser kann erst nach einer Ozonbelüftung und Filterung über Aktivkohle verwendet werden.

Im Meerwasser befinden sich in Spuren noch viele andere Schwermetalle, weshalb man sie auch als Spurenelemente bezeichnet. Mit Meersalzmischungen und handelsüblichen Präparaten werden sie in ausreichender Menge zugeführt. Einige sind oft schon im Leitungswasser in zu großen Mengen enthalten, weshalb man dieses eventuell, wie oben beschrieben, reinigen sollte. Zu den Spurenelementen gehören aber nicht nur Schwermetalle, man versteht darunter alle Elemente, die in einer Konzentration im Meerwasser enthalten sind, die geringer als 1 mg pro Liter ist. Die Gesamtkonzentration der Spurenelemente macht noch nicht einmal 5 mg/l aus, nur 0,01% des Salzgehaltes. Gerade das ermöglichte aber die Entstehung der vielfältigen Lebensformen, weil alle auf der Erde vorkommenden Elemente zumindest in Spuren im Meerwasser vorhanden sind. Es ist notwendig, verbrauchte Spurenelemente nachzudosieren. Am besten macht man das mit handelsüblichen Lösungen. Im Zoofachhandel werden mittlerweile gute Produkte angeboten.

Einige Spurenelemente, die im Meerwasser gelöst sind (nach GOLDBERG, 1965 und CULKIN 1966):

Aluminium	0,01	mg/l
Mangan	0,002	mg/l
Eisen	0,01	mg/l
Zink	0,01	mg/l
Kupfer	0,003	mg/l
Molybdän	0,01	mg/l
Silber	0,00004	mg/l
Cadmium	0,00011	mg/l
Jod	0,06	mg/l
Gold	0,000004	mg/l

pH-Wert

Der pH-Wert drückt das Verhältnis der positiven (H^+) und der negativen (OH^-) Wasserstoffionen zueinander aus. Die Meßskala reicht von 0 bis 14. Gemessen wird in Zehnerpotenzen, das bedeutet, daß pH 2 nicht doppelt soviel ist wie pH 1, sondern es sind 10 x mehr OH^- Ionen vorhanden.

sauer	neutral	alkalisch
1 bis 6,9 mehr H^+	7 H^+/OH^- gleich	7,1 bis 14 mehr OH^-

Im Riffaquarium liegt der ideale pH-Wert zwischen 8,1 und 8,35. Völlig normal ist es, wenn der pH-Wert morgens und abends innerhalb dieses Bereiches schwankt, er muß es aber nicht. Unter 8,0 und über 8,5 sollte der ph-Wert nicht sein. Wegen der größeren Genauigkeit sollte der pH-Wert elektrisch gemessen werden. Ist der pH-Wert zu niedrig, sollte man die Karbonathärte messen. Ist sie unter 8 Grad dH, muß das Wasser aufgehärtet werden, wie es später noch beschrieben wird (Kh). Ist die Karbonathärte über 8 Grad dH löst man 10 g Natriumcarbonat und 60 g Natriumbicarbonat in etwas warmem Wasser auf. Mit dieser Lösung können ca. 300 Liter Meerwasser auf pH 8,3 gepuffert werden. Bei jeder Anwendung muß der pH-Wert ständig überwacht werden, er darf nicht über 8,4 ansteigen.

Aufbereitung von Leitungswasser

Unzureichendes Leitungswasser (Phosphat über 0,2 mg/l, Nitrat über 10 mg/l, Schwermetalle) reinigt man am besten mit einer Osmoseanlage. Dabei wird auch die Karbonathärte vollständig entfernt. Im Zoofachhandel werden aber spezielle Aufhärtungsfilter angeboten, die mittels CO_2 das gereinigte Wasser wieder mit Calciumhydrogencarbonat anreichern. Allerdings ist darauf zu achten, daß nicht zuviel CO_2 in das Aquarium gelangt, weil sonst schnell Fadenalgen wachsen würden (siehe auch S. 41, Schwermetalle, S. 37, Calcium).

Die Einrichtung und Inbetriebnahme des Aquariums

Die Vorfreude ist eine der schönsten Erlebnisse. In ganz besonderer Art und Weise trifft dies auch für einen Aquarianer zu, der ein neues Riffbecken einrichten möchte. Einige Wochen zuvor müssen viele Einzelheiten vorausgeplant werden. Das Dekorationsmaterial und verschiedene Geräte sind noch einzukaufen und nicht zu vergessen sind die häufigen Informationsbesuche bei Zoohändlern und gleichgesinnten Freunden. Schließlich wartet man ungeduldig auf den großen Tag. Wenn irgendwie möglich, sollten sofort die ersten Tiere in ihr neues Domizil einziehen, aber man muß einfach Geduld haben, viel Geduld. Bis ein Meeresaquarium nur halbwegs so aussieht wie man es sich vorstellt, vergeht wenigstens ein halbes oder sogar ein ganzes Jahr. So lange Zeiträume sind aber auch angemessen, weil sich im Riffaquarium vielschichtige Lebensgemeinschaften entwickeln müssen. Kleinkrebse und Würmer, Bakterien und Algen, sessile Wirbellose und Fische, das alles muß reibungslos ineinander übergehen, andernfalls erntet man nur Schwierigkeiten.

Die Einrichtung eines Riffaquariums ist von den Tieren abhängig, die später darin leben sollen. Als erstes wird die Technik ausgesucht und installiert. Danach sollte das Dekorationsmaterial ausgewählt werden. Es gibt verschiedene Materialien, die dafür geeignet sind, aber nur wenige sind uneingeschränkt zu empfehlen. Viele Aquarianer verwenden mit Erfolg Tuffsteine, Korallenskelette und »lebende« Steine für ihre Riffbecken.

Tuffsteine sind gut geeignet und in vielen verschiedenen Größen erhältlich. Einen Nachteil hat dieses Dekorationsmaterial, Tuffsteine sind schwer. Die Qualität von Kalktuff ist unterschiedlich, so daß nicht alle Tuffsteine geeignet sind. Zur Verwendung sollten nur härtere Tuffsteine kommen.

Das beste Dekorationsmaterial sind »lebende« Steine. Sie sind Überreste von Korallen und Kalkalgen, die im Meer von allerlei Kleintieren und Algen besiedelt wurden. Von dem ursprünglichen Korallenskelett ist meistens nichts mehr zu sehen. Die vielen Kleintiere, die innerhalb der Bruchstücke leben, haben auf den Chemismus des Aquariums einen sehr positiven Einfluß. Lebende Steine werden genauso wie Blumentiere oder Korallenfische importiert. Deshalb sind sie leider zu teuer um sie als eigentliches Dekorationsmaterial zu verwenden. Eventuell bekommt man von seinem Händler kleinere Brocken natürlichen Substrates, denn in den Verkaufsaquarien bleiben mit der Zeit immer kleinere Stücke liegen, die von abgestorbenen, oder von abgewanderten Tieren stammen. »Lebende« Steine dürfen erst dann in die Dekoration integriert werden, wenn sich das Aquarium biologisch stabilisiert hat. Das ist ungefähr 14 Tage bevor die ersten Tiere Einzug halten können. Mit vielen Schwämmen bewachsene Steine eignen sich nicht. Die Schwämme müssen entfernt werden, weil sie in dem noch frischen Wasser absterben würden. »Lebende« Steine aus dem Mittelmeer sollte man nicht für ein tropisches Riffaquarium verwenden.

Die Gestaltung der Dekoration bleibt selbstverständlich jedem selbst überlassen. Beim Aufbau der Dekoration sollte man allerdings immer beachten, daß gleichmäßig auf das ganze Aquarium verteilt, geeignete Siedlungsplätze für Blumentiere, Röhrenwürmer, Schwämme und Muscheln entstehen. Einzelne tote Korallenskelette können auch in die Felsaufbauten integriert werden. Für Seeigel sind sie eine ideale »Weideunterlage«. Abgeschnittene Seitenäste von Weichkorallen wachsen daran besonders schnell fest. Später, wenn das Aquarium vollständig von Tieren und Algen besiedelt ist, sind die unterschiedlichen Dekorationsmaterialien nicht mehr zu erkennen.

Nachdem die Dekoration im Becken aufgebaut ist, wird der **Bodengrund** eingebracht. Eine 0,5 cm bis 5 cm hohe Schicht Korallensand hat sich als günstig erwiesen. Ein niedriger Bodengrund, vor allem hinter der Dekoration, hat den Vorteil, daß man mit zunehmender Standzeit des Beckens keine Probleme mit der »Vermulmung« bekommt. Danach wird **einwandfreies** Süßwasser eingefüllt und die Geräte angeschlossen. Erst jetzt, als letztes, gibt man die notwendige Salzmenge langsam zu. Die Dichte sollte so eingestellt werden, daß sie im günstigen Bereich von 1021–1025 bleibt, am besten ist 1023. Nach 2 Tagen schaltet man das Licht ein, 12 Stunden die Röhrenbeleuchtung, die HQI-Strahler je nach Wattzahl 5–8 Stunden (je stärker desto kürzer). Jetzt ist noch die Dichte zu überprüfen und, falls notwendig, zu korrigieren. Nach 5 Tagen besorgt man sich etwas Bodengrund aus dem Wirbellosen-Aquarium seines Zoofachhändlers. Nach ca. einer Woche ist das Becken mit verschiedenen Algen bewachsen. Sehr oft überziehen goldbraune Kieselalgen die Dekoration. Ist die im Wasser gelöste Kieselsäure von den Algen verbraucht, sterben sie ab. Der Abschäumer entfernt viele der abgestorbenen Algen. Enthält das zum Ansetzen verwendete Wasser sehr viel Kieselsäure, kann dieser Rhythmus 3 bis 4 mal vonstatten gehen. Das verlängert dann selbstverständlich die Anlaufzeit beträchtlich. Sobald die Kieselalgen zurückgehen, was ungefähr 14 Tage dauert, besorgt man sich

etwas *Caulerpa*. Besonders gut ist die gefiederte *Caulerpa taxifolia* geeignet. *Caulerpa*-Arten mit dicken Rhizomen und »blassen Blättern« sind ungeeignet. Ist die *Caulerpa* am nächsten Tag nicht glasig und zusammengefallen, besorgt man sich so viel wie möglich davon. Die Dekoration soll zu diesem Zeitpunkt möglichst dicht mit *Caulerpa* besiedelt sein. Nun ist auch der Zeitpunkt gekommen, zum erstenmal die wichtigsten Wasserwerte zu testen. Der pH-Wert soll zwischen 8,0 und 8,5 liegen (ideal 8,3). Die Karbonathärte muß über 8 °dH sein. Der Ammonium/Ammoniak-Gehalt darf 0,2 mg/l nicht übersteigen, sollte aber bei 0,0 liegen. Von dem giftigen Nitrit sollten maximal 0,1 mg/l nachzuweisen sein. Das Redoxpotential ist am besten über 200 mV. Sind die Wasserwerte in Ordnung läßt man das Aquarium 2 Wochen so laufen, es dürfen keine Tiere eingesetzt werden! Befindet sich im Wasser noch zuviel Ammonium oder Nitrit, muß solange gewartet werden, bis die ermittelten Werte auf das normale Maß abgesunken sind. Verläuft alles normal, ist das Aquarium jetzt ungefähr 4 bis 6 Wochen in Betrieb. Das ist der richtige Zeitpunkt um die »lebenden« Steine in die Dekoration zu integrieren.

Nach dem Einbringen der »lebenden« Steine bleibt das Aquarium noch 2 Wochen ohne weiteren Tierbesatz. In der Zwischenzeit beobachtet man das Aquarium sehr genau, denn verschiedene Kleinkrebse, Würmer und Algen werden sich ausbreiten. Schmieralgen oder Fadenalgen müssen sofort entfernt werden. Sollten mit den »lebenden« Steinen Krabben in das Aquarium gelangt sein, müssen diese auch entfernt werden.

Während der gesamten Einlaufphase ist es besonders wichtig, regelmäßig die wichtigsten Wasserwerte zu kontrollieren und die Ergebnisse schriftlich festzuhalten.

Nach ca. 8 Wochen ist der große Moment gekommen! Das erste Tier kann erworben werden. Bei seinem Fachhändler kauft man einen Röhrenwurm, der an einer strömungsarmen Stelle in der Dekoration verankert wird. Die Wohnröhre sollte nicht weiter als 5 cm aus den Steinen herausragen. Rings um den Röhrenwurm wird die *Caulerpa* entfernt. Wichtig dabei ist, daß die Umgewöhnung des Röhrenwurmes, an das Aquarienwasser, sehr langsam vonstatten geht. Zu schweren Schädigungen kann es kommen, wenn das Tier ohne ausreichende Anpassung eingesetzt wird.

Das kleine Plexiglas-Aquarium (Kantenlänge ca. 20 cm) leistet bei der tropfenweisen Anpassung wertvolle Dienste.

Wirft der Röhrenwurm seine Tentakelkrone nicht ab und ist er nach 2 bis 3 Wochen an der Dekoration festgewachsen, können weitere Tiere einziehen. Als Erstbesatz sind eine Lederkoralle, eine Kolonie Scheibenanemonen und eine Kolonie Krustenanemonen geeignet. Für Stachelhäuter und Krebse sind die Bedingungen noch nicht geeignet. Mit dem Einsetzen von Fischen muß man noch warten, weil diese gefüttert werden müssen, die Bakterien aber noch einige Zeit zur Vermehrung brauchen.

Entsprechend den angesiedelten Tierkolonien ist *Caulerpa* zu entfernen, damit es zu keiner Raumkonkurrenz kommen kann. Jetzt beginnt man damit, jede Woche mit lebendem Plankton zu füttern. Im Zoofachhandel kann man schon seit Jahren Futterportionen von Rädertierchen (*Brachionus*) und anderen lebendem Plankton kaufen. Sind die Blumentiere auch nach einer Woche noch gesund, erwirbt man schnell weitere Kolonien. 9 bis 10 Wochen nach dem Einrichten können auch die ersten Fische einziehen. Sollten Fadenalgen zu wachsen beginnen, wird als erstes ein Doktorfisch eingesetzt. Besonders gut eignen sich *Ctenochaetus*-Arten. Schnell nacheinander werden neue Blumentiere zugekauft, vielleicht jede Woche ein bis drei Kolonien. Zu Anfang eignen sich nur Arten die mit Zooxanthellen in Symbiose leben, weil diese Blumentiere nur sehr wenig gefüttert werden müssen.

Für jedes neu eingesetzte Blumentier wird *Caulerpa* entfernt. Korallenfische können nur in vierwöchigem Abstand einzie-hen, weil die Bakterien genügend Zeit brauchen, sich der neuen Belastung anzupassen. Besonders während der Anlaufphase ist eine sparsame Fütterung wichtig. Viele Fische finden im Riffbecken selbst einen Großteil ihrer Nahrung, zum Beispiel Algen, Kleinkrebse, Würmer, Schnecken und Krustenschwämme.

Es können durchaus 10 oder 12 Monate vergehen, bis genügend dieser Kleintiere im Aquarium leben. Deswegen sollten niemals zuviele Fische auf einmal eingesetzt werden, weil es dann unvermeidlich ist, mehr als notwendig zu füttern. Den gesamten Fischbesatz sollte man nicht auf einmal in das Riffbecken einsetzen, sondern nach und nach über einen Zeitraum von 12 Monaten.

Während der gesamten Betriebszeit eines Aquariums ist es unabdingbar, regelmäßig die wichtigsten Wasserwerte zu kontrollieren.

Die Idealwerte dienen als Richtschnur für den späteren Betrieb. Nach dem Anfangsstadium wird es erst richtig interessant, aber auch schwierig. In den vielen Monaten danach wird sich zeigen ob das Aquarium harmoniert. Der Zeitpunkt ist gekommen, sich mit der Lebensgemeinschaft eines Wohnzimmerriffs genauer zu befassen: mit dem ökologischen Gleichgewicht.

Neu erworbene Tierkolonien befestigt man am besten mit den heute im Zoofachhandel angebotenen Zweikomponenten-**Korallenklebern.**

Täglich sollten folgende Arbeiten durchgeführt werden:

1. Im Riffbecken Fische und Wirbellose wenigstens 1 x füttern. Sessile Wirbellose ohne Zooxanthellen 2 x füttern, einige schwierige Arten sogar noch öfter. Im Fischbecken mindestens 3 x füttern, aber immer nur soviel, wie innerhalb von 2 Minuten gefressen wird.
2. Der Füllstand ist zu kontrollieren und verdunstetes Wasser ist mit hartem Wasser oder Osmosewasser aufzufüllen.
3. Kontrolle der wichtigsten technischen Funktionen: Licht, Filter, Abschäumer, Heizung und Strömungspumpen.
4. Ist die Atemtätigkeit der Fische normal?
5. Fehlt ein Beckenbewohner?
6. Sind alle sessilen Wirbellosen in Ordnung?
7. Veralgen Blumentiere mit Faden- oder Schmieralgen?
8. Wachsen sonst irgendwo im Aquarium Faden- oder Schmieralgen? Wenn ja, müssen sie sofort entfernt werden!
9. Bei einer permanenten Messung von pH-Wert und Redoxpotential ist eine tägliche Kontrolle nötig, am besten zur selben Uhrzeit. Der pH-Wert sollte zwischen 8,1 und 8,3 liegen. Tägliche Schwankungen innerhalb dieses Bereiches sind normal.
Das Redoxpotential sollte zwischen 180 mV und 300 mV sein (Platin-Silberchlorid, 25 °C, pH 8,3). Je weniger Unterschiede das täglich Redoxpotential aufweist, in um so besserem Zustand ist das Aquarium.
10. Unregelmäßigkeiten oder Besonderheiten notieren.
11. Nach jeder Arbeit am Aquarium Deckscheiben überprüfen, damit keine Lükken vorhanden sind, durch die Fische herausspringen können. Falls das Aquarium anderweitig gesichert ist, regelmäßige Kontrollen nicht vergessen.

Alle 7 bis 14 Tage sind folgende Arbeiten zu erledigen:

1. Scheiben reinigen.
2. Kontaktrohr des Abschäumers säubern und eventuell die Holzausströmer erneuern.
3. 1 % Wasser wechseln, höchstens jedoch 10 %!
4. Ist die oberste Schicht des Bodengrundes veralgt, sollte diese ganz vorsichtig gelockert werden. Die tieferen Zonen müssen unberührt bleiben.
5. Die Watte im Schnellfilter muß gegebenenfalls ersetzt werden.
6. Wenigstens 1 x wöchentlich sollte man die sessilen Wirbellosen mit lebendem Plankton füttern (*Euplotes*, *Brachionus*).
7. Sollte *Caulerpa* sehr gut wachsen ist sie wöchentlich auszulichten.
8. Der Nitritgehalt muß unter 0,05 mg/l sein.
9. Der Nitratgehalt ist zu kontrollieren, optimal sind Werte unter 5 mg/l. Gut sind Mengen bis 15 mg/l. Noch geeignet, aber für Steinkorallen schon zuviel, sind 30 mg/l. Über 30 mg/l ist das Wasser für Blumentiere ungeeignet.
10. Mit einem Präzisionsaräometer muß die Salzdichte überprüft werden, ein guter Mittelwert ist 1023,0 bei 25 °C.
11. Der pH-Wert sollte mindestens 1 x wöchentlich gemessen werden. Morgens nicht unter 8,0 und abends nicht über 8,4.
12. Blumentiere, die Wachstumsstörungen, Faulstellen oder Vernessellungen haben, sind zu versorgen, eventuell sollten sie einen anderen Standplatz erhalten.
13. Das Futter 1 x wöchentlich mit Vitaminen anreichern.
14. Calciumgehalt überprüfen.

Abb. 37: Kenia-Bäumchen
Capnella sp. (S. 75).

Abb. 38: Dörnchenkoralle *Antipathes* (S. 100)
mit *Stenopus scutellatus* (S. 116).

Abb. 39: Weichkoralle *Neospongodes*, die mit
Zooxanthellen in Symbiose lebt. *Neospongodes*
ist sehr nahe mit *Capnella* verwandt (S. 75).

Das ökologische Gleichgewicht – Lebensgemeinschaften und Parasiten

Die sinnvolle Ausnutzung der vorhandenen Lebensräume ist ein wichtiger Punkt in der Aufbauphase eines Riffaquariums. Es hat erhebliche Nachteile, wenn zur Verfügung stehende ökologische Nischen überbesetzt sind. Unbefriedigend muß es sein, wenn andere Lebensräume unausgenutzt bleiben. Im Aquarium sollte vermieden werden, daß verschiedene Tiere und Algen um einen Lebensraum kämpfen, während womöglich die anderen Ecken und Nischen verwaist sind. Ein Beispiel hierfür liefern die lichtabgeschatteten Stellen, oder die Räume, die Stachelhäuter und Krebse beleben. Besonders kraß ist das Fehlen von Einzellern im ökologischen Gefüge der Meeresaquarien.

Je harmonischer die Räume im Aquarium verteilt sind, umso schönere und in sich perfektere Lebensgemeinschaften entstehen. In diesen Gemeinschaften werden keineswegs nur die höher entwickelten Tiere miteinbezogen, sondern auch alle anderen, oft mikroskopisch kleinen Lebewesen.

Das Vorhandensein von Protozoen, Bakterien, Würmern, Algen und Kleinkrebsen ist ungemein wichtig für alle höheren Tiere. Ohne die erstaunlichen Fähigkeiten der Bakterien ist es kaum möglich, ein Aquarium mit Fischen zu besetzen. Ein ökologisches Gleichgewicht aller eingesetzten Bewohner ist das Ziel, das in der Meeres-aquaristik angestrebt werden muß. Je genauer die vielen verschiedenen Lebewesen aufeinander abgestimmt sind, umso besser funktioniert ein Riffbecken. Das ist auch der einzige Grund, weshalb überhaupt Bakterienfilter zum Einsatz kommen. Biofilter stellen den Bakterien zusätzliches Siedlungssubstrat zur Verfügung, damit größere Kulturen die anfallenden Abfallstoffe abbauen. Nur so ist es möglich, in einem gut besetzten Aquarium ein natürliches Verhältnis der Bakterien zu den anderen Tieren herzustellen. Technische Hilfsmittel wie Abschäumer und Schnellfilter können die Bakterien nicht ersetzen, das sollen sie auch nicht, sie sollen die Bakterien nur entlasten.

Treten bei der regelmäßigen Kontrolle der wichtigsten Wasserwerte (Nitrit, Nitrat, Phosphat) Unregelmäßigkeiten auf, bedeutet das, daß Mängel in der ökologischen Harmonie vorliegen. Meistens sind die Bakterien überlastet, die Filterung reicht einfach nicht aus. In eingefahrenen Aquarien muß man vor allem darauf achten, daß der Nitrat- und Phosphatgehalt nicht ansteigt. Kleinere Unstimmigkeiten können mit der Messung des Redoxpotentiales rechtzeitig erfaßt werden. Ein Meßverfahren, das unmittelbar die Leistungsfähigkeit der Bakterienkulturen anzeigt, gibt es nicht. Wichtig ist, daß die Stärke der Kulturen mit der zunehmenden Belastung des Wassers ansteigt. Haben die Bakterien ihre größte Umsetzungsfähigkeit erreicht und das Becken wird durch noch mehr Tiere belastet, kommt es unweigerlich zu einer Verschlechterung des Milieus. Mit einer Erweiterung der Filterung muß man dem entgegenwirken.

Nachdem ein Meeresaquarium fachgerecht in Betrieb genommen worden ist, siedeln sich mehrere Bakterien-Arten an. Bakterien neigen dazu, sich miteinander zu vermischen und sich den gegebenen Verhältnissen anzupassen, so daß es mit der Zeit zu einer Artenarmut kommt. Das führt dann schließlich dazu, daß in jedem Aquarium eigene spezifische Verhältnisse entstehen. Aus diesem Grund ist es auch nicht möglich, so ohne weiteres, verschiedene Behälter bis in alle Einzelheiten miteinander zu vergleichen.

Die Bakterien sind ein wesentlicher Bestandteil, ein mitentscheidender Faktor, aber sie sind beileibe nicht der einzige ausschlaggebende Grund für die biologische Stabilität eines Riffaquariums. Einzellige Tiere und Algen, Kleinkrebse, Würmer, kleine

Schnecken und Asseln übernehmen im Aquarium wichtige Aufgaben. Kleintiere sind für eine rasche Umsetzung von Futterresten und Abfallstoffen unentbehrlich. In der freien Natur, wie im Aquarium, bilden diese Kleintiere einen wesentlichen Bestandteil in der Ernährung von wirbellosen Tieren und Fischen. Ohne einzellige Tiere (Urtierchen-Protozoen) sterben die meisten Larven von Korallenfischen, Krebsen und Stachelhäutern noch in den ersten Lebenstagen. Blumentiere, die nicht mit Zooxanthellen (einzellige Algen) in Symbiose leben, benötigen ein ausreichendes Nahrungsangebot. Je nach Art und Größe der Einzelpolypen fressen die Blumentiere Einzeller, mehrzellige Kleinlebewesen, oder Larven anderer Meerestiere. Besonders Einzeller stellen einen großen Anteil der Nahrung. Im Meeresaquarium sind Protozoen Mangelware, zumindest aber nie in ausreichender Zahl vorhanden. Deswegen ist auch die Zucht der meisten Korallenfische, Zehnfußkrebse und vieler Stachelhäuter so schwierig, oder gar nicht möglich. Die Hälterung von Blumentieren, Haarsternen, Schwämmen und Muscheln wäre leichter, wenn den Tieren Einzeller in ausreichender Menge zur Verfügung stehen würden. Nicht umsonst sind die herrlichen Haarsterne und die farbigen Hornkorallen so heikle Pfleglinge. Darum sollte jede Möglichkeit Protozoen im Riffbecken anzusiedeln genutzt werden.

Empfehlenswert ist es, wenigstens einmal wöchentlich mit lebendem Plankton zu füttern. Der Zoofachhandel bietet in letzter Zeit vermehrt Futterportionen von *Brachionus* und *Euplotes* an.

Damit die Kleintierpopulationen im Aquarium nicht unnötig belastet werden, muß man so planktonschonend wie möglich filtern und abschäumen. In dieser Hinsicht ist die Bodenfilterung optimal, bei allen anderen Filtertypen darf das Ansaugrohr keinen zu heftigen Sog entwickeln.

Alle Versuche Kleinlebewesen anzusiedeln bergen natürlich auch das Risiko in sich, daß Parasiten in das Aquarium gelangen und sich ausbreiten. Gefährliche Parasiten können aber viel leichter mit befallenen Tieren eingeschleppt werden.

Kleinkrebse, Würmer, Asseln und einige Schnecken werden anderen Tieren erst dann gefährlich, wenn sie aufgrund einer Massenvermehrung nicht mehr genügend tote Nahrung finden. Der Aquarianer muß genügend Fingerspitzengefühl entwickeln, damit er diese Vorgänge in den Griff bekommt und in die richtigen Bahnen lenken kann. Es hat keinen Sinn, mit Medikamenten gegen unliebsame Kleintiere und Algen vorzugehen. Der einzige richtige Weg ist der Einsatz biologischer Maßnahmen. Kurz ausgedrückt, ein Freßfeind muß die Kleinkrebse, Asseln, Würmer, Schnecken und Algen auf das richtige Maß reduzieren. Am einfachsten und sichersten erreicht man dies mit Fischen, Krebsen und Seeigeln.

Ein Pärchen Mandarinfische ist in der Lage, eine Massenvermehrung von Kleintieren zu verhindern. In den meisten Riffbecken herrschen günstige Bedingungen für Meerflohkrebse. Ohne natürliche Feinde breiten sie sich deshalb schnell aus. Für viele Fische sind Meerflohkrebse ein beliebtes Futter, so daß es keine Schwierigkeiten bereitet sie auf ein natürliches Maß zu beschränken. Der Mirakelbarsch *Calloplesiops altivelis* bevorzugt im Aquarium Meerflohkrebse als Nahrung. Ist das Riffbecken groß genug und leben genügend Krebschen und Würmer darin, genügt es, wenn der Mirakelbarsch zweimal wöchentlich mit Ersatznahrung gefüttert wird. Dasselbe gilt auch für alle Mandarinfische (*Synchiropus*).

Verschiedene Würmer, besonders Borstenwürmer, vermehren sich rapide und werden so leicht zu einer Plage. Einige Lippfische eignen sich hervorragend dazu, diese, in großen Massen unliebsamen Gäste, in ihre Schranken zu verweisen. Für größere Aquarien, ab 400 Liter Inhalt, ist der Schnabellippfisch *Gomphosus caeruleus* besonders gut geeignet.

Dieser Lippfisch sollte immer nur paarweise oder in Haremsgruppen zusammen leben. Röhrenwürmer, Riesenmuscheln und Blumentiere werden von den Schnabellippfischen nicht attackiert, kleinere Zehnfuß-krebse verfolgen sie aber hartnäckig. In kleineren Aquarien (bis 200 Liter) kann man die mittlerweile öfters eingeführten *Cirrhilabrus*-Arten pflegen. Diese oft sehr schön rot gefärbten Lippfische bleiben friedlich und fressen kleinere Borstenwürmer. Jungtiere von *Coris*-Arten dezimieren große Mengen der Borstenwürmer, doch müssen diese Lippfische wieder aus dem Riffaquarium heraus, wenn sie heranwachsen.

Ein Problem für sich sind Glasrosen *Aiptasia* und die kleinen Kolonienanemonen *Anemonia* cf. *bajano,* die sich mittlerweile in vielen Aquarien vermehren. Diese kleinen Seeanemonen nesseln kräftig und müssen darum schon beim ersten Auftreten sofort entfernt werden. Beginnen die Blumentiere sich erst einmal rasant zu vermehren, wird man sie kaum noch effektiv bekämpfen können. Besonders die Kolonienanemonen siedeln sich bevorzugt in Steinkorallen an und schädigen diese erheblich. Glasrosen sind den Korallen meistens unterlegen.

Die Anemonen dürfen nicht zerstört werden, denn aus übrig gebliebenen Stückchen können neue Tiere nachwachsen.

Sehr erfolgreich lassen sich einzelne *Aiptasien* mit handelsüblichen Sauerstofftabletten bekämpfen. Die Anemone wird solange gereizt, bis sie sich ganz zusammenzieht. Dann legt man zwei Tabletten so auf die Anemone, daß die Strömung sie nicht wegspült. Die Sauerstofftabletten müssen einwirken bis sie ganz zerfallen sind.

Zu nachsichtiges Vorgehen nützen die Glasrosen aus, schnell besiedeln sie das ganze Aquarium, was den gesamten Beckenbesatz gefährdet. Ist das passiert, kann einem nur noch ein Falterfisch helfen. Einige Falterfische aus den Gattungen *Chelmon, Forciger* und *Chaetodon* fressen im Riffaquarium meist nur die Glasrosen und lassen die anderen Blumentiere in Ruhe, eine Garantie dafür kann aber niemand übernehmen. Gute Erfolge in der Glasrosenbekämpfung lassen sich mit den nachfolgenden Falterfischen erzielen: *Chaetodon kleinii, Ch. collare, Ch. citrinellus, Ch. auriga* und *Chelmon rostratus.*

Eine ökologische Nische, die im Aquarium am besten unausgefüllt bleibt, ist die der Parasiten. Besonders ärgerlich sind Fischparasiten, auf die im Kapitel über Fische noch genauer eingegangen wird. Überrascht wurden viele Aquarianer von Tieren die an den Blumentieren schmarotzen. Zu ihnen gehören vor allem Schnecken und Krebse. Kein Beweis für einen Parasiten ist es, wenn ein Tier auf, oder in der Nähe bestimmter Blumentiere lebt. Vielfach handelt es sich dabei um Kommensalismus, was bedeutet, daß ein Partner einen Vorteil vom Zusammenleben hat, es für den anderen aber kein Nachteil ist. Nur mit genauen wissenschaftlichen Untersuchungen kann eine kommensalische Gemeinschaft von einer Symbiose abgegrenzt werden. Symbiose ist es nur dann, wenn beide Partner von dem Zusammenleben profitieren.

Schwierigkeiten bereitet es, durch Beobachtungen in freier Natur die Unterschiede von Parasitismus, Kommensalismus und Symbiose zu dokumentieren. Aquarianer können der Wissenschaft dazu wertvolle Hinweise geben. Zwei Beispiele für noch ungeklärte Fälle sind die ein bis zwei Zentimeter großen Schlangensterne, die auf vielen Horn- und Weichkorallen leben und die kleinen Krabben, die oft in den Armen von großen Haarsternen gefunden werden. Andere Krabben gehören eindeutig den Parasiten an. Besonders gefürchtet sind die kleinen weiß-rosa gefärbten Krabben, die in den ostafrikanischen *Xenia*-Weichkorallen schmarotzen. Sie höhlen die *Xenia*-Weichkorallen, aber auch *Sinularia*-Arten (Brokkoli-Koralle) von innen her völlig aus. Diese Krabben finden sich aber nur zeitweise in den importierten Tierkolonien. Neu erworbene Tierstöcke sollten nachts auf unerwünschte Untermieter kontrolliert werden. Mit einer kleinen Edelstahlpinzette gelingt es mühelos diese gefährlichen Gäste zu entfernen.

Sehr unangenehme Schmarotzer finden sich unter den Nacktschnecken. Im Prinzip müssen viele der im Korallenriff lebenden Nacktschnecken zu den Parasiten gezählt

Abb. 40: *Echinopora gemmacea* (S. 97),
Foto M. Mrutzek.

Abb. 41: *Acropora tenuis* (S. 96).

Abb. 42: *Leptastrea purpurea* (ab S. 97).

Abb. 43: *Acropora formosa* (S. 96).

Abb. 44: Kraterkoralle *Turbinaria peltata*
(ab S. 100).

Abb. 45: *Goniopora djiboutiensis* (S. 96).

Eine oft importierte Weichkoralle der Gattung *Neospongodes*. In nitratarmem Wasser ist sie einfach zu pflegen. Die Gattung *Neospongodes* ist nahe mit *Capnella* verwandt (S. 78).

werden, weil sie nur von einem spezifischen Wirtstier leben. Die oft sehr farbigen Weichtiere fressen bevorzugt Schwämme. Einige Schnecken überfallen aber auch Weichkorallen, Füllhornkorallen, Hornkorallen, Scheibenanemonen und sogar Seesterne. In der freien Natur scheinen die parasitierenden Schnecken die Korallen nicht sonderlich zu beeinträchtigen, doch im Aquarium kommt es zur Massenvermehrung, so daß die befallenen Kolonien mit der Zeit absterben.

Die Schnecken sind sehr gut getarnt und selten größer als einen Zentimeter, deshalb kann es durchaus vorkommen, daß man diese ungebetenen Gäste erst zu spät bemerkt. Chemische Bekämpfungsmethoden scheiden bei solchen Parasiten von vornherein aus. Manchmal suchen Fische die Weichtiere von den befallenen Blumentieren ab, aber darauf alleine kann man sich nicht verlassen. Befallene Blumentiere sollte man aus dem Aquarium herausnehmen und die beschädigten Stellen mit einer scharfen Schere abschneiden. Danach schüttelt man die Kolonie kräftig in einem Eimer mit Beckenwasser aus. Nach dieser Prozedur noch aufsitzende Schnecken entfernt man gezielt mit einer Pinzette. Es ist möglich, daß diese Behandlung noch einige Male wiederholt werden muß.

Schwierig ist es, wenn großpolypige Blumentiere (*Anthelia*, Scheibenanemonen) befallen sind. Es bleibt einem dann nur noch übrig, die Parasiten mit einer Pinzette abzulösen. Bei einem sehr starken Befall sind die Aussichten einer solchen Methode aber wenig aussichtsreich. Das befallene Tier sollte solange separat gepflegt werden, bis es frei von Parasiten ist.

Wie schon erwähnt, muß nicht jedes Tier, das auf einer Koralle lebt, ein Parasit sein. Ein gutes Beispiel hierfür sind die oft unentdeckt lebenden Rippenquallen (*Coeloplanen*). Auf den ersten Blick ähneln sie den schmarotzenden Nacktschnecken, doch sie können leicht an ihren charakteristischen, bis zu 50 cm langen Fangfäden unterschieden werden. Mit ihren Fangfäden erbeuten Rippenquallen nachts Kleinlebewesen und organische Schwebstoffe. Sehr interessante Lebewesen sind auch die in großen Mengen auf Horn- und Weichkorallen lebenden Schlangensterne. Wovon sie sich ernähren ist noch unerforscht. Im Aquarium verschwinden diese kleinen Stachelhäuter innerhalb weniger Monate, was darauf hinweist, daß sie im Meer Plankton fressen. Leider erbeuten auch ansonsten friedliche Fische die kleinen Stachelhäuter, weshalb man »bewohnte« Korallen in separaten Aquarien unterbringen sollte. Auf einigen Weichkorallen leben auch kleine Gehäuseschnecken. Die meisten davon sind wohl Parasiten, aber einige kleine Kauri-Schnecken leben kommensalisch. Unbekannte Gehäuseschnecken sind genauestens zu überprüfen und im Zweifelsfalle aus dem Aquarium zu entfernen.

Im Meer leben aber nicht nur Parasiten, sondern auch viele nützliche Kleinlebewesen. Immer mehr dieser Kleintiere gelangen mit Importen in unsere Riffbecken. Je größer die Artenvielfalt der nützlichen, oft im verborgenen lebenden Kleinlebewesen ist, umso besser wird ein Meeresaquarium funktionieren. Die nächste große Gruppe der Lebensgemeinschaft Wohnzimmerriff stellen die sessilen wirbellosen Tiere. Schwämme, Muscheln, Seescheiden, Hydroidpolypen und die Blumentiere. Sie alle genießen bei den Aquarianern, im Gegensatz zu den kleinen und kleinsten Tieren, einen höheren Stellenwert. Das ist sicherlich deshalb so, weil sie auf den Betrachter einen größeren Reiz ausüben als Bakterien, Einzeller oder Kleinkrebse. Richtig ist das aber nicht, zwar erfüllen auch die sessilen Wirbellosen wichtige Aufgaben, besonders die lichtabhängigen Blumentiere, doch sind auch sie nur Teil einer Gemeinschaft in der jedes Leben gleichberechtigt ist, solange es das Gleichgewicht nicht stört. Im Meer siedeln die sessilen Wirbellosen in oft ganz verschiedenen Lebensgemeinschaften. So leben in den dunklen Zonen Hornkorallen, Weichkorallen, Schwämme, Muscheln, Hydroidpolypen und Seescheiden in einer vielfarbigen Gesellschaft.

Die Flachwasserzonen mit unterschiedlichen Lebensräumen beherbergen eine große Anzahl verschiedener Tierarten. Nebeneinander wachsen Riesenmuscheln, Moostierchen, Schwämme und Steinkorallen. In erbitterter Raumkonkurrenz dazu leben lichtabhängige Weichkorallen, verschiedene oft importierte Scheiben- und Krustenanemonen, und in der Karibik Hornkorallen. *Xenia*-Weichkorallen bilden eigene Gemeinschaften. Die Sandzonen bewohnen eigene, daran angepaßte Tierformen, wie Seefedern, Zylinderrosen *Cerianthus*, Muscheln, besondere Seesterne, Krebse und ungewöhnliche Fische. Insgesamt gesehen sind die Lebensgemeinschaften in der Natur so vielfältig und undurchschaubar, daß es nicht einfach ist für ein Riffaquarium einen harmonierenden Tierbesatz zusammenzustellen.

Im Riffbecken kommen allzu leicht Blumentiere aus verschiedenen Gemeinschaften zusammen, Tiere die sich im Meer niemals begegnen, obwohl sie durchaus ähnliche Ansprüche an ihre Umgebung stellen. Soweit als möglich wird bei den in diesem Buch beschriebenen Tieren mitangegeben, wie sie vergesellschaftet werden können. Die Angaben können aber nicht absolut sicher sein, denn kein Tier paßt in ein einfaches Schema. Sinnvoll ist es die einzelnen Arten in großflächigen Kolonien anzusiedeln, damit sich die sessilen Tiere nicht gegenseitig bekämpfen. Das kann geschehen, wenn zu viele Arten in zu kleine Kolonien eingebracht werden. Da dieser Vorgang ein lautloser, schleichender ist, bemerkt man oft erst spät, was sich abspielt, nämlich dann, wenn ein Tierstock anfängt abzusterben, weil er sich nicht behaupten konnte. Ist es nicht möglich einzelne Arten in großflächigen Kolonien zu pflegen, sollten zumindest verwandte Blumentiere beieinander angesiedelt werden.

Die Blumentiere eines Riffbeckens dürfen nicht zu verschiedenartig sein, weil sonst Konkurrenzkämpfe unvermeidbar sind.

Sehr verbreitet sind Meeresaquarien, die mit wenigen Blumentieren, Schwämmen und Muscheln, dafür aber mit vielen Algen besetzt sind. Die Blumentiere für diese Aquarien können aus sehr verschiedenen Familien ausgesucht werden, weil zwischen den einzelnen Kolonien zwangsläufig größere Abstände eingehalten werden müssen, in denen die Algen wachsen. Welche Tiere in diesen Aquarien gedeihen, ist nur schwer vorherzusagen, doch sollte man sich davor hüten, den pH-Wert mittels Kohlendioxid-Diffusion zu weit abzusenken. Erniedrigte Werte unter pH 8,0 sind für viele Riffbewohner gefährlich, vor allem wenn sie mit CO_2 zustande kommen.

Die nächste große Gruppe im ökologischen Aufbau stellen die frei beweglichen Wirbellosen und die Fische. Sie werden zwar regelmäßig im Aquarium gepflegt, gehören aber nicht zu den begehrten »Rennern« unter den Seewassertieren. Krebse, Stachelhäuter, Würmer, Schnecken und Tintenfische haben einen beachtlichen Anteil an den auf der Erde lebenden Tieren. In systematischer Hinsicht sind diese Wirbellosen nicht näher miteinander verwandt, als etwa ein Mensch mit einer Schlange. Der oft verwendete Begriff Niedere Tiere ist unpassend für diese Lebewesen, weil ihnen viele hochentwickelte Lebensformen angehören.

Viele Würmer und Schnecken sind sehr klein und leben teilweise als Schmarotzer an anderen Tieren, wie es weiter vorne schon beschrieben wurde. Große Würmer und Gehäuseschnecken sind oft beträchtliche Räuber und werden deshalb zu Recht nicht häufig im Riffbecken gepflegt. Allerdings gibt es unter den Schnecken auch harmlose Algenfresser, die aber wegen ihrer bulligen Gestalt nicht für das Korallenaquarium geeignet sind.

Äußerst unangenehme Würmer sind die Roten Planarien. Diese Plattwürmer können sich rapide vermehren und müssen schon beim ersten Anzeichen konsequent bekämpft werden. Sofort nach dem Entdecken absaugen, am besten mehrmals täglich. Leierfische (*Synchiropus*) und Lippfische zur Bekämpfung einsetzen. Strömung abstellen und gezielt punktuell mit kleinen Dosierungen von Medikamenten bekämpfen (z.B. Concurat).

Abb. 46: Blaue Scheibenanemonen von den Fidschi-Inseln *Rhodactis* cf. *inchoata* (S. 89).

Abb. 47: Scheibenanemonen, mit gelbem Lipp-fisch *Bodianus bimaculatus.*

Abb. 48: *Amplexidiscus fenestrafer* (S. 89), Große Scheibenanemone.

Abb. 49: *Ricordea florida* (S. 89).

Bei einen Massenbefall das Aquarium neu einrichten. Bei Anwendung von Medikamenten sterben die Planarien ab und können sehr gefährliche Giftstoffe in das Wasser abgeben, die Fische und Blumentiere töten können.

Krebse, Tintenfische und Stachelhäuter leben in allen Weltmeeren. Diesen Lebensraum haben sie völlig erschlossen. Einige dieser Tiere erfüllen in freier Natur wie im Aquarium wichtige Aufgaben. Putzergarnelen zum Beispiel oder Seeigel bei der Bekämpfung lästiger Fadenalgen. Andere friedliche Tiere können keinen Schaden anrichten, beleben aber das Biotop im Wohnzimmer ungemein. Es wird immer wieder Freude bereiten, diese Tiere zu beobachten. Es ist sowieso nicht der Sinn eines Riffaquariums, nur seltene Weichkorallen zu sammeln; es soll ein Biotop mit den verschiedenartigsten Lebewesen entstehen. Im Meer bestehen unendlich komplizierte, aber festgefügte Gesellschaften. Keine Art steht für sich alleine, sie ist in ein »Großes Ganzes« integriert. Wer das erkannt hat, weiß schon sehr viel. Es hat keinen Sinn, nur die Fische und die teuren Wirbellosen zu sehen. Fische und Wirbellose sind Teil einer Lebensgemeinschaft. Ohne Einzeller und Kleintiere funktioniert nicht mehr viel im Wohnzimmerriff, ohne Bakterien geht gar nichts. Das Ziel im Aquarium ist ein biologisches Gefüge, ein Biotop. Der Aquarianer muß, oder sollte, abgesehen von der regelmäßigen Pflege, nur die Voraussetzungen schaffen und gelegentlich regulierend eingreifen. Ist alles gelungen, entwickelt sich im Aquarium ein prächtiges Biotop.

Welche Tiere gemeinsam in ein Aquarium?

Die oben gestellte Frage drängt sich vor jedem Besetzen eines Aquariums auf. Wer schon erfolgreich Meerestiere im Aquarium gepflegt hat, weiß in etwa welche Wirbellosen und Fische gemeinsam leben können, vor Überraschungen ist man jedoch nie gefeit. Für einen Neuling in der Seewasseraquaristik ist gerade dieser Punkt von entscheidender Bedeutung, auch wenn schon jahrelange Erfahrungen auf dem Gebiet der Süßwasseraquaristik zugrunde liegen. Das richtige Besetzen eines Riffbeckens ist nicht einfach. Das Schwierige und Neue daran ist die richtige Einordnung der Niederen Tiere, sie müssen mit anderen Augen betrachtet werden als die Fische. Die Atmung, die Schwimmfreudigkeit, der Zustand von Flossen und Schuppen, die klaren Augen oder die Freßlust, sind einwandfreie Fakten, mit denen der Gesundheitszustand und das Wohlbefinden eines Fisches leicht erkannt werden können. Darin bestehen auch kaum Unterschiede zwischen Süßwasser- und Meerwasserfischen. Ganz anders ist das bei den wirbellosen Tieren. Für einen ungeübten Beobachter muß es schwierig sein, festzustellen, in welchem Zustand sich ein Niederes Tier befindet. Ist es krank oder gesund? Frißt es? Verdaut das Tier die aufgenommene Nahrung?

Noch ungewohnter ist das Aggressionsverhalten der wirbellosen Tiere. Bei den Fischen erkennt man schnell, was passiert, nicht so bei den Wirbellosen. Selbst für einen geübten Beobachter ist es nicht immer möglich, auf Anhieb das Aggressionsverhalten der Niederen Tiere zu erkennen, oft begreift man die Dinge zu spät. Das bereitet vor allem dem Neueinsteiger in die Meeresaquaristik Kopfzerbrechen. Aus diesem Grund werden nachfolgend dem Leser einige Besetzungsvorschläge unterbreitet. Dabei soll es sich nicht um absolut festgefügte unabänderliche Lebensgemeinschaften handeln, sondern um verschiedene Richtlinien in der Auswahl des Beckenbesatzes, es sind Beispiele wie ein Meeresaquarium besetzt werden könnte.

Beachten Sie bitte immer die geltenden Artenschutzgesetze!

Aquarium 1

155 x 60 x 55 cm (Länge x Breite x Höhe)
Leuchtstoffröhrenbeleuchtung oder HQI-Beleuchtung mit Blaustrahler;

10–20 Leder- und Weichkorallen mit Zooxanthellen, *Sarcophyton, Lobophytum, Sinularia* und ähnliche;
    5 Kolonien Scheibenanemonen;
    5 Kolonien Krustenanemonen, besonders gut geeignet ist die gelbe Krustenanemone *Parazoanthus* sp.
5–10 Röhrenwürmer;
    2 Riesenmuscheln *Tridacna*;
      Einige Schwämme und lichtverträgliche Hornkorallen, z. B. *Acanthomuricea, Pseudopterogorgia* und andere Karibische Gorgonen;
    1 Pärchen *Stenopus hispidus,* oder ein Pärchen *Lysmata debelius,* oder eine Gruppe

Lysmata amboinensis;
20 Kleine Napfschnecken;
  4 *Mespilia globulus;*
  3 friedliche Seesterne;
  1 Pärchen Mandarinfische *Synchiropus;*
  1 Doktorfisch *Ctenochaetus, Zebrasoma;*
  1 Männchen und
  2 Weibchen von einem Zwergkaiserfisch, *Centropyge acanthops,* oder *Centropyge loriculus;*
  2 Männchen und 3 Weibchen der blauen Demoiselle
  1 Mirakelbarsch;
    Wenig *Caulerpa.*

Aquarium 2

155 x 60 x 55 cm (Länge x Breite x Höhe)
Leuchtstoffröhrenbeleuchtung oder HQI-Beleuchtung mit Blaustrahler;

10–20 Kolonien Krustenanemonen;
10–20 Kolonien Scheibenanemonen;
    5 Weich- oder Lederkorallen mit

Zooxanthellen;
Fischbesatz und andere Wirbellose wie bei Aquarium 1.

Aquarium 3

155 x 60 x 55 cm, HQI-Beleuchtung;

ca. 30 verschiedene Steinkorallen;
1–5 Orgelkorallen Tubipora musica;
1–5 Füllhornkorallen; Je nach Verträglichkeit der Steinkorallen auch einige Xenia-Weichkorallen;
1–5 Riesenmuscheln Tridacna;
40 Napfschnecken;
  1 Pärchen Schleimfische*Meiacanthus;*
  1 Pärchen Mandarinfische *Synchiropus;*

  1 Mirakelbarsch *Calloplesiops altivelis;* eventuell zur Algenbekämpfung ein Doktorfisch der Art *Ctenochaetus hawaijensis;* Wenig *Caulerpa.*
Beste Wasserverhältnisse, Nitrat unter 10mg/l und Phosphat unter 0,2mg/l, Calcium 350mg/l - 450mg/l. Bei sehr niedrigen Nitrat- und Phosphatwerten nicht mehr intensiv biologisch filtern.

Aquarium 4

130 x 65 x 60 cm, Sehr schwache Beleuchtung, beste Filterung und Abschäumung, kein Aquarium für den Neuling;

5–20 Hornkorallen die keine starke Beleuchtung vertragen, z. B. *Solenocaulon, Euplexaura*
5–20 verschiedene Schwämme;
    5 lichtunabhängige Weichkorallen;
1–5 rote und orangefarbige Meerhand *Nephthyigorgia;*
5–10 Röhrenwürmer;
1–3 Steinkorallen der Gattung *Tubastraea;*
  1 Feilenmuschel;

1–5 Haarsterne
1–5 friedliche Seesterne;
  1 Männchen und
  2 Weibchen der Marmorgarnele *Saron marmoratus, Saron inermi*s;
1–5 Seenadeln;
  1 langschnäuziger Büschelbarsch *Oxycirrhites typus;*
  1 Pärchen Mandarinfische *Synchiropus.*

Aquarium 5
155 x 60 x 55 cm, Leuchtstoffröhren-Beleuchtung, oder HQI-Beleuchtung;

3–7 Symbioseanemonen aus den Gattungen *Entacmea Heteractis; Stychodactyla*
1 erwachsenes Paar oder eine juvenile Gruppe Anemonenfische der Gattung Amphiprion;

1 Gruppe Lysmata amboinensis oder
1 Hawaiihummer *Enoplometopus;*
1–5 Kissenseesterne;
viele verschiedene Algen.

Aquarium 6
80 x 60 x 60 cm, Leuchtstoffröhren-Beleuchtung; Viele verschiedene Algen und eine großräumige Höhle als Dekoration. Ideal für kleinere Garnelen z.B. *Stenopus devaneyi*, Rotpunkt-Garnele, *St. tenuirostris*, Blaue Scherengarnele, *St. scutellatus*, Karibische Scherengarnele, *St. zanzibaricus*, *Lybia tessellata*, Boxerkrabbe, *Saron inermis*, gelbe Marmorgarnele;

3–5 Seenadeln oder Seepferdchen;
1–3 Schläfergrundeln (Nemateleotris) oder kleine Schleimfische (Meiacanthus);

1–5 Schlangensterne;
einige kleinere Blumentiere z.B.: Füllhornkorallen, farbige Scheibenanemonen.

Aquarium 7
Fischaquarium mit Wirbellosen, Mindestmaße 120 x 65 x 70 cm

1–4 vermehrungsfähige Gruppen von kleineren Korallenfischen, z.B. Zwergkaiserfische der Gattung *Centropyge;*
1 Männchen und 1–3 Weibchen einer *Genicanthus*-Art (Lyrakaiserfische);
3 Palettendoktorfische *Paracanthurus hepatus*
2–4 Pyramidenfalterfische *Hemitaurichtys polylepis;*
1 einzelner oder besser ein Pärchen Putzerfische *Labroides dimidiatus;*
3–7 Fahnenbarsche der Gattung *Pseudoanthias,*
1 Gruppe Lippfische, z.B. aus folgenden Gattungen: *Anampses, Cirrhilabrus, Gomphosus caeruleus* (Schnabellippfisch) und andere;

1–5 Kissenseesterne;
2 Symbioseanemonen
1 Pärchen Anemonenfische *Amphiprion;* Wenn möglich viele verschiedene Algen;
1 schönes Einzeltier, z.B.: *Acanthurus sohal*, Rotmeerseebader, *A. achilles*, Orangefleckdoktorfisch (nur für Fortgeschrittene); *Pygoplites diacanthus*, Pfauenkaiserfisch (Fortgeschrittene), *Chaetodontoplus duboulayi*, Australischer Kaiserfisch, *Ch. septentrionalis*, Blaustreifenkaiserfisch, *Apolemichtys trimaculatus*, Dreipunktkaiserfisch.

Abb. 50: Scheibenanemonen, *Discosoma* sp. (S. 89).
Oben ein Zwergkaiserfisch (Männchen), *Centropyge acanthops* (S. 148).

Abb. 51: Scheibenanemonen, Discosoma sp. (S. 89).

Algen im Meeresaquarium

Ein spezielles Problem ist der Algenwuchs im Meeresaquarium. Im Süßwasseraquarium ist jeglicher Algenwuchs unerwünscht, im Riffaquarium ist das so pauschal nicht richtig. Zwar wachsen auch im Meerwasser unerwünschte Algen, aber es gibt genauso unentbehrliche Arten.

Im Meer, oder in unmittelbarer Nähe davon, wachsen nur einige wenige Samenpflanzen, ganz im Gegensatz zu den Süßgewässern. Algen übernehmen im Salzwasser die Aufgaben, die in den anderen Gewässern die höheren Pflanzen erfüllen. Im Meeresaquarium sind Kalkalgen, höhere Rotalgen, einzellige Algen (Zooxanthellen) und – eingeschränkt – auch *Caulerpa*-Arten, nützliche Algen.

Grüne Fadenalgen, Blaualgen, Bohralgen, Kieselalgen und die als »Rote Schmieralgen« bezeichneten *Cyanophyten* (Spirulina) sind im Riffaquarium unerwünscht, ja sogar gefährlich für die sessilen Blumentiere. Das Wachstum dieser Algen muß nicht unbedingt ein Anzeichen für schlechte Wasserverhältnisse sein, allenfalls deutet es auf Störungen im ökologischen Gleichgewicht.

Grüne Fadenalgen wachsen in einem Wasser, das auch für die Pflege von Blumentieren geeignet ist. Ein erhöhter Phosphatgehalt (über 0,1 mg/l) und Nitratwerte über 15 mg/l fördern das Wachstum der Fadenalgen. Das führt dann leicht dazu, daß die sessilen Wirbellosen regelrecht erstickt werden. Im Korallenriff verhindern das Seeigel, Schnecken und Fische. Viele Niedere Tiere haben Schutzmechanismen gegen eine Veralgung entwickelt. Einige Blumentiere haben die Möglichkeit, sich selbst von aufsitzenden Algen zu befreien. Dazu stoßen sie eine schleimige Haut ab, mit allen aufsitzenden Algen, Einzellern

und anderen Verunreinigungen. Wachsen Fadenalgen in einem Aquarium, so bedeutet das, daß die Blumentiere unter einer erheblichen Raum- und Nahrungskonkurrenz leiden müssen. Dem muß ein Riegel vorgeschoben werden. Die natürlichste Methode, Fadenalgen zu bekämpfen ist die biologische, d. h. mit kleinen Gehäuseschnecken, Seeigeln und mit algenfressenden Fischen. Wichtig ist außerdem noch, daß das Aquarium eine möglichst dichte Besiedlung mit Blumentieren, höheren Rotalgen und Kalkalgen aufweist, weil so den Fadenalgen der Siedlungsraum genommen wird. Ist das Biotop in Ordnung, genügen einige Tiere, die das Wohnzimmerriff von Fadenalgen freihalten.

Zur Vorsorge können in Riffbecken ein oder zwei Doktorfische *Ctenochaetus, Zebrasoma* eingesetzt werden. Bessere Algenfresser sind aber kleine Napfschnecken *Nerita* und Kreiselschnecken *Trochus* sp., *Tectus sp.,* In vielen Aquarien vermehren sich auch Schnecken aus der Familie *Fissurellidae* (Schlüssellochschnecken) und seltene Käferschnecken Fam. *Chitonidae*, die nachts fleißig Algen abweiden. Seeigel sollten nur bei übermäßigem Fadenalgenwachstum eingesetzt werden, weil sie bevorzugt die nützlichen Kalkalgen abweiden; am besten zur Fadenalgenbekämpfung eignet sich der Samtseeigel *Mespilia globulus*. Verschiedene Kaninchenfische eignen sich ebenfalls sehr gut zur Bekämpfung der gefährlichen Fadenalgen, besonders *Siganus (Lo) vulpinus, Siganus (Lo) unimaculatus und Siganus (Lo) uspi.* Algenfäden, die länger als ca. 5 mm sind, frißt, außer den Seeigeln, jedoch keine dieser Tierarten. Längere Algen müssen darum unter Umständen mechanisch entfernt werden. In einem voll eingefahrenen Riffbecken kommt es nur selten zu einer Ausbreitung von Fadenalgen. Sollten Fadenalgen in einem eingefahrenen Riffbecken plötzlich zu wachsen beginnen, müssen zuallerst der Phosphat- und Nitratgehalt überprüft werden.

Oft ist vor allem der Phosphatgehalt zu hoch. In schwierigen Fällen sollten Seeigel eingesetzt werden, besonders *Mespilia globulus* und kleine Diademseeigel *Diadema ssp.* fressen große Mengen der unerwünschten Algen, aber auch die wichtigen Kalkrotalgen. Zumindest die Diademseeigel sollten nach erfolgreicher Bekämpfung wieder aus dem Aquarium entfernt werden, weil sie bei Nahrungsmangel auch Steinkorallen und andere Blumentiere z.B: *Xenia*-Weichkorallen fressen.

Gleichzeitig ist es ratsam, auf ca 5 Liter Inhalt je eine algenfressende Schnecke einzusetzen (siehe oben) und wenn möglich einen oder ein Pärchen der Fuchsgesichter *Siganus (Lo) vulpinus* .

Recht unangenehm ist das Wachstum der als »**Rote Schmieralgen**« bezeichneten *Cyanophyten*. Es handelt sich um Spaltalgen aus der Gattung *Spirulina*. Unter Umständen überziehen diese einfach gebauten Algen die gesamte Dekoration und die Blumentiere mit einer schleimigen roten, grünen oder braunen Schicht. Die dabei entstehenden Wasserverhältnisse, verbunden mit der neuen Raumkonkurrenz schwächen die sessilen Tiere enorm und können im Extremfall den Zusammenbruch des gesamten Besatzes verursachen. Eine genaue Ursache für das oft ganz plötzlich auftretende Wachstum der Schmieralgen ist noch nicht bekannt. Es liegt zwar eine Störung im chemisch-biologischen Gleichgewicht vor, aber welcher Faktor nun genau das plötzliche Wachstum verursacht, ist nicht genau zu sagen; vielmehr scheint es dafür verschiedene Ursachen zu geben. Ein Beweis für verunreinigtes Beckenwasser ist das Wachstum der Schmieralgen aber nicht. In neu eingerichteten Aquarien wachsen sie genauso wie in Behältern, die schon Jahre mit Tieren in Betrieb sind. In alteingerichteten Meeresaquarien hängt das überraschende Wachstum der Spaltalgen mit einem erhöhten Phosphat- und Nitratgehalt zusammen. Schmieralgen sind ebenso wie die Fadenalgen immer latent vorhanden. Ein explodierendes Auftreten der *Cyanophyten* setzt erst dann ein, wenn die Nahrungs- und Raumkonkurrenz der Schmieralgen gravierend geschwächt wird. Im Riffaquarium sind

das vor allem die Blumentiere und andere Algen. Eine momentane Verschlechterung des Wassers, z.B. durch Filterausfall, sterbende Tiere, Lichtveränderung, oder einem zu großen Wasserwechsel (20% und mehr) schwächt die empfindlichen Tiere und Algen. Das nutzen die *Cyanophyten* aus und beginnen zu wachsen, vor allem dann, wenn im Wasser zuviele Phosphate und Nitrate enthalten sind. Interessant ist in diesem Zusammenhang auch, daß die Schmieralgen am raschesten wachsen, wenn der Sauerstoffgehalt eine 100%ige Sättigung erreicht. Das ist wohl auch die Ursache, weshalb Spaltalgen in neu eingerichteten Aquarien mit einer intensiven Abschäumung und Strömung wachsen. Ist das der Fall, genügt es mitunter schon, den Bodengrund etwas zu erhöhen und damit den Sauerstoffgehalt abzusenken. HQI-Strahler begünstigen die Spaltalgen, vor allem dann, wenn ein eingerichtetes Aquarium umgerüstet wird. Chemische Bekämpfungsmaßnahmen sollten nur in Notfällen zum Einsatz kommen. Fische und Seeigel verschmähen die Roten Spaltalgen. Beginnen im Aquarium irgendwo Schmieralgen zu wachsen, müssen sie sofort abgesaugt werden. Wachsen sie immer wieder nach, muß man die vorhandene Störung suchen und beseitigen. Dabei ist man auf seine eigene Beobachtungsgabe angewiesen, eine Patentlösung gibt es nicht.

Unerwünscht ist im Riffbecken auch das Wachstum von **Kieselalgen**. Sie sind von der im Wasser gelösten Kieselsäure abhängig. Nach dem Anfahren eines Meeresaquariums sind die goldbraunen, schleimigen Beläge meistens die ersten pflanzlichen Gäste. Ist die Kieselsäure verbraucht, gehen die Algen von selbst wieder zurück. Befindet sich im Leitungswasser zuviel Kieselsäure, muß es vor der Verwendung mit einer Osmoseanlage gereinigt werden, weil sonst, wegen des Wassers, das die Verdunstungsrate ersetzt, immer wieder der unerwünschte Algenwuchs aufflackert. Quarzkies fördert das Wachstum der Kieselalgen und sollte deshalb im Meeresaquarium nicht verwendet werden. In einem Riffbecken ist auch **Cau-**

lerpa fehl am Platz. Lediglich als dekorative Farbkleckse können verschiedene *Caulerpa*-Arten und höhere Rotalgen das Wohnzimmer-Biotop beleben. Allerdings werden die algenfressenden Fische, Seeigel und Schnecken die Algen nie ganz in Ruhe lassen. In einem Algenfilter kann *Caulerpa* die biologischen Vorgänge des Riffaquariums unterstützen. Besonders bei stark belasteten Aquarien ist der Einsatz eines Algenfilters von Vorteil, weil die Algen dem Wasser Phosphate entziehen und so eine Anreicherung zumindest verlangsamt werden kann. Mit den vielen verschiedenen Algen können aber auch sehr schöne Behälter eingerichtet werden. Damit die Algen aber gut wachsen können, ist eine kräftige Beleuchtung notwendig, am besten eignen sich HQI-Strahler. Lichtabhängige Blumentiere gedeihen in solchen Aquarien meistens nicht besonders gut.

In Fischaquarien und anderen speziellen Behältern (Aquarientyp 5, Anemonen und Anemonenfische) hat es viele Vorteile, wenn höhere Algen das Biotop stabilisieren.

Ein Nachteil ist leider, daß die Algen dem Wasser soviel Kohlensäure entziehen, daß es zu einem Anstieg des pH-Wertes kommt. Ist der pH-Wert in der zweiten Hälfte der Beleuchtungsdauer ständig über 8,5, bleibt nichts anderes übrig, als künstlich Kohlendioxid (CO_2) in das Aquarium einzublasen. Zuvor sollte aber versucht werden, durch eine Verringerung der Beleuchtungsstärke, das Problem auf einfache Weise zu lösen. In vielen Aquarien wachsen die oft rosa gefärbten **Kalkrotalgen**. Sie gehören zu den Riffbildnern und fördern außerdem den natürlichen Charakter eines Riffbeckens. An Stellen, an denen Kalkalgen siedeln, können kaum noch Fadenalgen wachsen. Allerdings verbrauchen die Kalkalgen auch erhebliche Mengen an Calcium, darum sollte man bei einem kräftigen Wachstum regelmäßig den Calciumgehalt des Wassers überprüfen. Manchmal ist es schwierig, die erwünschten Kalkalgen im Riffbecken anzusiedeln. Am besten achtet man schon bei der Neueinrichtung darauf, daß die Kalkrotalgen zu wachsen beginnen, denn am leichtesten lassen sie sich in sehr sauberem, nitrat-und phosphatarmem Wasser heranziehen. Bei der Verwendung einiger lebender Steine zur Dekoration erscheinen sie oft ohne weiteres Zutun. Sollten dennoch keine Kalkalgen zu wachsen beginnen, sollte man sich einige Stücke von verschiedenen Liebhabern geben lassen, in deren Aquarien Kalkalgen schon angesiedelt sind.

Die Blumentiere

Tierklasse Anthozoa

In der Meeresaquaristik gehören Tiere aus der Klasse Anthozoa zu den beliebtesten Pfleglingen. Die Blumentiere sind zusammen mit den aquaristisch wenig bekannten Quallen (Klasse Scyphozoa und Cubozoa) und den Hydrozoen (Klasse Hydrozoa) im Tierstamm der Nesseltiere (Cnidaria) eingeordnet.

Der zylinderförmige Körper der Anthozoen wird im Grunde nur von einer dünnen Wand aus Zellen, Gallert, Bindegewebe und Muskeln gebildet, die wie ein Sack einen wassergefüllten Raum umschließt. Am oberen Ende steht um die Mundöffnung ein Kranz von Fangarmen. Futterpartikel werden von den Tentakeln festgehalten und durch das Schlundrohr ins Innere transportiert. Der Innenraum dient zur Verdauung der Nahrung und gleichzeitig als hydraulischer Behälter, der von den Muskeln unter Druck gehalten wird. Um den Körper in seiner zylindrischen Form zu erhalten, dienen die Mesenterien. Wie Gurtbänder verspannen sie die Außenwand, die Fuß- und die Mundscheibe miteinander, gleichzeitig verhindern sie, daß das ebenfalls mit ihnen verbundene Schlundrohr durch den Innendruck im Polypen nach außen gedrückt wird. Die Tentakeln sind einseitig geschlossene Schläuche, die sich auf der Mundscheibe zwischen den Ansatzlinien der Mesenterien erheben, ihr Inneres ist eine Fortsetzung des Innenraumes. In Ring- und Längsrichtung angelegte Muskelfasern ermöglichen eine Formveränderung, sie können sich biegen, dehnen oder auch verkürzen. Die Fangarme sind außerdem noch mit Nesselzellen versehen, die sich bei Berührung durch einen Fremdkörper explosionsartig öffnen und die Haut von Tieren durchschlagen können. Das Gift der Nesselzellen kann den Feind oder die Beute töten, lähmen oder nesseln.

Eine faszinierende Symbiose (Zooxanthellen, Kalzifizierung)

Eine Besonderheit vieler Anthozoen, aber auch anderer Tiere wie z. B. Riesenmuscheln, ist die Symbiose mit einzelligen Algen, den Zooxanthellen. Die Zooxanthellen leben im Körpergewebe der Anthozoen. Für eine rasche Kalkabscheidung ist die Symbiose mit den Algen von einer besonderen Bedeutung. Die Zooxanthellen produzieren Zucker und andere pflanzliche Stoffe, die von den Blumentieren direkt zu ihrer Ernährung genutzt werden. Die einzelligen Algen *Dinoflagellaten* verwerten ihrerseits die Stoffwechselprodukte der Tiere, besonders das CO_2. Bei der Abscheidung von Kalk ($CaCO_3$) wird Kohlendioxid (CO_2) freigesetzt. Das Kohlendioxid muß entfernt werden, weil ein Überschuß davon eine weitere Kalzifizierung verhindert. Die Erfahrungen vieler Aquarianer zeigen aber auch, daß ein Mangel an Kohlenstoff zu Wachstumsproblemen der Korallen führen kann. Allerdings ist eine direkte Kohlendioxidzugabe wie im Süßwasseraquarium wenig sinnvoll. Viel-

mehr benötigen die Korallen Calciumhydrogencarbonat ($Ca[HCO]^{3+}$), das überwiegend die Rohstoffquelle für den Skelettaufbau der Blumentiere ist. Freie Calciumionen (Ca^{2+}) machen nur etwa 20% des Calciumgehaltes im Meerwasser aus und dienen nicht als alleinige Calciumquelle. Geringe Mengen an Strontium, Barium, Phosphat, Mangan und der Schwermetalle Eisen, Zink, Kupfer und wohl auch Blei werden wahrscheinlich ebenfalls schon von den Korallen in das Kalkskelett eingelagert. Allerdings ist das je nach Art sehr unterschiedlich. Denkbar ist auch, daß die Einlagerungen je nach den Umweltbedingungen unterschiedlich sein können und so in der Natur auch geographische Unterschiede auftreten. Ziemlich sicher ist, daß diese Einlagerungen von anderen Elementen in die Aragonitkristalle der Kalkskelette, eine größere Bruchfestigkeit und Stabilität der Korallen verursachen. Bei Nachzuchten, die aus spurenelementarmen Wasser stammen, ist das Skelett oft extrem brüchig und weitaus weniger stabil, als bei Nachzuchtkorallen, die aus einem mit Spurenelementen ausreichend versorgten Wasser stammen. Darum ist es wichtig, dem Wasser regelmäßig Spurenelemente zuzugeben; auch der regelmäßige Wasserwechsel bekommt dadurch Gewicht, denn in den Salzen sind auch alle Spurenelemente enthalten. Viele Korallen und Blumentiere leben in der Natur nicht nur von gelösten organischen Stoffen oder den Assimilationsprodukten ihrer Zooxanthellen, sondern sie fangen auch noch aktiv Plankton. Besonders Steinkorallen sollten im Aquarium etwa zweimal wöchentlich gefüttert werden, auch die so begehrten *Acropora*-Arten sind fast immer nachtaktive Fresser. Ich füttere darum zweimal wöchentlich nachts mit Artemianauplien die ihrerseits zuvor mit Phytoplankton gefüttert wurden. Im Zoofachhandel werden mittlerweile verschiedene lebende Futterportionen angeboten (Copepoden, Brachionus, Artemia-Nauplien).

Braune oder grüne Färbungen der Blumentiere werden oft von den Zooxanthellen hervorgerufen. Sterben die Algen ab, beginnen die Blumentiere auszubleichen. In der Natur ist das mittlerweile weltweit ein Problem (coral-bleaching). Im Aquarium kann es eine Unterversorgung mit Spurenelementen oder Calciumhydrogencarbonat sein. Weit häufiger ist aber eine Temperaturerhöhung die Ursache dafür, genauso wie in den Korallenriffen. Gefährlich sind besonders Temperaturen über 29 °C. Verschiedene Gifte die von anderen Tieren abgegeben werden, können ebenfalls die Zooxanthellen abtöten. Besonders Schwämme und absterbende Rote Planarien können die Zooxanthellen oder die Korallen selbst schädigen, und so töten.

Viele Anthozoen die mit Zooxanthellen in Symbiose leben, zeigen bei einer sehr starken Beleuchtung irisierende Farben. Blumentiere die so »leuchten«, stammen fast immer aus dem Flachwasserbereich und sind in der Natur, vor allem während der Ebbe, der vollen Sonneneinstrahlung ausgesetzt. Das »Leuchten« wird von UV-Schutzstoffen hervorgerufen, mit denen sich die Tiere vor dem UV-Anteil des Sonnenlichtes schützen. Die mittlerweile oft verwendeten HQI-Strahler haben einen hohen UV-Anteil, weshalb man verschiedene Blumentiere anfangs mit einer Glasscheibe davor schützen sollte. Plexiglas kann dazu nicht verwendet werden, weil es die UV-Strahlen nicht herausfiltert. Wegen der Symbiose mit den Zooxanthellen sind viele Blumentiere lichtabhängig und gedeihen nur in den obersten lichtdurchfluteten Wasserschichten. Ein rasches Wachstum zeichnet auch die Arten mit Zooxanthellen aus, während die Anthozoen meist langsamer wachsen, die nicht mit den Algen in Symbiose leben. Bei vielen Arten ist die Lebensgemeinschaft so weit entwickelt, daß die Tiere keine feste Nahrung mehr aufnehmen müssen. Der alte Name »Pflanzentiere« bekommt durch die Abhängigkeit von Tieren und Algen heute einen neuen Sinn und ein anderes Gewicht.

Das Problem der wissenschaftlichen Bestimmung

Eine große Schwierigkeit ist die sichere Arterkennung vieler Blumentiere. In den meisten Fällen können die im Zoofachhandel angebotenen Anthozoen nur bis zur Gattung sicher bestimmt (determiniert) werden. Zum einen ist es auch für den Wissenschaftler kaum möglich, alle Blumentiere dieser Welt zu determinieren, weil vieles zoologisch unbekannt oder sehr schwierig ist; zum anderen ist es nicht, oder nur mit großen Unsicherheiten möglich, wenig bekannte Tiere von unklarer geographischer Herkunft zu bestimmen. Angaben wie Sri-Lanka, Philippinen oder Indonesien sind zu ungenau, man muß das Riff, die Tiefe und die natürlichen Lebensbedingungen, man muß die Ökologie eines Tieres kennen, um es sicher bestimmen, oder gegebenenfalls neu beschreiben zu können. Besonders problematisch ist das z. B. bei den Lederkorallen, weil diese Tiere in ihrem Aussehen sehr variabel sind; vage äußere Ähnlichkeiten reichen zur wissenschaftlichen Bestimmung nicht aus. Trotz dieser Schwierigkeiten, haben die Vorarbeiten zu diesem Buch einige aquaristisch unbekannte Gattungen und Artnamen ergeben.

Über die Einteilung der Tierklassen gibt es keine einheitliche Meinung. Die früher gebräuchliche Unterscheidung in *Octocorallia* und *Hexacorallia* ist nur noch ein Anhaltspunkt für eine grobe Unterscheidung der Blumentiere. Auch die Unterteilung der verschiedenen Familien ist strittig und noch nicht endgültig geklärt.

Achtstrahlige Blumentiere, Octocorallia

Die achtstrahligen Blumentiere sind unter den Anthozoen durch den Bau ihrer Polypen klar zu erkennen, sie haben immer acht Mesenterien und acht Tentakeln. Die völlig regelmäßige Anordnung der Fangarme, die zudem kleine Fiederchen tragen, gibt den lebenden Oktokorallen ihr charakteristisches Aussehen.

Achtstrahlige Blumentiere bewohnen in einer erstaunlichen Vielfalt alle Weltmeere. Diese Vielfalt beruht aber nicht auf Unterschiede im Bau oder in der Größe der einzelnen Polypen, sondern in der Art und Weise Kolonien zu bilden, die im Gegensatz zu Hexacorallia steht. Im Polypen, der zeitlebens acht Mesenterien und acht Fangarme behält, verdickt sich der untere Teil der Wandung. Von Öffnungen aus, die zwischen den Mesenterien liegen, wachsen Kanäle, die sich reich verzweigen und vernetzen. Die Grundmasse zwischen ihnen besteht aus bindegewebig verspannter Gallerte (Mesogloea) die von einer Zellschicht eingeschlossen ist. Dieses weiche, schwammige Gewebe wird als Coenenchym bezeichnet. Je nach dem Flüssigkeitsdruck in den Kanälen kann es anschwellen oder schrumpfen. Das kann im Aquarium täglich neu beobachtet werden, dann nämlich, wenn sich die Kolonien nach ihrer nächtlichen Ruhezeit wieder mit Wasser vollpumpen. Im Coenenchym entspringen aus dem Netzwerk neue Polypen. Auf diese Weise können Tierstöcke von mehreren Tausend Polypen entstehen, die sich so von der unmittelbaren Oberfläche weg in weitere Wasserschichten vorschieben. Im Verband der Kolonie können die Polypen sehr lang werden, sie bleiben aber wegen ihrer geringen Zahl an Mesenterien immer recht dünn (1 bis 8 mm). Sie können also bei weitem nicht so wachsen wie z. B. die Aktinien, bei denen die Größten einen Durchmesser von mehr als einem Meter erreichen.

Oktokorallen können im Gegensatz zu den anderen Anthozoen innerhalb ihrer Leibmasse Kalk abscheiden und zwar in Form einzelner Sklerite. Die Kristallisation geschieht im Inneren von Zellen, der Skleroblasten. Für die wissenschaftliche Bestimmung von Oktokorallen werden, neben der Kolonieform, vor allem die Sklerite herangezogen, weil sie sehr unterschiedliche, oft nach Gattung und Arten typische Formen haben.

Ordnung Alcyonaria, Weichkorallen
Familie Alcyonidae, Lederkorallen

Ein auffälliges Merkmal der meisten Lederkorallen ist das massige und schwammige Körpergewebe (Coenenchym). Das Coenenchym ist mit vielen Kalkskleriten durchsetzt, was die Kontraktionsfähigkeit mindert. Das Gewebe ist oft pilzförmig und hebt die Polypen weit vom Substrat ab. Bei chemischen und mechanischen Reizungen können sich die Polypen in das umgebende Gewebe zurückziehen.

Viele Alcyonarien leben mit Zooxanthellen in Symbiose, so daß sie bei ausreichender Lichtzufuhr auch ohne spezielle Fütterung wachsen.

Die Selbstreinigung, eine bedeutsame Fähigkeit

Viele Lederkorallen sind in der Lage sich selbst von aufsitzenden Algen und aufliegenden Sedimenten zu befreien. Dazu kontraktieren die Tierkolonien und bleiben ein bis zwei Tage zusammengezogen. Innerhalb dieser Zeit scheiden sie eine schleimige Haut ab, die anfangs noch fest, später lose auf den Blumentieren liegt. Nach Beendigung dieses Vorgangs nehmen die Lederkorallen durch Aufnahme von Wasser ihr größtmögliches Körpervolumen an, dabei reißt die Haut auf und wird von der Strömung fortgespült. Ist die umgebende Wasserbewegung zu schwach, kann sich die wichtige Selbstreinigung erheblich verzögern. Die Strömung muß nicht immer gleich stark sein, vielmehr sollte sie im Tagesrhythmus schwanken. Auch die Richtung kann sich ändern, entsprechend den natürlichen Ebbe- und Flutintervallen.

Vergesellschaftung mit anderen Blumentieren

Lederkorallen vertragen sich untereinander recht gut, mit vielen anderen Anthozoen gibt es aber immer wieder Probleme. Schwierig ist die gemeinsame Ansiedlung mit Steinkorallen, den meisten Scheibenanemonen (ausgenommen die bunten *Actinodiscus*-Arten) und vielen Krustenanemonen. Auch einige Blumentiere aus der Ordnung Stolonifera können nur bedingt mit Lederkorallen in normalgroßen Aquarien (bis 500 l) gepflegt werden, vor allem nicht die Orgelkoralle *Tubipora musica*. Eine gemeinsame Hälterung ist mit *Clavularia*-Arten möglich. Schwierigkeiten gibt es immer wieder mit den nahe verwandten Xeniiden, besonders mit den pumpenden *Xenia*-Arten. Lichtverträgliche Weichkorallen aus der verwandten Familie Nephtheidae können auch, allerdings mit einem Sicherheitsabstand von 10 cm, angesiedelt werden. Vor dem Erwerb einer Kolonie muß man

unbedingt das zu erwartende spätere Wachstum berücksichtigen. Immer sollte man darauf bedacht sein, nahe verwandte Arten in größeren Ansammlungen anzusiedeln, so daß keine allzu heftigen Konkurrenzkämpfe zu befürchten sind. Schon im voraus sollte man sich in der geplanten Artenauswahl beschränken. Anhaltspunkte können die auf den Seiten 8/19/23 abgebildeten Aquarien und die Aufstellungen ab Seite 60 geben. Wieviele unterschiedliche und vor allem unverträgliche Blumentiere in einem Riffbecken auskommen, ist in erster Linie von der Größe des Behälters abhängig. Es ist möglich, in den Wasserkreislauf eines großen Riffaquariums ein kleineres Becken miteinzubeziehen, in dem Anthozoen angesiedelt werden, die im anderen Aquarium Schwierigkeiten bereiten.

Abb. 52: Riffbecken.

Abb. 53: *Rumphella torta,* Ostafrikanische Hornkoralle (S. 79), mit Lippfisch *Cirrhilabrus lubboki.*

Abb. 54: *Rhodactis* sp. mit Schleimfisch *Meiacanthus grammistes* (S. 89).

Abb. 55: Pilzsteinkoralle *Fungia fungites*.

Abb. 56: Pilzsteinkoralle *Heliofungia actiniformis* (S. 98)

Abb. 57: Grüne Favia-Koralle (S. 97).

Vermehrung im Aquarium

Bei geeigneten Bedingungen ist die Vermehrung von Lederkorallen denkbar einfach. Viele Tierstöcke teilen sich früher oder später von selbst, so daß aus einer Kolonie mit der Zeit mehrere werden, die natürlich auch eine größere Fläche bedecken und andere Blumentiere bedrängen.

Wer schneller weitere Tierstöcke heranziehen möchte, kann einzelne Seitenäste abschneiden und mit Nylonfäden auf algenfreie Korallenstücke binden. In der Regel wachsen diese »Ableger« schnell an.

Aus der Basis wachsen auch ohne Eingriffe von außen neue Tochterkolonien, diese Art der ungeschlechtlichen Vermehrung heißt Sprossung, sie ist für viele Anthozoen typisch. Die geschlechtliche Vermehrung über freischwimmende Larven ist im Aquarium ohne Bedeutung.

Aus der Gattung *Sinularia* werden viele verschiedene Lederkorallen importiert, die kaum näher zu bestimmen sind. Die abgebildeten Tierstöcke dieser Gattung sind deshalb in Gruppen zusammengefaßt.

Sinularia dura, S.cf. *brassica*.

Krustenförmige und flach wachsende Arten.
Heimat: Alle Arten werden aus den verschiedensten Gebieten des Indischen Ozeans und des Indoaustralischen Archipels importiert.
Größe: Zusammenhängende Kolonien bis etwa 30 cm, eine Teilung der Tierstöcke beginnt meistens schon bei einer Größe von 10 bis 20 cm. Mit zunehmender Größe und Teilung der Kolonien können umfangreiche Ansammlungen einer Art heranwachsen.
Pflege: Die Pflege dieser Lederkorallen ist recht einfach, allerdings wachsen sie nicht so schnell wie einige andere Arten. Die Strömung sollte für diese flach wachsenden Alcyonarien nicht zu schwach sein und kann ohne weiteres auch direkt aus dem Pumpenauslauf auf die Kolonien geleitet werden. Lediglich die auf Abbildung 11 zu sehende Lederkoralle bevorzugt eine etwas schwächere Strömung; diese Art teilt sich auch nicht so schnell wie andere *Sinularia*-Arten, außerdem hat sie kleinere Polypen.
Fütterung: Alle beschriebenen *Sinularia*-Arten leben mit Zooxanthellen in Symbiose und müssen darum nicht täglich gefüttert werden. Zur Ernährung der Lederkorallen eignen sich alle im Zoofachhandel angebotenen Ersatzfuttermittel. In geringen Mengen kann man auch aufgeschwemmte Bäckerhefe verfüttern. Besonders gut geeignet sind alle lebenden Kleinorganismen, wie Brachionus, Euplotes und Salinenkrebsnauplien. Pflanzliche Futtermittel werden von den Lederkorallen anscheinend nicht aufgenommen und auch nicht verwertet.
Lichtverhältnisse: Bei einer Beleuchtung mit Leuchtstoffröhren von 5 bis 10 Watt auf 10 Liter Wasser, können diese Lederkorallen von der Wasseroberfläche bis zum Bodengrund angesiedelt werden. Je tiefer man die Kolonien plaziert, umso langsamer werden sie wachsen, in eng besiedelten Aquarien muß das aber kein Nachteil sein.
Bei einer Beleuchtung mit **HQI**-Strahlern sollten die krustenförmig wachsenden *Sinularia*-Arten nicht im Zentrum des Strahlungskegels der Lampen angesiedelt werden. In der ersten Zeit müssen diese Lederkorallen vorsichtig angepaßt werden, besonders dann, wenn sie aus einem schwächer beleuchteten Aquarium stammen.
Eine Kolonie Sinularia dura lebt seit 1982 in einem Aquarium des Verfassers.
Abb. 3

Sinularia sp.
Verzweigte, hoch wachsende Arten.

Bei der Kolonie von Abbildung 10 handelt es sich sehr wahrscheinlich um *Sinularia flexibilis*.
Heimat: Indopazifik.
Größe: Zusammenhängende Kolonien bis zu einer Höhe von etwa 30 cm. Im Aquarium kann der größte Durchmesser eines Tierstockes mehr als 20 cm betragen. Eine Teilung der Kolonien beginnt frühzeitig, die einzelnen Tierstöcke sind oft noch lange Zeit an der Basis miteinander verbunden. Die einzelnen Kolonien wandern langsam auseinander, so daß eine Art mit der Zeit viel Platz in Anspruch nimmt. Die Tiere wachsen aber bedeutend schneller in die Höhe als in die Breite.
Pflege: Auch die Pflege dieser Lederkorallen ist einfach. Diese *Sinularia*-Arten wünschen eine lebhafte Strömung, können aber keine direkte und kräftige Strömung, wie die vorher beschriebenen, krustenförmigen Arten vertragen.
Fütterung: Zur Ernährung der Lederkorallen eignen sich alle flüssigen und pulverisierten Futtersorten. Lebendes Plankton ist besonders gut geeignet. Eine tägliche Fütterung ist nicht notwendig, weil auch diese Arten mit Zooxanthellen in Symbiose leben.
Lichtverhältnisse:
Leuchtstoffröhren: Bei dieser Beleuchtung sollten die Tierstöcke in der oberen Beckenhälfte angesiedelt werden, aber nicht zu nahe an der Wasseroberfläche, weil die Kolonien meistens noch in die Höhe wachsen.
HQI: An hellen Stellen auf das ganze Aquarium verteilt.
Abb. 11

Sinularia sp., Pumpende Lederkoralle

Heimat: Diese Lederkoralle wird regelmäßig nur aus Ostafrika eingeführt.
Größe: Bis ca. 30 cm, meist kleiner. Diese Sinularia unterscheidet sich durch ihre sehr schöne grau-beige Färbung von ihren meist bräunlich gefärbten Verwandten. Die bis 3 mm großen Einzelpolypen legen ihre Tentakeln im Durchschnitt einmal in der Minute nach außen um. Sie pumpen genau entgegengesetzt wie die bekannten *Xenia*-Weichkorallen. Die Polypen sind aber zu klein, als daß man sofort darauf aufmerksam würde.
Pflege: Während der Eingewöhnungszeit manchmal heikel. Die Strömung darf für diese Art keinesfalls zu direkt sein, günstig ist sie, wenn sie schon von der Dekoration und den Aquarienscheiben umgelenkt wurde.
Fütterung: Die Polypen fangen keine feste Nahrung mehr, weshalb nur flüssige Suspensionen, aufgelöste Hefe und Vitamine verwertet werden.
Lichtverhältnisse:
Leuchtstoffröhren: In der oberen Beckenhälfte ansiedeln.
HQI: An hellen Stellen auf das ganze Aquarium verteilt. Nach dem Erwerb kann es vorübergehend notwendig sein, die Korallen mit einer Glasscheibe etwas abzuschatten, damit die Tiere nicht von den UV-Strahlen geschädigt werden.
Abb. 12

Cladiella sp., Brokkoli- oder Blumenkohlkoralle

Heimat: Wird aus Ostafrika und Indonesien importiert.
Größe: Einzelne Kolonien bis zu einem Durchmesser von 10 cm; große Ansammlungen 40 cm und mehr.
Diese Lederkoralle konnte nicht einwandfrei identifiziert werden.
Pflege: Wächst schnell, sofern genug Raum für eine Ausbreitung vorhanden ist. Die Brokkoli-Koralle kann sich gegen die meisten anderen Blumentiere nicht durchsetzen, außerdem wird sie oft von parasitierenden Krabben und Schnecken befallen. Die Strömung sollte schwach und keinesfalls direkt sein.
Fütterung: Die Polypen der Brokkoli-Lederkoralle fangen keine feste Nahrung und schließen sich bei der leichtesten Berührung.
Lichtverhältnisse:
Leuchtstoffröhren: Bei einer guten Ausleuchtung kann diese Lederkoralle bis auf den Bodengrund plaziert werden, sie wächst dann jedoch etwas langsamer.
HQI: In der oberen Beckenhälfte, nicht im Zentrum des Strahlungskegels, mit der größten Lichtausbeute ansiedeln. Bei sehr dunkel gefärbten Kolonien ist in der ersten Zeit eine leichte Abschattung (Glasscheibe-UV-Strahlung) angebracht.
Abb. 36

Sarcophyton sp., Pilzlederkoralle

Heimat: *Sarcophyton*-Arten sind im indopazifischen Raum weit verbreitet.
Größe: Je nach Art bis zu einem Meter Durchmesser. Die Höhe ist je nach Lichtstärke unterschiedlich, von 10 bis 50 cm.
Pflege: Kräftige Strömung, die Ansprüche sind jedoch oft von Kolonie zu Kolonie verschieden, auch wenn sie einer Art angehören. Je weiter und schöner sich die einzelnen Polypen öffnen, umso besser hat man die Ansprüche einer Kolonie erfüllt.
Fütterung: Sarcophyton-Arten leben mit Zooxanthellen in Symbiose, und wachsen auch ohne zusätzliche Fütterung weiter.
Lichtverhältnisse:
Leuchtstoffröhren: So hell wie möglich stellen. Besonders viel Licht benötigen die Kolonien, bei denen die acht Tentakeln der Freßpolypen weiß, gelb oder grünlich irisieren; oft entwickeln sie nur bei einer Beleuchtung mit HQI-Strahlern ihre ganze Schönheit.
HQI: Hell stellen, ab 150 Watt auch in der

unteren Beckenhälfte. Irisierende Kolonien in der oberen Beckenhälfte; bei diesen Tierstöcken ist ein anfänglicher UV-Schutz nicht erforderlich.
Abb. 14/16

Lobophytum sp., Hutlederkoralle

Heimat: Regelmäßig kommt diese Lederkoralle nur aus Singapur nach Deutschland.
Größe: Im Aquarium bis etwa 30 cm Durchmesser. Der Stamm ist etwas kürzer als bei den bekannten Pilzlederkorallen der Gattung *Sarcophyton*. Der »Hut« mit den Polypen ist nicht so flach wie bei vielen *Sarcophyton*-Arten. Die verhältnismäßig wenigen Freßpolypen irisieren oft sehr schön gelb, oder sogar reinweiß.
Pflege: Etwas anspruchsvoller als die meisten anderen Arten. Diese Lederkoralle wird immer wieder von gefräßigen Schnecken und Borstenwürmern befallen. Die Strömung darf nicht so stark und direkt sein, wie für die flach wachsenden *Sinularia*-Arten und die vorgehend beschriebenen *Sarcophyton*-Arten.
Fütterung: Eine tägliche Fütterung ist nicht notwendig, weil auch dieses Blumentier mit Zooxanthellen in Symbiose lebt. Es genügt, wenn 3 oder 4 mal in der Woche mit tierischem Ersatzplankton gefüttert wird.
Lichtverhältnisse:
Leuchtstoffröhren: Hell stellen, in der oberen Beckenhälfte plazieren.
HQI: Ab 150 Watt an allen gut ausgeleuchteten Stellen, im gesamten Aquarium, von der Wasseroberfläche bis zum Bodengrund.
Abb. 13

Studeriotes sp., Veränderliche Lederkoralle

Heimat: Die veränderliche Lederkoralle wird vor allem aus Singapur regelmäßig importiert.
Größe: Bis zu 30 cm hoch.
Pflege: Schwierig; in hell beleuchteten Aquarien dämmerungs- und nachtaktiv. Die Basis der Koralle wird am besten zur Hälfte in den Bodengrund eingegraben. Der polypentragende Teil kann sich vollständig in die polypenlose Basis zurückziehen.
Die Strömung sollte kräftig, aber nicht zu direkt sein.
Fütterung: Enthält keine Zooxanthellen und muß deshalb zweimal täglich gefüttert werden. Eine tägliche Fütterung mit Ersatzplankton ist aber nur dann sinnvoll, wenn die kleinen braunen Freßpolypen auch ihre acht Tentakeln ausbreiten. Sollten sich die Polypen nicht öffnen, ist der Einsatz spezieller Reizstoffe ratsam, die im Zoofachhandel angeboten werden.
Lichtverhältnisse
Leuchtstoffröhren: Dunkel plazieren, eventuell auch im Schatten großer lichtabhängiger Lederkorallen. Sehr gut für das auf Seite 62 beschriebene Aquarium (Aquarium 4) geeignet.
HQI: Auf jeden Fall im Schatten ansiedeln.
Abb. 17

Nephthyigorgia, Indopazifische Meerhand

Heimat: Wird oft aus Sri-Lanka und aus Indonesien eingeführt.
Größe: Bis ca. 15 cm. Diese tropische Art erinnert sehr an die europäischen *Alcyonium*-Arten. Zusammen mit der abgebildeten roten Meerhand werden auch kräftig orangefarbene Kolonien importiert.
Pflege: Bei richtiger Pflege ist diese Lederkoralle sehr haltbar, auf jeden Fall ist ihre Hälterung einfacher, als die der heiklen *Dendronephthya*-Weichkorallen (Familie Nephtheidae) und der vorgehend beschriebenen *Studeriotes*-Art.
Sehr starke und direkte Strömung, in hell beleuchteten Aquarien nur nachtaktiv.
Fütterung: Wenigstens einmal täglich mit Ersatzplankton füttern. In hell beleuchteten Aquarien muß nachts gefüttert werden.
Lichtverhältnisse:

Leuchtstoffröhren: So dunkel wie möglich plazieren. Sehr gut für das auf Seite 60 beschriebene Aquarium (Aquarium 4) geeignet.
HQI: Nur im tiefen Schatten ansiedeln.
Abb. 18

Familie Nephtheidae, Weichkorallen

Von den Lederkorallen unterscheiden sich die Weichkorallen dieser Familie durch ihren mehr baumförmigen Wuchs, und dadurch, daß sie im Inneren nur wenige Kalksklerite einlagern. Weichkorallen können bis zu einem Bruchteil ihrer Maximalgröße schrumpfen. Dieser Wasseraustausch ist normal und erfolgt bei vielen Arten zweimal täglich, eine Ausnahme davon sind die lichtabhängigen, mit Zooxanthellen in Symbiose lebenden Weichkorallen. Diese Arten, wie z.B. die abgebildete *Litophyton arboreum* FORSKAL können in der Pflege und Zucht genauso wie Lederkorallen behandelt werden. Die meisten Weichkorallen aus dieser Familie leben aber nicht mit Zooxanthellen in Symbiose, sie sind im Aquarium sehr schwer zu pflegen. Eine stärkere Beleuchtung können diese überaus farbigen Anthozoen nicht vertragen, sie sollten im Halbdunkel oder völlig abgeschattet stehen. Eine mehrmalige tägliche Fütterung mit tierischem Ersatzplankton und lebenden Einzellern ist für die erfolgreiche Pflege unbedingt notwendig. Das Wasser wird dadurch erheblich belastet, so daß für die Pflege dieser Weichkorallen die beste technische Ausstattung unabdingbar ist, besonders wichtig sind dabei auch denitrifizierende Filtersysteme.

Im Gegensatz zu den im Flachwasserbereich bis 10 m vorkommenden Leder- und Weichkorallen vertragen die farbigen Arten aus größeren Tiefen keine Dichteschwankungen, die von dem verdunstenden Wasser verursacht werden. Diese Weichkorallen sollten deshalb zusammen mit Gorgonien in dicht abgedeckten und schwach beleuchteten Aquarien angesiedelt werden, für die lichtdurchfluteten Riffaquarien eignen sie sich nicht (Seite 60, Aquarium 4).

Litophyton arboreum FORSKAL

Litophyton arboreum FORSKAL (eventuell auch eine Nephtea-Art), **Neospongodes sp.**
Heimat: Regelmäßige Importe nur aus Ostafrika und Singapur.
Größe: Bis zu 50 cm hoch.
Pflege: Einfach zu pflegen. Enthält Zooxanthellen und muß deshalb hell stehen. Eine kräftige und direkte Strömung fördert das Wachstum der Weichkoralle. Zu anderen Blumentieren ist ein Sicherheitsabstand von wenigstens 10 cm angebracht.
Fütterung: Weil diese Koralle mit Zooxanthellen im Symbiose lebt, genügt es, wenn 3 oder 4 mal wöchentlich mit feinem Ersatzplankton gefüttert wird.
Lichtverhältnisse
Leuchtstoffröhren: Hell stellen, am besten in der oberen Beckenhälfte, aber nicht zu nahe an der Wasseroberfläche, weil die Tiere ohne weiteres 20 oder 30 cm groß werden können.
HQI: An allen gut ausgeleuchteten und strömungsreichen Plätzen, im gesamten Aquarium.
Abb. 20, 39

Capnella sp., Kenia-Bäumchen

Heimat: Bisher nur aus Ostafrika eingeführt.
Größe: Bis etwa 20 cm.
Pflege: Einfach; lichtabhängig.
Diese Weichkoralle gedeiht nicht bei einer sehr starken und direkten Strömung.
Fütterung: 3 oder 4 mal wöchentlich mit flüssigen Suspensionen und sehr feinem Plankton füttern.
Lichtverhältnisse:
Leuchtstoffröhren: Im gesamten Aquarium, an hellen Stellen. Je tiefer die Kenia-Bäumchen plaziert werden, umso langsamer wachsen sie.

HQI: Im gesamten Aquarium, an hellen Stellen. Die Tierstöcke sollten nicht im vollen Licht der Strahler angesiedelt werden. Anfangs ist mitunter ein UV-Schutz (Glasscheibe) erforderlich, besonders bei Kolonien, die aus schwächer beleuchteten Becken stammen.
Abb. 37

Dendronephthya sp., Farbige Weichkorallen

Heimat: Im gesamten Indopazifik; viele verschiedene Arten.
Die abgebildete Weichkoralle wurde aus Sri Lanka importiert.
Größe: In der Natur 40 cm und mehr.
Pflege: Wie in der Familienbeschreibung schon angegeben, sehr schwierig, weil sie nicht mit Zooxanthellen in Symbiose leben. Diese Weichkorallen wachsen im Meer auch mit der Basis nach oben unter Überhängen oder in Höhlen von der Decke herunter. Alle Arten wollen eine lebhafte, oft sogar eine starke und direkte Strömung. Erfolgreich können diese Weichkorallen eigentlich nur in dem, auf Seite 62 beschriebenen Spezial-Aquarium (Aquarium 4) gepflegt werden.
Fütterung: Wenigstens zweimal täglich mit Ersatzplankton und lebendem Plankton füttern. Nach neuesten Erkenntnissen ernähren sich einige (oder alle?) *Dendronephthya*-Arten nicht von Zoo- sondern von Phytoplankton. Freischwimmende Algen sind im Riffbecken aber extrem selten in ausreichender Menge vorhanden. Vielleicht liegt darin die schlechte Haltbarkeit dieser Blumentiere begründet. Lebendes Phytoplankton ist aber leicht zu züchten und so könnte es durchaus sein, daß auch diese Blumentiere in Zukunft erfolgreich gepflegt werden können.
Lichtverhältnisse:
Leuchtstoffröhren: So dunkel wie möglich plazieren, die Kolonien dürfen auf keinen Fall veralgen. Die meisten der importierten Arten vertragen keine helle Beleuchtung.
HQI: An den völlig abgeschatteten Stellen

ansiedeln. Gegen eine starke UV-Bestrahlung können sich diese Blumentiere nicht schützen.
Abb. 19

Familie Xeniidae, Federweichkorallen

Die Xeniiden lassen sich sehr gut von den anderen Familien der Ordnung Alcyonaria unterscheiden. Die Sekundärpolypen der Xeniiden sind sehr lang, aber recht dünn (wegen der geringen Zahl von Mesenterien), nur der Durchmesser der Tentakelkrone beträgt einen Zentimeter und mehr. Die Polypen können sich nicht mehr vollständig in das Coenenchym zurückziehen. Feste Nahrung wird von keiner der importierten Art gefangen. Die Polypen vollführen auffallende und anmutige Pumpbewegungen, indem sie die acht gefiederten Tentakeln rhythmisch nach oben zusammenklappen. Mit dieser Bewegung fangen die Korallen aber keine Nahrung; wahrscheinlich wird hierdurch der Wasser- und Gasaustausch innerhalb der Polypen erleichtert. Je mehr Licht die Korallen erhalten und je weniger Nährstoffe das Wasser enthält, umso heftiger wird die Pumpbewegung. Der Rhythmus kann auf 80 Schläge und mehr pro Minute ansteigen.

Die Pflege der Xeniiden ist nicht ohne Probleme. In vielen Riffaquarien überleben die *Xenia*-Weichkorallen nicht, sie werden zusehends kleiner, das hängt vermutlich mit der Unverträglichkeit zu anderen Blumentieren zusammen. Die *Xenia*-Arten schleimen zwar sehr stark ab, was oft Ausfälle unter den importierten Kolonien verursacht, aber vor allem gegen Scheibenanemonen (*Discosoma*) und Lederkorallen können sie sich anscheinend nicht durchsetzen. Im Riffbecken können sie damit andere, an sie heranwachsende Anthozoen wirkungsvoll abwehren. In separaten Behältern ist die Vermehrungsrate der Federweichkorallen enorm. Ein Nachlassen der Pumpbewegung kann verschiedene Ursachen haben, z.B. eine zu hohe Konzentration von Nitraten und Phosphaten. Sehr wichtig ist auch ein regelmäßiger kleiner Wasserwechsel und die Zugabe von Spurenelementen, um verbrauchte Minimalstoffe zu ersetzen.

Die pilzförmigen ostafrikanischen *Xenia*-Arten eignen sich von den pumpenden Xeniiden am besten für die Pflege im Aquarium. Die indonesischen Arten, die mehr verzweigt wachsen, sind mitunter etwas anfälliger, vor allem unterlassen sie schneller ihre Pumpbewegungen. Die nicht pumpenden Arten sind allgemein leichter zu pflegen. Die krustenförmig wachsenden *Anthelia*-Arten (Abb. 34) können schnell große Flächen besiedeln, genauso schnell zerfallen aber auch ganze Kolonien. Neben der raschen ungeschlechtlichen Vermehrung kommt es im Aquarium immer wieder zur Abgabe freischwimmender Larven. Die Larven reifen im Inneren der Kolonie, sie sind nur etwa einen Millimeter groß, weiß und rundlich; sie werden durch die Polypen ausgestoßen. Fische und andere Blumentiere fressen die Larven. Gelingt es einer sich festzusetzen, dauert es etwa 2 bis 4 Wochen, bis aus der Larve ein Primärpolyp gewachsen ist. Nach weiteren 6 bis 8 Wochen folgen mehrere Sekundärpolypen. Leider zerfallen immer wieder große Xenia-Kolonien nach dem Ausstoßen der Larven. In geeigneten Aquarien haben sich aus den Larven bald genügend neue Tochterkolonien entwickelt.

Xenia sp., Straußenweichkorallen

Heimat: Verschiedene Arten, im gesamten Indopazifik.
Größe: Je nach Art bis zu 20 cm Höhe, bei gleichem Durchmesser. Die beiden abgebildeten Arten stammen aus Ostafrika und pumpen mit ihren großen Polypen.
Pflege: In manchen Aquarien wachsen die pumpenden *Xenia*-Weichkorallen erstaunlich schnell, während sie in anderen Riffbecken, trotz bester Voraussetzungen, einfach nicht gedeihen wollen. Womit das zusammenhängt ist nicht einwandfrei zu sagen, sicherlich ist eine Ursache dafür aber die Rivalität der Blumentiere untereinander; in allen Fällen kann es das alleine aber nicht sein.
Die Strömung sollte nicht zu stark und vor allem nicht zu direkt sein. Die Pumpbewegung steht aber nicht in unmittelbarem Zusammenhang mit der Strömungsstärke. Kräftig pumpende Kolonien finden sich im Meer sowohl in strömungsstarkem, wie auch in strömungsarmem Wasser. Im Aquarium kann das auch beobachtet werden.
Fütterung: Feste Nahrung wird nicht mehr gefangen.
Lichtverhältnisse:
Leuchtstoffröhren: So hell wie möglich plazieren, nur in der oberen Beckenhälfte. Für einige Tierstöcke kann die Beleuchtung mit Leuchtstoffröhren aber zu schwach sein; mitunter läßt die Pumpbewegung nach, vor allem dann, wenn das Wasser zuviel Nitrat enthält.
HQI: So hell wie möglich ansiedeln. Ein UV-Schutz ist nur selten notwendig, vorsichtig muß man aber bei Kolonien sein, die aus schwächer beleuchteten Aquarien stammen.
Abb. 32

Anthelia sp.

Heimat: Indopazifik
Größe: Polypen bis etwa 15 cm lang, je nach Art verschieden. Zusammenhängende Kolonien bis etwa 40 cm Durchmesser.
Pflege: Für die krustenförmig wachsenden Anthelia-Arten gilt das gleiche wie für die pumpenden *Xenia*-Weichkorallen. Diese Weichkorallen werden oft von Nacktschnecken und Planarien befallen (siehe auch Seite 54). Die Schmarotzer sind fast immer braun gefärbt, so daß man schon genau hinsehen muß, um die ungebetenen Gäste zu entdecken.
Fütterung: Feste Nahrung wird nicht mehr gefangen.
Lichtverhältnisse:
Leuchtstoffröhren: So hell wie möglich stellen, sehr schöne Kolonien entwickeln

sich oft nur bei HQI-Beleuchtung, das trifft vor allem auf die großpolypigen Formen zu. Die Arten mit etwas kleineren Polypen sind meistens etwas toleranter.

HQI: Hell stellen, der Spielraum ist aber bedeutend größer als bei einer Beleuchtung mit Leuchtstoffröhren.

Abb. 34

Ordnung Stolonifera, Röhren- oder Füllhornkorallen

Röhrenkorallen bilden krustenförmige Kolonien, bei ihnen besteht das Coenenchym meist aus schmalen Bändern, den sogenannten Stolonen, aus denen neue Polypen entspringen. Die Polypen unterteilen sich in eine untere, von Kalskleriten ummantelte harte, und in die obere weiche Körperhälfte. Der weiche Teil der Polypen kann sich fast vollständig in den harten Teil zurückziehen. Bei einigen Arten ist das Stolonengeflecht, das die Einzelpolypen miteinander verbindet, schwammartig und erinnert an das Coenenchym der Lederkorallen. Eine sehr hübsche Ausnahme von der Regel ist die Orgelkoralle *Tubipora musica*, die ein auffallendes rotes Kalskelett aufbaut. Das Gros der Füllhornkorallen ernährt sich nur noch von den Stoffwechselprodukten ihrer Zooxanthellen und von gelösten organischen Substanzen. Für die Pflege aller Stoloniferen ist es wichtig, daß im Aquarium keine Fadenalgen oder Schmieralgen wachsen, weil sie sich nicht gegen eine drohende Veralgung wehren können. Bei zusagenden Bedingungen breiten sich die Kolonien rasch aus.

Familie Tubiporidae

Zu dieser Familie gehört nur die sehr schöne und variable Orgelkoralle, **Tubipora musica (L.)**
Heimat: Indopazifik.
Größe: Bis ca. 50 cm. Die Farbe der Polypen ist sehr variabel, auch die Größe der Polypen ist unterschiedlich, alle Formen gehören aber zu einer Art.

Pflege: Orgelkorallen sind anspruchsvolle Blumentiere, die aber bei Beachtung einiger Punkte durchaus erfolgreich gepflegt werden können. Orgelkorallen wachsen im Riff zusammen mit Steinkorallen, seltener mit *Xenia*-Weichkorallen. In Aquarien mit vielen Lederkorallen, Scheibenanemonen und Krustenanemonen können sich diese Röhrenkorallen nicht durchsetzen. Orgelkorallen dürfen auf keinen Fall veralgen! Die Strömung darf nicht zu schwach sein, vor allem die kleinpolypigen Formen gedeihen bei einer kräftigen Strömung besser. Verlorengegangene Polypen können wieder regeneriert werden, weil alle Polypen durch das plattenförmige Coenenchym miteinander verbunden sind.

Fütterung: Orgelkorallen leben zwar mit Zooxanthellen in Symbiose, sie fangen aber trotzdem noch Ersatzplankton. Zur Ernährung eignen sich alle handelsüblichen Futtersorten und lebendes Plankton, das aber nicht zu fein sein darf.

Lichtverhältnisse

Leuchtstoffröhren: Auf jeden Fall so hell wie möglich stellen. Die braunen Varianten brauchen etwas weniger Licht, als die hellen, leicht blaugrün irisierenden Formen, die bei einer Beleuchtung mit Leuchtstoffröhren oft Schwierigkeiten bereiten.

HQI: Hell stellen, ein UV-Schutz ist nicht erforderlich. Unter HQI-Strahlern gedeihen die Orgelkorallen fast immer besser. Die Tiere wachsen so schneller, bilden laufend neue Polypen und das Kalskelett wird schneller weiter aufgebaut.

Abb. 29

Familie Clavulariidae

Pachyclavularia cf. *violacea*
Füllhornkorallen, Red-Star-Polyps
Clavularia* cf. *viridis
Clove-Polyps, Sternpolypen
Heimat: Die Arten von Abb. 30, 35 und 72 werden regelmäßig nur aus Indonesien importiert.

Größe: Zusammenhängende Kolonien 30 cm und mehr. Die grüne Färbung der Art von Abb. 30 wird von UV-Schutzstoffen verursacht.

Pflege: Relativ einfach, beide Arten gedeihen aber nur wenn das Wasser nicht zuviel Nitrat (max. 30 mg/l) und Phosphat (max. 0,5 mg/l) enthält. die Strömung sollte kräftig, aber nicht direkt sein.

Fütterung: Beide Arten fangen kaum noch Ersatzplankton.

Lichtverhältnisse: Oberes Beckendrittel, so hell wie möglich stellen. Nur bei sehr starken HQI-Leuchten ist anfangs eine Abschattung notwendig. Die Art von Abb. 35 ist deutlich empfindlicher.

Besonderheiten: Für die hellgrüne Füllhornkoralle wird oft der wissenschaftliche Name *Clavularia viridis* (Quoy & Galmard) verwendet, nach Hickson (Literaturverzeichnis) sieht diese Art aber völlig anders aus, die Wuchsform entspricht vielmehr derjenigen von Abb. 35.

Ordnung Gorgonaria, Hornkorallen
Holaxonia, Hornachsen-Gorgonarien

Die Hornkorallen, Gorgonaria, sind die artenreichste Gruppe der Oktokorallen. Das Coenenchym umgibt eine elastische Hornachse, die sehr feine, dünne Verzweigungen auch bei großen Kolonien ermöglicht. Die Körpermasse umschließt die Hornachse und ist reich von Kalkskleriten durchsetzt. Die Polypen sind klein, sie werden selten größer als 5 mm. Hornkorallen sind, in ihrer Gesamtheit gesehen, zweifellos die farbigsten Blumentiere. Bekannt für Artenreichtum und die Dichte der Gorgonarienbestände ist die Karibische See. Von den karibischen Gorgonarien leben viele mit Zooxanthellen in Symbiose, sie brauchen auch im Aquarium einen hellen Standort. In der Pflege gleichen diese Arten in etwa den indopazifischen Weichkorallen, leider werden sie viel zu selten importiert. Alle lichtunabhängigen Hornkorallen sind heikle Pfleglinge, sie vertragen meistens keine stärkere Beleuchtung. Wie die lichtunverträglichen Weichkorallen (*Alcyonium, Dendronephthya*) benötigen auch diese Gorgonien einen abgeschatteten Siedlungsplatz. Für die erfolgreiche Pflege ist auch eine kräftige direkte Strömung und eine mehrmalige tägliche Fütterung wichtig.

Fütterung: Für die Fütterung der Hornkorallen eignen sich flüssige Suspensionen nicht besonders, besser sind granulierte Substanzen, feines Flockenfutter, Fisch- und Krebseier, Kleinkrebse (z. B. Artemianauplien, Calanus) und lebendes Plankton. Das Ersatzplankton sollte man entsprechend der Polypengröße auswählen.

Rumphella torta Klunzinger,
Ostafrikanische Hornkoralle

Heimat: Bisher nur aus Kenia bekannt. Ähnliche Arten aus dem Indopazifik.

Größe: Maximale Höhe ca. 70 cm.

Pflege: In unbelastetem Wasser relativ einfach.

Fütterung: Eine gezielte Fütterung ist nicht erforderlich.

Lichtverhältnisse: An allen gut ausgeleuchteten Stellen mit einer lebhaften, aber nicht zu direkten Strömung.

Besonderheiten: Die nur recht selten importierten Kolonien stammen aus einer Wassertiefe von ca. 2-5 m Tiefe (Ebbe-Flut). Die abgebildete Kolonie wurde bei Shimoni gesammelt.
Abb. 53

Familie Plexauridae

Plexaurella nutans
(Duchassaing & Michelotti)

Großpolypige Hornkoralle (Abb. 33, S. 43)

Heimat: Korallenriffe der Karibischen See.

Größe: Bis zu 100 cm hoch.

Pflege: Relativ einfach, kräftige, aber nicht zu direkte Strömung.

Fütterung: Ist nicht unbedingt erforderlich.
Lichtverhältnisse: An allen gut ausgeleuchteten Stellen im Aquarium. Bei sehr starker HQI-Beleuchtung in den ersten Wochen die Kolonien mit einer Glasscheibe vor der UV-Strahlung schützen.
Besonderheiten: Die Wuchsrichtung von Plexaurella nutans entspricht immer der Wasserbewegung. Alle Spitzen gehen in die Richtung der Strömung. Ein Verdrehen der Kolonie in größeren Abständen führt zu schraubenförmigem Wachstum.

Familie Plexauridae

Euplexaura sp., Blaue Hornkoralle

Heimat: Genauere Angaben über das Verbreitungsgebiet dieser Gorgonarie sind nicht bekannt, die abgebildete Art stammt von den Philippinen.
Größe: Bis ca. 30 cm.
Pflege: Sehr schwierig; selten. Nur in dunklen Höhlen oder in speziellen Aquarien ansiedeln. Eine kräftige und direkte Strömung ist unbedingt erforderlich. Die abgebildete Hornkoralle kann sich nicht wie viele andere Blumentiere gegen eine Veralgung wehren.
Fütterung: Täglich mindestens 2 mal mit Ersatzplankton und lebenden Kleinorganismen füttern.
Lichtverhältnisse
Leuchtstoffröhren: So dunkel wie möglich ansiedeln.
HQI: So dunkel wie möglich ansiedeln.
Abb. 25

Familie Paramuriceidae

Acanthomuricea sp.

Heimat: Diese sehr schöne Hornkoralle wird leider viel zu selten von Sri Lanka und Indonesien importiert.
Größe: Im Aquarium bis ca. 40 cm, in der Natur erheblich mehr.
Pflege: Eine der haltbarsten und schönsten

Gorgonarien. In sauberem Wasser werden Transportverletzungen schnell und vollständig regeneriert.
Um sich von Algen und aufliegenden Sedimenten zu reinigen, schleimt diese Art regelmäßig eine durchsichtige Haut ab. Diese Selbstreinigung ist für viele Blumentiere des Flachwasserbereiches typisch. Mit anderen achtstrahligen Blumentieren, vielen Scheibenanemonen und Krustenanemonen kann diese Acanthomuricea gemeinsam gepflegt werden. Die Strömung sollte kräftig, aber nicht zu direkt sein, auf keinen Fall darf sie so stark sein, wie für die vorher beschriebene *Euplexaura*-Hornkoralle.
Fütterung: Die Polypen sind relativ groß (ca. 5 mm) und fangen eifrig Nahrung. Die Hornkoralle ist nacht- und tagaktiv, so daß eine geöffnete Kolonie jederzeit gefüttert werden kann. Das Ersatzplankton darf nicht zu fein sein, weil es sonst abgeschleimt und nicht verwertet wird. Diese Hornkoralle ist nicht so anspruchsvoll wie einige andere Arten, weshalb es vollkommen ausreicht, wenn man sie einmal täglich füttert.
Lichtverhältnisse:
Leuchtstoffröhren: Hell stellen, nicht in Höhlen oder unter Überhängen ansiedeln. Die Hornkoralle verankert man am besten mit der Basis zwischen der Dekoration, in der Nähe des Bodengrundes. Gesunde Kolonien wachsen schnell an.
HQI: Nicht im vollen Licht der Strahler, aber auch nicht im vollen Schatten, unter Überhängen oder in Höhlen.
Abb. 24

Familie Gorgoniidae

Pterogorgia guadalupensis
DUCHASSAING & MICHELIN

Große Bänderhornkoralle

Heimat: Alle tropischen Riffe der karibischen See, Golf von Mexiko. Von den Bahamas bis zu den kleinen Antillen; importierte Tiere stammen zumeist von Belize.

Größe: Maximale Höhe ca. 70 cm, die Seitenäste sind voll entwickelt etwa einen Zentimeter breit. Die Polypen sind voll geöffnet ca. 15 mm lang.

Pflege: Relativ einfach, allerdings benötigen die Arten der Gattung *Pterogorgia* eine recht kräftige Strömung, die die Tierstöcke schräg von der Seite oder direkt bewegen sollte.

Lichtverhältnisse: An allen gut ausgeleuchteten Plätzen im gesamten Aquarium. Sollte ein Tierstock hartnäckig veralgen, ist die Strömung zu schwach.

Besonderheiten: Regelmäßig wird auch die gelb gefärbte Art *Pterogorgia citrina* ESPER importiert. Die gelbe Bänderhornkoralle ist etwas empfindlicher. Beide Arten sollten etwa ein bis zweimal wöchentlich gezielt mit etwas Ersatzplankton gefüttert werden.
Abb. 31

Gorgonia ventalina (L.), Venusfächer

Heimat: Karibik, häufige Art.
Größe: In der Natur über 1 m.
Pflege: Sehr schwierig, obwohl diese Hornkoralle mit Zooxanthellen in Symbiose lebt. Die Strömung sollte so perfekt wie möglich das Hin und Her der Dünung imitieren.
Fütterung: Feste Nahrung wird nicht mehr gefangen.
Lichtverhältnisse
Leuchtstoffröhren: So hell wie möglich.
HQI: Eine Ansiedlung ist an allen gut ausgeleuchteten Plätzen möglich.
Abb. 28

Pseudopterogorgia acerosa PALLAS, Federhornkoralle

Heimat: Karibik, Flachwasserbereich
Größe: Bis ca. 30 cm.
Pflege: Verhältnismäßig einfach; lebt mit Zooxanthellen in Symbiose. Lebhafte, aber nicht zu direkte Strömung, am besten aus unterschiedlichen Richtungen, um eine Dünung nachzuahmen.

Fütterung: Es genügt, wenn die Kolonien 3 bis 4 mal wöchentlich mit Ersatzplankton gefüttert werden.
Lichtverhältnisse
Leuchtstoffröhren: Hell plaziert, in der oberen Beckenhälfte.
HQI: An allen gut ausgeleuchteten Stellen, im gesamten Aquarium.
Abb. 27

Abb. 23 zeigt einen künstlichen Riffabhang. Solche farbigen Hornkorallen können nicht bei einer Beleuchtung mit HQI-Strahlern gepflegt werden. Außer man schattet den entsprechenden Bereich im Aquarium ab. Die auf dem Foto abgebildeten Arten können relativ gut gepflegt werden, allerdings müssen sie mindestens jeden zweiten Tag mit Ersatzplankton gefüttert werden. Die Wasserwerte (Phosphat, Nitrat) dürfen sich dabei jedoch nicht verändern, was einen enormen Arbeitsaufwand erfordert.

Scleraxonia, Kalkachsen-Gorgonarien

Solenocaulon sp.

Heimat: Die abgebildete Art wurde aus Sri Lanka importiert.
Größe: Die importierten Tierstöcke waren nie größer als 20 cm.
Pflege: Eine erfolgreiche Pflege ist nur in schwach beleuchteten Spezial-Aquarien möglich. Diese Hornkoralle bricht leicht, weshalb man die Tierstöcke sehr vorsichtig behandeln muß. Die Strömung sollte kräftig und direkt sein.
Fütterung: Wenigstens 2 mal täglich mit Ersatzplankton füttern.
Lichtverhältnisse
Leuchtstoffröhren: Nur an völlig abgeschatteten Plätzen ansiedeln.
HQI: Nur an völlig abgeschatteten Plätzen ansiedeln.
Abb. 26

Abb. 58: Krustenanemonen, *Protopalythoa* (S. 90).

Abb. 59: Krustenanemonen, *Protopalythoa* (S. 90), die abgebildete Kolonie lebt seit 1984 in einem Aquarium des Autors.

Abb. 60: Zwei verschiedene Krustenanemonen der Gattung *Zoanthus* (S. 92).

Abb. 61: *Zoanthus* sp. (S. 92).

Abb. 62: Gelbe Krustenanemone mit Pfauenkaiserfisch *Pygoplites diacanthus* (S. 91),
Foto M. Mrutzek.

Abb. 63: Symbioseanemone *Heteractis crispa*
S. 88).

Abb. 64: Symbioseanemone *Entacmea quadricolor* (S. 88).

Abb. 65: Steinkoralle *Trachyphyllia geoffroyi*
(ab S. 97).

Briareum asbestinum PALLAS, Karibische Fingerkoralle

Heimat: Karibik, Flachwasserbereich.
Größe: Einzelne »Äste« bis etwa 20 cm; Kolonien mit 10 »Ästen« sind keine Seltenheit.
Pflege: Einfach; lebt mit Zooxanthellen in Symbiose. Die Kolonien senkrecht aufstellen. Öffnen sich die Polypen nicht, ist eventuell die Strömung zu schwach.

Briareum asbestinum hat keine innere Hornachse. Vom äußeren Erscheinungsbild her kann diese Gorgonie mit anderen karibischen Hornkorallen der Familie Plexauridae verwechselt werden, die aber immer eine innere Hornachse haben. In der Pflege bestehen keine Unterschiede. Im Aquarium kann diese karibische Oktokoralle zusammen mit indopazifischen Lederkorallen, Weichkorallen, Xenia-Arten, Röhrenkorallen, einigen Scheibenanemonen, wenigen Krustenanemonen und mit schwach nesselnden Steinkorallen gemeinsam gepflegt werden.
Fütterung: Die Polypen fangen keine feste Nahrung mehr.
Lichtverhältnisse
Leuchtstoffröhren: Hell stellen, in der oberen Beckenhälfte.
HQI: Im gesamten Aquarium, an allen gut ausgeleuchteten Plätzen.
Abb. 22

Ordnung Telestacea

Seltene Gäste sind Oktokorallen aus dieser Ordnung. Auf den ersten Blick erinnern diese Blumentiere an Hornkorallen, doch ist der Aufbau der Röhrenkorallen ganz anders. Auf der Wandung des ersten, sehr lang werdenden Primärpolypen bildet sich Coenenchym, aus dem kleinere Sekundärpolypen wachsen.

Carijoa riisei (DUCHASSAING & MICHELOTTI), Weißer Telesto

Heimat: Karibik.
Größe: Der Primärpolyp wird etwa 15 cm lang, eine Kolonie kann aus mehreren Dutzenden von Polypenreihen bestehen.
Pflege: Nicht einfach; sehr transportempfindlich. Lebt nicht mit Zooxanthellen in Symbiose, obwohl es sich um einen häufigen Bewohner des Flachwassers handelt. Carijoa riisei veralgt leicht. Die Strömung sollte kräftig, aber nicht direkt sein. In unmittelbarer Nähe des Telesto dürfen keine stark nesselnden Blumentiere angesiedelt werden. Für eine gemeinsame Pflege eignen sich vor allem Hornkorallen und Schwämme, die nicht völlig dunkel stehen müssen.
Fütterung: 1 mal täglich mit Ersatzplankton füttern.
Lichtverhältnisse
Leuchtstoffröhren: Etwas abgeschattet in der unteren Beckenhälfte ansiedeln.
HQI: Nicht im Zentrum des Strahlungskegels der Lampen ansiedeln.
Abb. 21

Mehrstrahlige Blumentiere, Hexacorallia

Hexacorallia bedeutet soviel wie sechsstrahlige Korallen. Das ist allerdings eine wenig passende Bezeichnung, denn diese Blumentiere haben in jedem Fall viel mehr als sechs (oder acht) Mesenterien. Lediglich im Skelett einer Reihe von Steinkorallen erscheint ein sechsstrahliges Grundmuster; hiervon leitet sich der Name Hexacorallia ab, der auf die ganze Gruppe übertragen wurde. Dabei handelt es sich wieder um eine Gruppe von Gruppen, die zum Teil sehr unterschiedlich gebaut sind:

Actiniaria (Seeanemonen), Corallimorpharia (Scheibenanemonen), Scleractinia (Steinkorallen), Zoantharia (Krustenanemonen), Ceriantharia (Zylinderrosen), Antipatharia (Dörnchenkorallen).

Im Gegensatz zu den Oktokorallen haben diese Anthozoen die Möglichkeit, mit dem Wachstum neue Mesenterien zu bilden. Die Artenvielfalt dieser Gruppen resultiert hieraus. Bei den Steinkorallen können durch Polypenwachstum große Tierstöcke entstehen. Ein weiterer Unterschied zu den Oktokorallen ist, daß diese Blumentiere innerhalb ihrer Körpermasse keinen Kalk abscheiden. Steinkorallen bauen zwar vielfältige Kalkskelette auf und schaffen zusammen mit Kalkalgen die tropischen Riffe, aber der Kalk wird nach außen (aus der Fußscheibe der Polypen) abgeschieden.

Ordnung Actinaria, Seeanemonen

Eine Gemeinsamkeit aller Aktinien ist die zylindrisch runde Form des Polypen. Junge Seeanemonen legen zunächst sechs vollständige Mesenterien-Paare an, die vom zentralen Schlundrohr bis zur Wandung reichen. Wenn die kleine Anemone dann in die Breite wächst, werden, von der Wandung ausgehend, weitere Mesenterien eingezogen, die nicht bis an das Schlundrohr heranreichen (unvollständige Mesenterien).

Seeanemonen sind in der Lage mit ihrer Fußscheibe verschiedene Formen anzunehmen und so die Unebenheiten des Untergrundes nachzubilden und sich daran geradezu festzusaugen. Zusätzlich können die Aktinien ein klebendes Sekret ausscheiden, weshalb festsitzende Anemonen, die versetzt werden sollen, immer sehr vorsichtig abgelöst werden müssen, damit die Fußscheibe nicht verletzt wird. Mit der sehr beweglichen Fußscheibe können die Aktinien auch über Felsen wandern, einige Symbioseanemonen (*Heteractis, Entacmea, Stichodactyla*) lösen sich völlig vom Substrat ab, wenn ihnen ein Siedlungsplatz nicht zusagt, und lassen sich von der Strömung verdriften.

Alle Aktinien sind in der Lage eine Totalretraktion auszuführen, d. h., mit einer Kontraktion fast aller Muskeln stoßen sie durch das Schlundrohr die gesamte Flüssigkeit aus. Viele Arten ziehen sich nachts vollständig zusammen, auch die Anemonen die auf den Abbildungen 63 und 64 zu sehen sind. Werden Anemonen hartnäckig bedrängt, können sie sich innerhalb weniger Sekunden vollständig zusammenziehen. Das Volumen kann dabei auf etwa ein Zweihundertstel verringert werden. Die Arten, die in Felsspalten sitzen, können so fast völlig verschwinden, so daß eventuelle Freßfeinde (verschiedene Falterfische, *Chaetodon*) nur einige Tentakel erbeuten, die im Meer aber rasch regeneriert werden. Die Belastung auf die Wandung ist bei dieser schnellen Retraktion recht hoch, damit es nicht zu Verletzungen kommt sind in die Wandung kleine Öffnungen eingebaut, die Cincliden. Die Cincliden sind mit einer dünnen Haut verschlossen, die unter Belastung aufreißt.

Vergesellschaftung mit anderen Tieren

Mit ihrem starken Nesselgift schädigen sie andere Blumentiere, weshalb im Riffaquarium keine großen Symbioseanemonen gepflegt werden sollten, zumal sie andere in ihrer Nähe wachsende Anthozoen auch vernesseln!

Gemeinsame Pflege von Symbioseanemonen mit den Anemonenfischen der Gattung Amphiprion

Die Symbiose zwischen Aktinien und Riffbarschen *Amphiprion, Premnas* ist eine der bekanntesten Lebensgemeinschaften aus dem Meer. Lange Zeit war es unklar, ob es sich überhaupt um eine Symbiose handelt. Beobachtungen und Versuche haben gezeigt, daß beide Partner davon profitieren, daß es also eine Symbiose ist (Allen 1979). Im Meer erhalten die Riffbarsche in der Anemone Schutz vor Raubfischen wie zum Beispiel Zackenbarschen und Makrelen. Die Riffbarsche schützen die Aktinien vor deren Freßfeinde (Falterfische der Gattung *Chaetodon*). Die Anemonenfische nehmen in ihrer Außenhaut Körperschleim

Abb. 66: Große Kalkröhrenwürmer *Serpula* cf *magnifica* (S. 112).

Abb. 67: Kleine Kalkröhrenwürmer *Filograna implexa* (S. 112).

Abb. 69: Karibischer Röhrenwurm *Bispira brunnea* (S. 113).

Abb. 68: *Sabellastarte magnifica* (S. 113).

Abb. 70: Karibischer Schwamm *Aplysina cauliformis* (ab S. 101).

Abb. 71: Schwämme und Grüner Schlangenstern *Ophiarachna incrassata*, Rosa Schwamm ist *Haliclona aquaductus* (S. 101)

Abb. 72: Blaue Seescheide (S. 128); oben, im Hintergrund sind Füllhornkorallen zu sehen.

Abb. 73: Feilenmuschel *Lima scabra.*

der Aktinien auf, der verhindert, daß die Fische von den Anemonen als Beute betrachtet werden. Im Aquarium gerät die Symbiose mitunter ins Wanken, zum Leidwesen der Blumentiere. Die Fische bleiben tagsüber zu oft in der Aktinie, was die Anthozoen erheblich belastet, vor allem, weil die Fische alles andere als zart mit ihrem Partner umgehen. Das ist besonders in kleinen Aquarien der Fall. Zu dem kommt noch, daß die Anemonen oft für die Fische zu klein sind. Wer *Amphiprion*-Arten längere Zeit mit Seeanemonen gemeinsam pflegen möchte, sollte 3 Aktinien einer Art erwerben und sie nahe beieinander ansiedeln. Die Belastung durch die Fische verteilt sich und die Aktinien werden nicht geschädigt. In dem auf Seite 27 abgebildeten Aquarium lebt ein Pärchen Glühkohlenfische (*Amphiprion frenatus*) mit einer Blasenanemone zusammen. Die Fische laichen regelmäßig, suchen ihre Anemone aber nur bei Beunruhigung und nachts auf. Dieses annähernd normale Zusammenleben belastet die Aktinie nicht mehr als es in der Natur der Fall ist. Die Blumentiere müssen aber immer gut gepflegt und vor allem sorgfältig gefüttert werden.

Fütterung

Viele der importierten Seeanemonen leben mit Zooxanthellen in Symbiose, sind aber immer noch von einer zusätzlichen Fütterung abhängig. Aktinien sollte man täglich mit ungefähr erbsengroßen Stücken Garnelen- oder Fischfleisch füttern. Geeignet sind auch Bachflohkrebse, Mysis und Mückenlarven, aber auch alle anderen Futtermittel die angenommen und verdaut werden. Sehr große Symbioseanemonen nehmen auch ganze Garnelen und kleine Fische (z. B. Stints). Die meisten Anemonen setzen sich gerne in einer Felsspalte fest. Die Strömung sollte nicht zu direkt sein. Viele kleinere Arten wandern oft umher, andere Aktinien graben sich in den Bodengrund ein.

Symbioseanemonen

Entacmea quadricolor Rüppel & Leuckart, Blasenanemone

Heteractis crispa Ehrenberg, Lederanemone

Heimat: Beide Arten Indopazifik.
Größe: 40 cm und mehr.
Pflege: Beide Arten sind relativ einfach zu pflegen und können Jahrzehnte im Aquarium leben.
Fütterung: Eine tägliche Fütterung mit kleinen Stückchen Garnelenfleisch, Artemia, Mysis oder Tintenfisch ist vorteilhaft.
Lichtverhältnisse: Bei einer Beleuchtung mit HQI-Strahlern sind die Symbioseanemonen erheblich robuster und werden meistens auch etwas größer. Die meisten Symbioseanemonen leben mit Zooxanthellen zusammen und leben oft in den Flachwasserbereichen der Riffe.
Besonderheiten: Von der Blasenanemone gibt es auch eine seltene rote Farbform. Die abgebildete violette Farbform von *Heteractis crispa* ist sehr selten. Die übliche Variante ist gelb-braun oder violett mit kleinen lila Tantakelspitzen. Ein Exemplar einer gelbbeigen Farbform ohne lila Spitzen lebt in einem meiner Aquarien mittlerweile seit über 12 Jahren, zusammen mit einem Pärchen *Amphiprion ocellaris*.
Abb. 63, 64

Condylactis gigantea Weinland
Synonym: *C. passiflora*,
Karibische Goldrose

Heimat: Karibik.
Größe: Bis ca. 20 cm.
Pflege: Nicht einfach, wandert gerne. Nicht für dicht besiedelte Riffaquarien geeignet, kann aber in algenreichen Becken gepflegt werden. Felsspalten in Bodennähe sind der beliebteste Siedlungsplatz. Kräftige Strömung, aber nicht zu direkt.
Fütterung: Sorgfältige Fütterung mit mög-

lichst vielen verschiedenen Futtermitteln, die nicht zu grob sein dürfen, weil sie die Anemone sonst nicht verdauen kann.

Lichtverhältnisse

Leuchtstoffröhren: An hellen Plätzen in Bodennähe ansiedeln, oder in glatten Felsspalten in der oberen Beckenhälfte.

HQI: Ab 150 Watt in der unteren Beckenhälfte, aber nicht abgeschattet.

Ohne Abbildung.

Stichodactyla sp., Bludru-Anemone

Heimat: Indopazifik.

Größe: Im Aquarium bis ca. 50 cm Durchmesser, in der Natur mehr. Symbioseanemone.

Pflege: Einfach; nesselt sehr stark, verursacht auch beim Menschen Verbrennungen, besonders an empfindlichen Stellen (z. B. Unterarme). Ein Nachlassen der Nesselkraft deutet auf Pflegefehler, vor allem auf eine unzureichende Fütterung. Die Bludru-Anemone kann im Aquarium über 10 Jahre gepflegt werden.

Blumentöpfe aus Ton werden als Siedlungsplatz angenommen. Neben der häufigeren grünen Farbvariante werden auch braune und hellblaue Aktinien importiert.

Fütterung: Täglich kleine Portionen füttern.

Lichtverhältnisse:

Leuchtstoffröhren: In der oberen Beckenhälfte ansiedeln.

HQI: An gut ausgeleuchteten Stellen im gesamten Aquarium. Bei einer Beleuchtung mit 70-Watt-Strahlern in der oberen Beckenhälfte.

Ohne Abbildung.

Ordnung Corallimorpharia, Scheibenanemonen

Scheibenanemonen ähneln in ihrem äußeren Erscheinungsbild den Aktinien, ein leicht zu erkennender Unterschied ist jedoch die flache, extrem scheibenartige Form. Die Mundöffnung ist bei vielen Arten recht klein und wie ein kleiner Krater erhoben. Die Tentakeln sind extrem kurz, nur bei wenigen Scheibenanemonen sind sie länger als 5 mm. Scheibenanemonen leben selten einzeln, meist in größeren Ansammlungen, aber nur in Ausnahmefällen sind sie miteinander verbunden, es sind also einzelne Polypen, keine Tierstöcke. Nur einige Arten entwickeln Tierstöcke, bei denen die Polypen mehrere Mundöffnungen haben. Im Gegensatz zu den Seeanemonen können die meisten Scheibenanemonen ihre Beute nicht innerhalb des Körpers verdauen, wenn sie überhaupt Beute fangen. Alle bisher importierten tropischen Arten leben mit Zooxanthellen in Symbiose, viele davon so eng, daß sie keine feste Nahrung mehr zum Überleben brauchen (Seite 66). Einige Arten (Abb. 48, 49, 55) sind in der Lage Nahrung zu fangen. Dazu stülpen sie ihre Ränder glockenförmig zusammen, Tiere die in den so geformten Raum gelangen, werden betäubt und außerhalb des Körpers verdaut. Je nach Größe des Polypen kann diese Nahrungsaufnahme für einige Wochen ausreichen, zumal zur Ernährung immer die Stoffwechselprodukte der Zooxanthellen verwertet werden. In nährstoffreichem Wasser verzichten diese Scheibenanemonen mitunter ganz auf diesen Beutefang. Sehr große Scheibenanemonen können auf diese Weise sogar Riffbarsche, Zwergkaiserfische und Zehnfußkrebse erbeuten. Die kleineren Polypen fangen nur Ersatzplankton, erkennbar sind diese Arten an vielen kurzen Tentakeln (Abb. 49, 55).

Die besonders farbigen Arten, die kaum mehr funktionstüchtige Tentakeln haben (Abb. 47, 50, 51) leben nur von den Stoffwechselprodukten ihrer Algen, demzufolge sind sie, wie fast alle Scheibenanemonen, nur tagaktiv.

Vermehrung im Aquarium

Die Vermehrung der Scheibenanemonen erfolgt recht unterschiedlich. Die Fortpflanzung über Larven ist im Aquarium recht selten und eigentlich auch ohne Bedeutung. Die großen Arten, die einen Durchmesser von mehr als 40 cm erreichen können (Abb. 48, 55), vermehren sich vor allem durch Teilung. Der einzelne Polyp teilt sich annähernd genau in zwei Hälften. Die Trennung verläuft über die Mundöffnung. Dieser Vorgang nimmt mehrere Wochen in Anspruch. Die daraus entstehenden zwei, selten drei, Polypen wandern mit zunehmender Größe auseinander, weil sie wegen ihrer Algen auf eine schattenfreie Beleuchtung angewiesen sind, zudem müssen sie sich möglichst weit und flach ausbreiten, damit die Algen viel der lebenswichtigen Energie einfangen können. Eine Teilung erfolgt gelegentlich auch bei den kleineren Arten. Viel häufiger vermehren sich diese, oft überaus farbigen Polypen anders. Der Fuß stülpt sich blasenförmig aus, davon schnüren sie kleine Stücke ab. Diese Stücke, manchmal bis zu zehn aufeinmal, werden innerhalb weniger Wochen zu vollständigen kleinen Anemonen. Von den großen Polypen werden diese kleinen Tiere abgeschattet, darum müssen sie in das Licht wandern, damit die Zooxanthellen, die schon im abgeschnürten Stück enthalten waren, genügend Energie bekommen. In sehr eng besiedelten »Kolonien« schaffen es nicht alle Polypen. So erklären sich auch die dichten Ansammlungen von Scheibenanemonen. Bei der Pflege im Aquarium ist es darum wichtig, rings um die Scheibenanemonen Dekoration so anzulegen, daß die Tiere bei Platzmangel auseinander wandern können, denn mit zunehmendem Wachstum entfernen sich auch die großen Polypen voneinander.

Vergesellschaftung mit anderen Blumentieren

Untereinander vertragen sich die meisten Scheibenanemonen recht gut. Probleme gibt es oft mit Steinkorallen, Lederkorallen, Xeniiden und manchmal auch mit Krusten-anemonen. Die bunten und fast tentakellosen *Discosoma*-Arten (Abb. 47, 50, 51) sind in der Vergesellschaftung problemloser, als etwa die größeren und auch kräftiger nesselnden *Rhodactis*- und *Amplexidiscus*-Arten (Abb. 46, 48, 55). Um neu angesiedelte Scheibenanemonen sollte ein Sicherheitsabstand von 10 cm eingehalten werden. Mit zunehmenden Wachstum schließt sich diese Lücke von selbst, dann wird sich zeigen, ob es Probleme mit den »Nachbarn« gibt.

Pflege im Aquarium

Die Pflegeansprüche der verschiedenen Arten (die kaum näher bestimmt werden können) sind im allgemeinen recht ähnlich, deshalb wird hier auf einzelne Artvorstellungen verzichtet. Wichtige Faktoren wurden auch weiter oben schon erwähnt. Die Ansprüche an die Beleuchtung sind allerdings etwas unterschiedlich. *Discosoma* und *Ricordea* (Abb. 49, 55) und alle braun gefärbten Arten lieben eine sehr helle Beleuchtung, eine schwache Strömung und eine gelegentliche Fütterung.

Die bunten *Discosoma*-Arten (Abb. 50, 51), die oft mit radiären Streifen und Punkten gezeichnet sind, wollen etwas dunkler stehen, das ist besonders bei einer Beleuchtung mit HQI-Strahlern zu beachten. Auch diese farbigen Anthozoen lieben eine schwächere Strömung, sie nehmen keine feste Nahrung mehr auf.

Viele Scheibenanemonen zeigen bei einer starken Beleuchtung irisierende Farben. Dieses »Leuchten« wird von UV-Schutzstoffen hervorgerufen, die Tiere schützen sich damit vor der UV-Strahlung (HQI!).

Ordnung Zoantharia, Krustenanemonen

Die Polypen der Krustenanemonen haben eine sehr dicke Wandung aus Gallerte (Mesogloea) in der sich bei den meisten Arten ein regelrechtes Coenenchym ausbildet, aus dem neue Polypen entspringen. In der Gallerte des Coenechyms und der Polypenwand verläuft ein verzweigtes Kanalnetz. Eine Besonderheit der Krustenanemonen ist es, daß sie kleine Fremdkörper (Sandkörner und dergleichen) in die Mesogloea einschließen. Krustenanemonen können sich nicht zusammenziehen wie etwa die Aktinien, sie schlagen nur die Tentakeln und die Mundscheibe nach innen ein. Die Pflege von Krustenanemonen ist nicht einfach, häufig leiden sie unter der Konkurrenz anderer Anthozoën. Besonders mit Weichkorallen und Steinkorallen ist eine gemeinsame Pflege nicht immer möglich. Mit Scheibenanemonen gibt es diese Probleme selten.

Krustenanemonen sollten darum in Aquarien bis etwa 400 Liter Inhalt mit Scheibenanemonen, Füllhornkoralen und nur mit wenigen Weichkorallen und Steinkorallen zusammen gepflegt werden. Geeignet sind zum Beispiel das Kenia-Bäumchen und die Brokkoli-Koralle. Die meisten der importierten Krustenanemonen leben mit Zooxanthellen in Symbiose und benötigen deshalb eine kräftige Beleuchtung (HQI) Eine regelmäßige Fütterung ist bei einigen Arten ebenfalls wichtig, doch muß man erst herausfinden ob die erworbenen Krustenanemonen überhaupt Nahrung annehmen, denn auch verschiedene Krustenanemonen des Flachwasserbereiches leben mit Zooxanthellen so eng in Symbiose, daß sie keine Nahrung mehr fangen müssen.

Parazoanthus sp., Gelbe Krustenanemone

Heimat: Indopazifik.
Größe: Fangarme bis 4 cm lang, meist kürzer; höhe des Polypen bis 4 cm.
Pflege: Kann von den Krustenanemonen noch am besten mit Lederkorallen zusammen gepflegt werden. Regelmäßig mit Ersatzplankton füttern, gefressen werden auch größere Futterbrocken (z. B. Mysis). Diese Art bildet keine dicht zusammenhängenden Kolonien, die Polypen stehen mehr einzeln, oder in kleinen Gruppen. Oft kommt es vor, daß sich die Tentakeln verkürzen, dafür gibt es verschiedene Ursachen. Eine Ursache dafür ist eine Vernesselung durch andere Anthozoen. Werden die Krustenanemonen zuwenig gefüttert verkürzen sich die Tentakeln auch.

Die gelbe Krustenanemone verträgt keine starke Strömung, außerdem sollte sie in möglichst großen Kolonien angesiedelt werden. Unerwünschte Algen sind für diese Art sehr gefährlich, besonders Fadenalgen.
Fütterung: Täglich einmal mit nicht zu feinem Ersatzplankton füttern, z. B.: Mysis, Calanus, Artemianauplien.
Lichtverhältnisse
Leuchtstoffröhren: An gut ausgeleuchteten Stellen in der oberen Beckenhälfte.
HQI: Im gesamten Aquarium, an allen gut ausgeleuchteten Stellen.
Abb. 62

Protopalythoa sp., Große Krustenanemonen

Heimat: Indopazifik.
Größe: Durchmesser der Polypen bis ca. 4 cm, je nach Art unterschiedlich.
Pflege: Diese Krustenanemonen sollten immer in möglichst großflächigen Kolonien angesiedelt werden. Die Strömung sollte kräftig, aber nicht zu direkt sein.

Mit Lederkorallen vertragen sich nahezu alle Krustenanemonen nicht, so auch diese Arten. Die braune Protopalythoa-Art ist nachts völlig geschlossen, die grüne Krustenanemone bleibt geöffnet, wenn auch nicht ganz so groß wie am Tag.
Fütterung: Alle Arten fangen keine feste Nahrung. Die Krustenanemonen, die noch fressen, sollten täglich gefüttert werden.
Lichtverhältnisse
Leuchtstoffröhren: Im oberen Beckendrittel, keinesfalls abgeschattet.
HQI: In der oberen Beckenhälfte, nur an gut ausgeleuchteten Plätzen ansiedeln.
Abb. 58, 59

Zoanthus sp.

Heimat: Indopazifik, Karibik.
Größe: Durchmesser der Polypen bis ca. 2 cm.
Pflege: Möglichst große Kolonien ansiedeln. Sehr empfindlich gegen eine Veralgung, besonders gefährlich sind Fadenalgen.

Nur in sehr großen Aquarien mit Steinkorallen und vielen Lederkorallen gemeinsam pflegen, eine Ausnahme davon ist die Brokkoli-Koralle. Kräftige, aber nicht zu direkte Strömung.
Fütterung: Die abgebildeten Arten fangen keine feste Nahrung mehr.
Lichtverhältnisse
Leuchtstoffröhren: In der oberen Beckenhälfte.
HQI: Im gesamten Aquarium, an allen gut ausgeleuchteten Stellen.
Abb. 60, 61

Steinkorallen im Meerwasseraquarium

Ordnung Scleractinia

Die Steinkorallen bauen außerhalb ihres Körpers ein Skelett aus Calzit ihrem Fuß verankert sind. Die Kalkskelette, die vom Polypen aufgebaut werden, sind nicht flach, sondern sehr verschieden geformt, gerippt oder sternförmig, oft liegen die einzelnen Coralliten auch erhaben.

Das Calcium wird verstärkt zwischen den Ansatzlinien der Mesenterien ausgeschieden, die dadurch entstehenden aufragenden Kiele der Coralliten aus Calcium nennt man Septen oder Sclerosepten.

Die Art und Weise, wie die Korallen Kolonien bilden, ist verschieden. In einem Fall werden in der, in die Länge gezogenen Mundscheibe neue Schlundrohre angelegt, um die herum ein einziger großer gemeinsamer Tentakelkranz erhalten bleibt (z. B. *Euphyllia, Plerogyra*). Diese bandförmigen Polypen können sich seitlich verzweigen.

Das auffallende an diesen Steinkorallen sind die oft parallel stehenden Reihen von Kalksepten. Diese Art der Vermehrung wird als intratentakulare Knospung bezeichnet.

Im anderen Fall ergibt sich ein einfacheres Bild der Kalksepten oder Coralliten. Die neuen Polypen entspringen extratentakulär, an der Außenwand der Polypen, nicht innerhalb des Tentakelkranzes. Hierzu gehören zum Beispiel die Arten der Gattungen *Favia, Tubastrea, Goniopora, Leptastrea*. Eine schöne Besonderheit dieser Form des Wachstums stellen die *Acropora*-Korallen dar. Bei ihnen entwickelt sich ein Polyp schneller als die unmittelbar neben ihm entspringenden Polypen. Dieser sogenannte Wachstumspolyp öffnet sich zumeist nur nachts, ist dann aber je nach Art um das zwei- bis zehnfache größer als die seitlich entspringenden Coralliten. Oft sind die Tentakeln rein weiß, ganz im Gegensatz zu denen der restlichen Kolonie. Diese Polypen an den Spitzen ermöglichen wohl auch erst das so schnelle Wachstum dem Licht und erhabenen Räumen im Korallenriff entgegen. Jedenfalls gibt es kaum noch andere Steinkorallen, die so schnell wachsen können wie die Arten der Gattung *Acropora*.

Steinkorallen sind sehr beliebte Pfleglinge der Meerwasseraquarianer. Im Aquarium vermehren sich unter günstigen Bedingungen vor allem Arten aus den Familien Acroporidae, Fungiidae, Mussidae, Pocilloporidae und Favidae. Steinkorallen bleiben aber immer anspruchsvolle Pfleglinge, die auch nur geringe Abweichungen ihrer Ansprüche an die Umweltbedingungen nicht tolerieren. Bei im Aquarium nicht zusagenden Bedingungen, können die Steinkorallen innerhalb weniger Tage, ja sogar innerhalb einiger Stunden vollständig absterben. Oft sind dabei einzellige Parasiten und schmarotzende Würmer beteiligt, die vornehmlich auch geschwächte Kolonien befallen. Übrig bleibt dann in der Regel das tote weiße Korallenskelett. Nur sehr selten überleben kleinste Reste der lebenden Kolonie. Über Jahre hinaus gedeihen Steinkorallen nur bei besten Bedingungen, und es ist beileibe nicht immer einfach, die hohen Anforderungen, die diese Blumentiere an ihre Umgebung stellen, auch kontant zu gewährleisten.

Für die Pflege und Vermehrung ist es ratsam spezielle Aquarien einzurichten, die schon im vorhinein auf die speziellen Ansprüche der Steinkorallen ausgelegt werden. Natürlich ist es auch möglich sie mit anderen Blumentieren gemeinsam zu pflegen, aber im Vordergrund stehen die Ansprüche der Scleractinien.

Die Wasserwerte sollten innerhalb dieser Toleranzen liegen:
Temperatur 23 - 29 °C;
Dichte 1021,5-1024;
pH-Wert 8,1 (max. 7,9)-8,45 (max. 8,7);
Kh mindestens 5 °dH;
Calcium 380 mg/l-500 mg/l
(siehe auch S. 37);
Nitrat maximal 10 mg/l;
Phosphate maximal 0,5 mg/l, besser aber nicht über 0,2 mg/l.

Ein regelmäßiger Wasserwechsel von 2-3 % wöchentlich hat sich bei der Pflege von Steinkorallen bewährt. Allerdings sollte immer darauf geachtet werden, daß das verwendete frische Salzwasser ausreagiert hat und möglichst exakt die gleiche Dichte hat wie das Beckenwasser. Die geringe Toleranz der Steinkorallen gegenüber Nitrat- und Phosphaterhöhungen macht es nahezu unmöglich viele Korallenfische gemeinsam mit ihnen zu pflegen. In Frage kommen vor allem Fische, die ihren Nahrungsbedarf überwiegend im Aquarium selbst finden, wie z. B. der Mirakelbarsch, Leierfische (*Synchiropus*) und robuste Doktorfische (z. B. *Zebrasoma flavescens*).

Sollten sich trotz bester Bedingungen die schon weiter oben erwähnten Parasiten ausbreiten, und auch anscheinend gesunde gut wachsende Kolonien befallen, ist eine kombinierte Behandlung mit Malachitgrün (übliche Stammlösung, davon 1 ml auf 100 Liter) und PVP-Jod (Betaisodona-Lösung 1 ml auf 200 Liter) möglich. Der Abschäu-

mer muß dabei abgestellt werden, weil er sonst »überkochen« würde (dafür zusätzlich durchlüften!). Während der Behandlung darf nicht mit Kohle, Antiphos oder ähnlichen Substanzen gefiltert werden. Nach 24 Stunden filtert man dann über Aktivkohle, um die Medikamente wieder aus dem Becken zu entfernen. Ebenfalls ratsam ist ein 20%iger Teilwasserwechsel mit ausreagiertem Meerwasser.

Schleimig zerfallene Kolonien sollten schnellstens, bei abgestellter Strömung, aus dem Aquarium entfernt werden, um eine weitere Ausbreitung der Parasiten zu verhindern. Besteht der begründete Verdacht, daß die Korallen von Bakterien befallen sind, ist eine Behandlung mit Chloramphenicol (1 Gramm auf 100 Liter) erfolgversprechend. Auch hier verfährt man genauso, wie bei der Verwendung von Malachitgrün/PVP-Jod.

Vergesellschaftung mit anderen Tieren

Untereinander und gegenüber anderen Blumentieren sind Steinkorallen sehr aggressiv. Mit den unterschiedlichsten Mitteln versuchen sie andere, an sie heranwachsende Anthozoen zu bekämpfen. Das ist für sie auch lebenswichtig, denn im Gegensatz zu anderen Blumentieren können sie sich bis auf einige Ausnahmen nicht von ihrem Siedlungsplatz entfernen. Freilebende Steinkorallen sind z. B. viele Arten der Familie Fungiidae, oder auch die oft importierte, aber schlecht haltbare *Goniopora stokesi* (»Bubikopf-Koralle«).

Bei der Pflege im Aquarium ist es deshalb ratsam anfangs einen Sicherheitsabstand von wenigstens 15 cm einzuhalten. Vor allem auch deshalb, weil viele Arten (*Plerogyra*, *Euphyllia*) überlange Tentakeln entwickeln können, mit denen sie auch weiter entfernt siedelnde Kolonien angreifen. Vor allem nachts verändern die meisten Steinkorallen die Form ihrer Tentakeln, was neben dem Nahrungsfang auch der Verteidigung oder dem Angriff dient.

Abb. 74: Steinkoralle *Lobophyllia hemprichii*

Abb. 75: Steinkoralle *Blastomussa wellsi* (S. 97).

Andere Steinkorallen stülpen Teile ihrer Verdauungsorgane aus, und lösen so in der Nähe wachsende Konkurrenten auf. Selbst Arten aus einer Gattung sollten sich nicht berühren. Liegt zum Beispiel eine *Acropora*-Art auf einer anderen auf, wird in der Regel einer der beiden Tierstöcke am Berührungspunkt vernesselt. Nähern sich die unterschiedlichen *Acropora*-Arten jedoch durch ihr zunehmendes Wachstum, bleibt das zumeist ohne Folgen, die Kolonien stellen dann nur in der Berührungszone das Wachstum ein. Gefährlich ist es aber sehr oft, wenn unterschiedliche Gattungen oder Familien aufeinander zuwachsen. Einige Korallen schleimen dann sehr stark und versuchen sich so zu schützen. Gelegentlich kommt es noch vor, daß die Polypen von großen Korallen das Skelett verlassen. Ohne Kalkskelett müssen sie nicht sterben, doch sind sie auch nicht in der Lage ein neues aufzubauen. Der Polyp hat dabei die

Haftung in seinem Kalkgerüst verloren. Ursache dafür sind Algen, die in seinem Kalkskelett wachsen. Das kann aber nur dann passieren, wenn das Wasser zuwenig Calcium enthält und zu stark mit Nitrat und vor allem Phosphat angereichert ist. Bei guten Wasser- und Lichtverhältnissen kann so etwas eigentlich nicht, oder nur in Ausnahmefällen passieren.

Vermehrung im Aquarium

Regelmäßig gelingt mittlerweile die Vermehrung von Steinkorallen mit Ablegern, oder Bruchstücken, die zu neuen Kolonien heranwachsen. Besonders die schnell wachsenden *Acropora*-Arten können so nachgezüchtet werden. Mittlerweile haben viele Liebhaber so aber auch schon andere Korallenarten vermehrt und Nachzuchtkolonien untereinander getauscht.

Recht selten pflanzen sich die Korallen im Aquarium mit freischwimmenden Larven fort. Regelmäßig züchten nur *Pocillopora*- und *Seriatopora*-Korallen. Die Vermehrung dieser Korallenarten ist so schon vielen Liebhabern geglückt. Die freischwimmenden Planulalarven setzen sich nach ca. 3-7 Tagen in der Dekoration fest. Nach ca. 2 Monaten haben sich aus den zu Anfang einzelnen Polypen schon kleine Kolonien mit 10 oder noch mehr Polypen entwickelt.

Freßfeinde der Korallen

Erst in den letzten Jahren lernt man so manche Tierart genauer kennen, die in den lebenden Kolonien der Steinkorallen ihr Auskommen findet. Darunter sind viele harmlose Kommensalen, aber auch gefährliche Schmarotzer. Mit Sicherheit leben mit den Korallen auch andere Tiere in Symbiose, nur wissen wir halt einfach noch nicht genau welche.

Oft finden sich in den Acropora-Arten kleine Krabben, Mehrflohkrebse, Garnelen, Schnecken und kleine Grundeln (*Gobiodon*).

Alle Gehäuse- und Nacktschnecken müssen unbedingt entfernt werden. Vor allem nachts sind die Korallen auf ungebetene Gäste hin zu kontrollieren. Unter den Gehäuseschnecken sind viele bekannte Korallenfresser, sehr gefährlich sind die kleinen weiß gefärbten Arten der Gattung *Coralliophila*.

Unter den Krabben sind vor allem die bräunlich gefärbten Tiere oftmals Korallenfresser, eine kleine weiße Krabbe, die man oft in *Acropora*-Arten findet ist harmlos, vielleicht sogar ein Symbiont.

Borstenwürmer leben oft als Parasiten in den Korallen, eine schlimme Plage, sind aber mir bislang unbekannte Würmer, die nur sehr schwer aufzuspüren sind. Diese Würmer sind nur nachts aktiv, tagsüber leben sie im umgebenden Gestein verborgen. In der Dunkelheit bewegen sie sich dann durch die Korallen und fressen dabei auf ihrem Weg das ganze lebende Korallengewebe weg. Zurück bleibt danach nur eine sehr feste schleimige Röhre. *Goniopora*- oder *Favia*-Korallen werden so im Laufe einiger Wochen nahezu vollständig aufgefressen. Die einzige hilfreiche Maßnahme war das Einsetzen eines Hummers der Gattung *Enoplometopus*. Die schmarotzenden Würmer waren dann nach etwa zwei Monaten verschwunden. Wirklich üble Fische sind die Korallengrundeln der Gattung *Gobiodon*, besonders die gelb gefärbten Arten, *Gobiodon okonawae* und *Gobiodon citrinellus*. Diese kleinen Grundeln fressen sogar die großen Polypen der Gattung *Turbinaria*.

Familie Acroporidae

Acropora hyacinthus DANA
Große Tischkoralle

Heimat: Indopazifik, östlich bis Tahiti.
Größe: Maximal über 100 cm Durchmesser!
Pflege: Wie bei allen Steinkorallen muß auf beste Wasserverhältnisse geachtet werden. Empfindlich; die Strömung sollte kräftig, aber nicht zu direkt sein. Möglichst freistehend plazieren.
Fütterung: Nicht erforderlich, Polypen sind nachtaktiv und fressen dementsprechend nur in der Dunkelheit.
Lichtverhältnisse: Sehr hell stellen, bei einer Beleuchtung mit HQI-Lampen in der ersten Zeit mit einer Glasscheibe vor der UV-Strahlung schützen.
Abb. 77

Acropora humilis DANA

Heimat: Indopazifik, Rotes Meer, Hawaii.
Größe: Maximal bis ca. 30 cm Durchmesser.
Pflege: Empfindlich, wächst bedeutend langsamer als andere Arten, starke Strömung.
Fütterung: Nicht erforderlich, wenn ja, dann nachts.
Lichtverhältnisse: Sehr hell stellen, in der Natur siedelt die Art oft in der Brandungszone vorgelagerter Riffe. Trotzdem in der

ersten Zeit vor UV-Strahlung schützen (Glasscheibe), weil die Kolonien auf dem Transport nach Europa schnell ausbleichen. Abb. 76

Acropora valenciennesi EDWARDS
Geweihkoralle

Heimat: Ostafrika bis Australien.
Größe: Maximal ca. 50 cm.
Pflege: Etwas einfacher, als die der beiden vorher beschriebenen Arten, wächst schneller.
Fütterung: Nicht erforderlich, eventuell nachts.
Lichtverhältnisse: Hell stellen, in der ersten Zeit mit einer Glasscheibe schützen.
Abb. 78

Acropora tenuis DANA

Heimat: Indopazifik, vom Roten Meer bis zu den Fidschi-Inseln.
Größe: maximaler Koloniedurchmesser bis etwa 50 cm.
Pflege: Eine der heikelsten Acropora-Arten. Wird oft von Korallenparasiten befallen. Verträgt keine höheren Wassertemperaturen.
Lichtverhältnisse: Trotz der auffallenden iriesierenden Färbung nicht an den hellsten Stellen plazieren. Sehr wichtig ist aber diffuses Licht, das die Kolonie möglichst von allen Seiten anstrahlt.
Strömung: kräftig, wenn möglich nicht immer aus der selben Richtung.
Abb. 41, Seite 54.

Acropora formosa DANA
Große Geweihkoralle

Heimat: Von Ostafrika bis zu den Fidschi-Inseln.
Größe: Eine der größten und dominierendsten Acropora-Arten, entwickelt monospezifische Stände (weitestgehend nur von einer Art besiedelte Abschnitte) von mehreren Quadratmetern Durchmesser.

Pflege: Relativ leicht haltbar, sehr schnellwüchsig, wenn die Bedingungen zusagen. Sehr aggresiv gegenüber anderen Blumentieren.
Lichtverhältnisse: Hell plazieren.
Strömung: Kräftige, auch direkte Strömung.
Abb. 43, Seite 54.

Familie Pocilloporidae

Pocillopora damicornis (L.)

Heimat: Gesamter Indopazifik, von Madagaskar bis Kalifornien, Rotes Meer.
Pflege: Empfindlich, aber bei guten Wasserverhältnissen recht schnellwüchsig. Wachsende Kolonien sind sehr schön rosa gefärbt.
Fütterung: Nicht notwendig, weil die Koralle keine Nahrung mehr fängt. Die Polypen sind tagaktiv.
Lichtverhältnisse: Hell stellen, in der ersten Zeit abschatten.
Abb. 79

Familie Poritidae

Goniopora djiboutiensis VAUGHAN
Margaritenkoralle, mehrere sehr ähnliche Arten.

Heimat: Indopazifik.
Größe: Maximal bis ca. 100 cm, oft besiedeln viele Kolonien eine größere Fläche miteinander.
Pflege: Schwierig, beste Wasserverhältnisse, relativ schwache Strömung. Die oft importierte Bubikopfkoralle (Goniopora stokesi) ist extrem schwierig zu halten.
Fütterung: Nicht möglich, die Polypen fangen keine feste Nahrung mehr.
Lichtverhältnisse: Sehr hell plazieren, eventuell in der ersten Zeit mit einer Glasscheibe abschatten.
Besonderheit: Wächst im Aquarium recht langsam. Von den verwandten Porites-Arten gibt es in den tropischen Korallenriffen

Tierstöcke mit einem Durchmesser von mehreren Metern, diese Kolonien wachsen jährlich nur etwa 1-2 mm!
Abb. 44

Familie Fungiidae

Fungia fungites (L.)
Heliofungia actiniformis
QUOY&GAIMARD

Pilzsteinkorallen

Heimat: Indopazifik
Größe: Kalkskelett bis ca. 28 cm.
Pflege: Bei guten Wasserverhältnissen sehr einfach. Beide Arten sind ab einer Skelettgröße von ca. 3 cm freilebend. Bis zu dieser Größe leben sie am Substrat festgewachsen. Diese Polypen bezeichnet man als Acanthocauli. Brechen die Polypen ab, bleiben immer Reststücke am Stein erhalten, aus denen weitere Korallen heranwachsen (siehe auch Abb. 22.).
Lichtverhältnisse: Auf den Boden legen, hell stellen.
Abb. 55, 56

Familie Mussidae

Blastomussa merleti WELLS
Blastomussa wellsi WIJSMAN-BEST

Heimat: Indopazifik, östlich bis Australien.
Größe: Maximal ca. 30 cm.
Pflege: Recht einfach, relativ tolerant gegen belastetes Wasser.
Fütterung: Die Polypen fangen keine Nahrung mehr.
Lichtverhältnisse: Hell stellen.
Abb. 1, 75

Lobophyllia hemprichii EHRENBERG

Heimat: Indopazifik, Rotes Meer bis Australien.

Größe: Bis ca. 80 cm. Mehrere ähnliche Arten und Farbvarianten.
Pflege: Relativ einfach.
Fütterung: Maximal einmal wöchentlich füttern. Nachtaktiv.
Lichtverhältnisse: Hell stellen.
Abb. 74

Familie Favidae

Favia ssp.
Grüne Wabenkoralle

Leptastrea purpurea DANA (Abb. 42)

Heimat: Indopazifik.
Größe: Maximal ca. 50 cm.
Pflege: Relativ gut zu pflegen, Favia-Arten sind meistens nachtaktiv.
Fütterung: Nicht notwendig, wenn dann nachts füttern.
Lichtverhältnisse: Hell stellen.
Abb. 57

Echinopora gemmacea LAMARCK

Heimat: Indopazifik, Ostafrika, Rotes Meer bis Australien.

Größe: Maximal ca. 100 cm.
Pflege: Sehr selten, nicht einfach zu pflegen, verlangt sehr gute Wasserverhältnisse. Eine Pflege unter Leuchtstoffröhren ist möglich.
Abb. 40

Familie Trachyphylliidae

Trachyphyllia geoffroyi AUDOUIN

Heimat: Indischer Ozean, Indoaustralisches Archipel, Rotes Meer.
Größe: Bis ca. 20 cm.
Pflege: Relativ gut zu pflegen, aber hitzeempfindlich (nicht über 29 °C).
Fütterung: Eventuell einmal wöchentlich.

Abb. 76: *Acropora humilis* in zwei Farbvarianten (S. 95).

Abb. 77: *Acropora hyacinthus* (Große Tischkoral-
le), im Vordergrund *Acropora* cf *cerealis*. (S. 95)

Abb. 78: *Acropora* cf *valenciennesi*. (S. 96)

Abb. 79: *Pocillopora damicornis* (S. 96).

Abb. 80: Nacktschnecken *Chromodoris quadricolor* und *Chromodoris elisabethina* (S. 104).

Abb. 81: *Linckia laevigata* (S. 125).

Abb. 82. *Tridacna crocea,* mit einer Roten *Trachyphyllia geoffroyi* und *Leptastrea purpurea* (S. 105).

Abb. 83: *Ophiolepis superba* (S. 126).

Lichtverhältnisse: Hell stellen.
Besonderheiten: Neben der abgebildeten Farbform gibt es auch noch grüne und braune Varianten.
Abb. 65
Seit 1999 Einfuhrverbot in die EU.

Familie Dendrophylliidae

Turbinaria peltata ESPER
Kraterkoralle

Heimat: Indopazifik bis zu den Marshall-Inseln.
Größe: Über 100 cm.
Pflege: Relativ gut haltbar, hitzeempfindlich (über 29 °C).
Fütterung: Nicht unbedingt erforderlich. Hell plazieren.
Besonderheiten: Mehrere ähnliche Arten.
Abb. 44

Tubastraea ssp.

Heimat: Mehrere sehr ähnliche Arten, Zirkumtropisch, subtropisch.
Größe: Max. bis ca. 30 cm, nicht riffbildend.
Pflege: Sehr schwierig, lebt nur bei täglicher Fütterung über Jahre. *Tubastaea*-Arten beherbergen in ihrem Gewebe keine Zooxanthellen. Die einzelnen Polypen öffnen sich nur nachts.
Abb. 133

Ordnung Antipatharia, Dörnchenkorallen

Dörnchenkorallen werden sehr selten importiert. In ihrem äußeren Erscheinungsbild erinnern sie an die Hornkorallen aus der Ordnung Gorgonaria (Octocorallia). Viele Dörnchenkorallen leben mit Zooxanthellen in Symbiose, sie fangen aber noch Nahrung. Das angebotene Ersatzplankton muß entsprechend der Polypengröße ausgewählt werden.

Auf der Abbildung 38 ist eine Antipathes-Art zu sehen die von Indonesien importiert wurde. Sie muß hell stehen, veralgt aber sehr leicht. Die Strömung darf nicht zu schwach, sollte aber auch nicht so direkt wie für die Hornkorallen sein. *Anthipathes sp.* nesselt kräftig, weshalb zu anderen Anthozoen ein Sicherheitsabstand angebracht ist. Mit Lederkorallen gibt es aber erstaunlich wenig Probleme. Bei einer Beleuchtung mit HQI-Strahlern sollte man sie in der unteren Beckenhälfte plazieren. In dieser Dörnchenkoralle wachsen oft kleine Seescheiden und Muscheln. Leider wachsen auf diesen Muscheln leicht Fadenalgen, die kaum mehr zu entfernen sind. Fremdkörper sollte man darum aus den Kolonien herausschneiden, verletztes Gewebe regenerieren die Dörnchenkorallen bei guten Bedingung wieder. Diese Art ist tagaktiv, die Polypen ziehen nachts ihre Fangarme zusammen.
Abb. 38

Die Schwämme

Die Schwämme ernähren sich von feinsten Schwebepartikeln, die sie aus dem Wasser filtrieren. Die sogenannten Kragengeißelzellen im Inneren der Schwämme arbeiten wie Filterpumpen; eine Geißel erzeugt durch ihren Schlag einen Wasserstrom, am »Kragen« aus feinen Protoplasmafäden bleiben die Futterpartikel hängen. Das Wasser wird durch unzählige Kanäle von außen in die mit Kragengeißelzellen ausgekleideten Kammern geleitet. Die Ausstromkanäle vereinigen sich und enden in Ausstoßöffnungen, die bei vielen Schwämmen große und auffällige Löcher bilden. In der gallertigen Grundmasse des Schwammkörpers werden harte Skeletteile aufgebaut, teils aus Hornfasern (z. B. Badeschwamm), teils aus Kalk- und Kieselnadeln von vielfältiger Form.

Über die Pflege von Schwämmen wissen wir noch sehr wenig, zu vieles basiert auf zufälligen Begebenheiten. Die Bestimmung von Schwämmen ist ebenfalls recht problematisch. Die importierten Arten gehören fast ausschließlich in die Ordnungen *Tetraxonida* (Strahlschwämme) und *Cornacuspongia* (Hornkiesel- oder Netzfaserschwämme).

Das Wachstum der Schwämme ist einer der wichtigsten biologischen Gradmesser, die den Zustand eines Meerwasser-Aquariums anzeigen. Je mehr Schwämme in einem Riffbecken wachsen, umso besser ist dessen biologische Stabilität. Dabei kommt es nicht nur auf die großen, gezielt angesiedelten Arten an, sondern vor allem auf die meist im Verborgenen wachsenden Schwämme, die mit Lebenden Steinen und anderem natürlichen Substrat in das Aquarium gelangen. Aus diesem Grund sollte man gelegentlich einmal einige Steine umdrehen, um zu kontrollieren, was in der Dunkelheit darunter alles wächst. Ein Unterschied zur Natur ist das Fehlen des artenreichen und vielfarbigen Bewuchses, der im Riff an den dunklen Stellen unter Steinkorallen, Überhängen und in Höhlen immer wieder beobachtet werden kann. Im Aquarium ist das nur möglich, wenn viele verschiedene Schwämme auch wirklich gedeihen und rasch wachsen. In diesen dunklen Lebensräumen – die sich auch in kräftig beleuchteten Riffbecken bilden – siedeln zusammen mit den Schwämmen: Hornkorallen, Weichkorallen, Steinkorallen, Seescheiden, Röhrenwürmer und Weichtiere. Zwischen den Tierarten die in den dunklen Bereichen leben und verwandten Arten der hell ausgeleuchteten Zonen bestehen oft erhebliche Unterschiede. Vor allem fällt einem die große Farbenvielfalt der Schwämme auf, die in den abgeschatteten Zonen leben.

Ein Beispiel wie auch im Aquarium ein Riffabhang nachgeahmt werden kann zeigt die Abbildung 71 (Dämmerungsaufnahme). Die Schwämme werden tagsüber von einigen Lederkorallen etwas abgeschattet. Sie erhalten von oben eine starke und direkte Strömung, die für viele Arten lebenswichtig ist, trotzdem muß noch aufliegendes Sediment regelmäßig mit einem feinen Wasserstrahl entfernt werden.

Einige Schwämme können sich gegen eine Veralgung wehren. Beginnen Algen auf einem Schwamm zu wachsen, muß er unbedingt dunkler gestellt werden und mehr Strömung erhalten.

Vergesellschaftung mit anderen Tieren

Schwämme kann man mit allen friedlichen Riffbewohnern gemeinsam pflegen.

Zu kräftig nesselnden Blumentieren ist ein genügender Sicherheitsabstand (ca. 10 cm) einzuhalten. Viele Seeigel, Seesterne, Korallenfische und einige Krebse fressen mit Vorliebe Schwämme. Die farbigen Nacktschnecken ernähren sich fast aus-

Abb. 84: Seegurke *Pseudocolochirus tricolor* (S. 125).

Abb. 85: Diademseeigel *Diadema setosum* (S. 121).

Abb. 86: Kardinalsgarnele *Lysmata debelius* (S. 117).

Abb. 87: Putzergarnele *Lysmata amboinensis* (S. 117).

Abb. 88: Blaue Scherengarnele *Stenopus tenuirostris* (S. 116).

Abb. 89: *Stenopus devaneyi* auf einem blauen Schwamm (S. 116).

Abb. 91: Spinnenkrabbe *Stenorhynchus seticornis* (S. 117).

Abb. 90: *Stenopus hispidus* (S. 116).

schließlich von Schwämmen, meistens sogar nur von einer ganz bestimmten Art (Seite 110).

Fütterung

Schwämme können nur feinste Ersatznahrung aufnehmen und verwerten. Für die Fütterung eignen sich alle feinen Suspensionen, lebendes Plankton, Bäckerhefe, pulverisiertes und carotinoidhaltiges Flokkenfutter. Kleinkrebse (Mysis, Krill, Arte-mia, Bachflohkrebse), fein zerteilt und in etwas Seewasser aufgeschwemmt, können ebenfalls verfüttert werden.

Lichtverhältnisse

Bei der auf Seite 29 angegebenen Beleuchtung kann man die abgebildeten Schwämme im Schatten, oder im halbschattigen Bereich ansiedeln. Sehr gut sind sie für spezielle Behälter, wie das auf Seite 60 beschriebene Aquarium (4), geeignet.

Weichtiere – Schnecken, Muscheln

Zu dem Tierstamm der Weichtiere *Molusca* gehören die Muscheln *Bivalvia* und die Schnecken *Gastropoda*.

Klasse *Bivalvia*, Muscheln

Mit etwa 25 000 Arten sind die Muscheln die zweitgrößte Gruppe der Weichtiere. Für Muscheln, aber auch für viele Schnecken, ist eine äußere starre Kalkschale ein typisches Merkmal. Die beiden, meist symmetrischen Schalen der Muscheln umgeben den ganzen Körper, der keinen Kopf hat. Der Kalk wird vom Mantel – eine fleischige Hautfalte – abgeschieden. Der Mantel ragt mitunter weit aus den Schalen hervor. Der Fuß kann durch eine Öffnung in den Schalen herausgesteckt werden, mit ihm können sich die Muscheln fortbewegen. Die Schalen werden durch Muskeln bewegt. Muscheln sind Filtrierer.

Durch eine spezielle Öffnung gelangt das nahrungsreiche Wasser in die Mantelhöhle. Mit den Kiemen filtrieren sie die Nahrungs-stoffe heraus und stoßen das Wasser durch eine spezielle Ausströmöffnung wieder aus. Bei den auf Seite 13 abgebildeten Riesenmuscheln ist die kegelförmige Ausströmöffnung und die verschließbare Einströmöffnung gut zu erkennen.

In Deutschland bewohnen einige akut vom Aussterben bedrohte Muscheln, Bäche, Seen und Teiche. Im Aquarium sind viele Muscheln schwierige Pfleglinge. Beliebte Pfleglinge sind nur die, aus zahlreichen Unterwasserfilmen bekannten, Riesenmuscheln der Gattung *Tridacna*, die regelmäßig aus Ostafrika und Indonesien importiert werden.

Riesenmuscheln beherbergen in ihrem Mantel – genauso wie verschiedene Blumentiere – einzellige Algen, die Zooxanthellen (Seite 67). Die Zooxanthellen ermöglichen es den Muscheln, ohne weitere Nahrungsaufnahme zu überleben, solange die Tiere hell genug stehen. *Tridacna*-Arten können nur feinste Nahrungspartikel verdauen. Aus diesem Grund sollte man die Riesenmuscheln immer so hell wie möglich plazieren, damit die Zooxanthellen den Großteil des Nahrungsbedarfes der Muscheln decken.

Riesenmuscheln können im Aquarium über Jahre leben, sofern sie in Ruhe gelassen werden. Sobald den Muscheln ein

Standort zusagt verankern sie sich mit Bysusfäden, die von einer speziellen Drüse ausgeschieden werden, am Substrat. Die Muscheln dürfen danach auf keinen Fall mit Gewalt losgerissen werden, weil dabei die lebenswichtige Bysusdrüse verletzt würde. Zu beachten ist auch, daß sich die Tiere trotz der festen Verbindung noch heftig bewegen, und so leicht aus der Dekoration herabfallen können, vor allem dann, wenn der Siedlungsplatz zu steil ist oder zu nahe an Schrägstücken liegt. In diesem Fall können sich die Tiere aber von ihren Bysusfäden lösen, so daß sie keine Verletzungen davontragen.

Unter einer starken Beleuchtung (HQI) oder in flachen gut ausgeleuchteten Aquarien, können die Riesenmuscheln auch auf den Bodengrund gestellt werden. Die Muscheln graben sich mit ihrem Fuß in den Korallensand ein. Alle Tridacna-Arten lieben Stellen mit einer schwachen, nicht zu direkten Strömung.

Tridacna-Arten zeigen sich tagsüber in einer herrlichen Farbenpracht. Einige Mördermuscheln gefallen außerdem durch eine schöne Zeichnung ihres Mantels, die zudem noch individuell völlig unterschiedlich ist. Bei der tagaktiven Tridacna squamosa (Abb. 2, Seite 13) irisiert der Mantel in verschiedenen Farben, wie es auch von vielen Blumentieren aus dem Flachwasserbereich bekannt ist. Hervorgerufen wird dieses »Leuchten« von UV-Schutzstoffen, mit denen sich die Wirbellosen vor der UV-Strahlung schützen. Leider verliert sich durch die Glasscheiben der Aquarien viel von diesem Lichtspiel, so daß eine Betrachtung der Tiere durch die Wasseroberfläche ungeahnte Reize eröffnet. Fünf Tridacna-Arten sind bekannt: T. crocea, T. gigas, T. derasa, T. squamosa und T. maxima.

Vergesellschaftung mit anderen Tieren

Riesenmuscheln können mit allen Blumentieren und Schwämmen gemeinsam gepflegt werden. Regelmäßig gelangen gro-ße Riesenmuscheln in den Zoofachhandel, auf deren Schalen Xenia-Weichkorallen wachsen. Stark nesselnde Blumentiere sollten nur mit einem Sicherheitsabstand von wenigstens 10 cm angesiedelt werden, damit der empfindliche Mantel der Weichtiere nicht geschädigt wird. Neben vielen Steinkorallen, nesseln auch einige lichtabhängige Weichkorallen (Litophyton; Kenia-Bäumchen, Capnella sp.) die Weichtiere. Von allen 5 Arten sind regelmäßig Nachzuchten im Handel erhältlich. Tridacna crocea ist die empfindlichste und lichtbedürftigste Art. Die anderen Arten lassen sich gut im Aquarium pflegen. Tridacna gigas wird mit der Zeit aber wahrscheinlich für das normale Riffbecken zu groß (maximale Länge ca 120 cm). Besonders Tridacna squamosa eignet sich sehr gut zur Pflege im Aquarium.

Fütterung

Riesenmuscheln können nur feinste Ersatznahrung aufnehmen. Geeignete Futtermittel sind: Lebendes Plankton, besonders Einzeller; flüssige Suspensionen; Hefe. Eine tägliche Fütterung der Riesenmuscheln ist nicht notwendig, weil die Weichtiere mit Zooxanthellen in Symbiose leben.

Lichtverhältnisse

Leuchtstoffröhren: Die auf Seite 29 angegebene Beleuchtung ermöglicht eine Ansiedlung der Riesenmuscheln von der Wasseroberfläche bis zum Bodengrund. Die Riesenmuscheln wachsen aber umso langsamer, je tiefer sie plaziert werden.

HQI: Bei der auf Seite 29 angegebenen Beleuchtung wachsen die Tiere schneller als bei einer Beleuchtung mit Leuchtstoffröhren, aber nur dann, wenn sie im Zentrum des Strahlungskegels der Lampen angesiedelt werden. Die Riesenmuscheln gedeihen dann auch auf dem Bodengrund sehr gut und wachsen auch schnell weiter.

Abb. 92: Purpurseestern *Echinaster sentus,* zwischen Steinkorallen (S. 125).

Abb. 93: Seeigel *Astropyga magnifica,* mit schmarotzender Krabbe *Zebrida adamsi.*

Abb. 94: Picassoseestern *Leiaster coriaceus,* (S. 125).

Abb. 95: Roter Schlangenseestern *Ophiomyxa flaccida* (S. 126).

Abb. 96: *Pseudocolochrius violaceus* (S. 126).

Abb. 97: Rote Seesterne *Fromia indica.*

Abb. 98: Seeigel *Mespilia globulus* (S. 124).

Abb. 99: Gelbe Marmorgarnele *Saron inermis* (S. 116).

Abb. 100: Marmorgarnele *Saron marmoratus* (S. 116).

Abb. 101: Hawaihummer (S. 120).

Abb. 102: Languste *Panulirus versicolor* (S. 120).

Abb. 103: Boxerkrabbe *Lybia tessellata* (S. 117).

Außer den oft importierten und gut zu pflegenden Riesenmuscheln, werden nur die herrlichen Feilenmuscheln der Gattung Lima, regelmäßig importiert (Abb. 73). Feilenmuscheln sind sehr heikle Pfleglinge, vor allem deshalb, weil sie nicht mit Zooxanthellen in Symbiose leben. Diese Schalentiere sind auf eine ausreichende Ernährung angewiesen. Welches Ersatzfutter am besten geeignet ist, läßt sich nur schwer entscheiden, auf jeden Fall muß es sehr fein sein, weil die Muscheln nur feine Nahrungspartikel verdauen können. Eine Hälterung über mehr als sechs Monate ist nur mit lebendem Plankton möglich (Brachionus, Euplotes, einzellige Algen).

Vergesellschaftung mit anderen Tieren

Bei der Pflege von Feilenmuscheln ist darauf zu achten, daß die Weichtiere nicht ständig von größeren oder unruhigen Fischen gestört werden. Seesterne scheiden für eine gemeinsame Hälterung ebenfalls aus, weil sie bei den Muscheln einen Fluchtreflex auslösen. Die Muscheln lösen sich vom Substrat und flüchten mit ungezielten Schwimmbewegungen. Dabei klappen die Tiere ihre Schalen stoßweise zusammen. Für die Muscheln ist diese Art der Fortbewegung sehr energieaufwendig.

Fütterung

Mehrmals täglich mit feinem Ersatzplankton, lebenden Kleintieren (Einzeller, Rotiferen) und einzelligen Algen füttern.

Lichtverhältnisse

Feilenmuscheln meiden hell beleuchtete Stellen. In kräftig beleuchteten Riff-Aquarien suchen sich diese Weichtiere deshalb einen abgeschatteten Platz. Feilenmuscheln eignen sich darum am besten für schattige Behälter, wie das auf Seite 60 beschriebene Aquarium (Aquarium 4).

Klasse Gastropoda, Schnecken

Gehäuseschnecken

Schnecken sind allgemein gut bekannte Tiere, die sowohl an Land, wie auch im Wasser leben. Die tropischen Meeresküsten besiedeln viele Arten. Schnecken leben in der Sandzone, am Grund oder innerhalb der Riffe, in der Brandungszone, im Riffwatt und zwischen den Korallen im Außen- und Innenriff.

Im Gegensatz zu den Muscheln haben Schnecken einen Kopf, mit Augen, Fühlern und einem Mund. Mit einer Reibezunge, der Radula, schaben und raspeln sie ihre Nahrung vom Untergrund ab. Der Eingeweidesack liegt im gewundenen Gehäuse, in die die Schnecken auch ihren muskulösen Fuß und ihren Kopf einziehen können. Unter den Schnecken gibt es große Räuber, die sich auch eingraben können und oft nachtaktiv sind. Die Räuber überfallen Seesterne, Krebse, Muscheln und Blumentiere. Viele andere Arten sind harmlose Algenfresser, die aber auch ein Stück Aas nicht verschmähen. Einige Gehäuseschnecken leben parasitär oder kommensalisch auf Blumentieren (S. 56). Ein bekanntes Beispiel dafür ist die Flamingozunge, *Cyphoma gibbosum* LINNÉ, die auf karibischen Hornkorallen lebt und sich von dem Körpergewebe der Blumentiere ernährt.

Viele Schnecken tragen wunderschöne glänzende Gehäuse, die das lebende Tier bei einigen Arten auch mit einem tarnenden Mantel verdecken kann. Von den auffälligen Arten werden die Porzellanschnecken als einzige regelmäßig importiert. Bei ihren Wanderungen durch das Aquarium werfen diese robusten Schnecken, besonders *Cypraea tigris*, immer wieder lose Tierstöcke aus der Dekoration herab, weswegen sie für die Pflege im Riffaquarium nicht geeignet sind. In einem separaten Aquarium, in einem algenreichen Fischbecken oder in einem geräumigen Algenfilter sind Porzellanschnecken aber durchaus interessante Pfleglinge.

Für die Pflege im Riffbecken eignen sich vor allem die kleinen Napfschnecken (*Nerita*), die seit einiger Zeit in großen Mengen von Ostafrika importiert werden. Diese ca. 3 cm langen, schwarz-grau gezeichneten Gehäuseschnecken sind harmlose und sehr nützliche Algenfresser, die jeglichen flachen Algenbewuchs abweiden. Im Gegensatz zu vielen anderen Tierarten fressen sie auch die als Rote Schmieralgen bekannten *Cyanophyten*.

Unbekannte Gehäuseschnecken müssen in der ersten Zeit sorgfältig beobachtet werden, damit man sie rechtzeitig entfernen kann, falls es sich um eine räuberische Art handeln sollte. Viele Gehäuseschnecken ernähren sich aber nur von Algen, Aas und Kleintieren.

Nacktschnecken

Nacktschnecken sind interessante und sehr farbige Tiere. Wie der Name schon aussagt tragen sie kein Gehäuse. Die Kiemen sitzen bei vielen gut sichtbar auf dem Rücken, in ihrer Form erinnern sie an die Tentakeln einer Seeanemone. Verschiedene Arten ernähren sich von nesselnden Hohltieren (Anthozoen, Hydrozoen); die dabei mitgefressenen Nesselzellen lagern sie, zur eigenen Verteidigung, in ihren Kiemen ab. Die überwiegende Zahl der Nacktschnecken gehört zu den extremen Futterspezialisten, die sich nur von einem artspezifischen Wirtstier ernähren. Nicht selten ahmen die Weichtiere ihr Wirtstier in Form und Färbung nach. Besonders oft finden sich Nacktschnecken, die sich von Schwämmen ernähren und dabei auch nur von einer ganz bestimmten Art. Sehr viele Nacktschnecken kann man also nahezu als Ektoparasiten bezeichnen. Welche Nahrung eine importierte Schnecke annimmt läßt sich nur selten herausfinden, außer die Schnecke wird zusammen mit ihrem Wirtstier eingeführt. Leider ist das auch bei den beiden abgebildeten Nacktschnecken der Gattung Glossodoris der Fall. So schön die Tiere auch sind, eine erfolgreiche Hälterung ist kaum möglich (Abb. 80). Tauchende Aquarianer, die selbst Nacktschnecken mitbringen wollen, müssen sehr gut beobachten welche Nahrung eine Nacktschnecke benötigt. Zu bedenken ist dabei immer, ob das Tier im Aquarium auch ernährt werden kann. Meistens verhungern sie und werden zusehends kleiner, bis sie verenden. Allenfalls in sehr großen Aquarien, die mit vielen »Lebenden Steinen« eingerichtet sind, finden einige der farbigen Weichtiere genügend Nahrung.

Viele Nacktschnecken und manche Gehäuseschnecken sind üble Parasiten an Blumentieren. Sie können sich im Aquarium vermehren und innerhalb weniger Wochen ganze Bestände von Weich- oder Steinkorallen vernichten. Sehr gefährlich sind vor allem einige kleine Fadenschnecken (Ordnung *Aeolidacea*). Bei diesen Arten liegen auf dem Rücken zwei Reihen »fadenförmiger« Anhängsel, in die auch die Nesselgifte ihrer Opfer deponiert sein können. Die Fortsätze verändern das Erscheinungsbild der Weichtiere erheblich. Die Tarnung ist oft so perfekt, daß man sie kaum von den Polypen der befallenen Blumentiere unterscheiden kann. Von einer 5x5 cm großen Orgelkoralle mußte ich einmal 16 dieser Schnecken absammeln. Weitaus mehr Probleme hatte ich mit Nacktschnecken, die mit der Steinkoralle *Porites cylindrica* eingeschleppt wurden. Diese Art hatte genau die gleiche Färbung wie die Koralle (gelblich). Maximal werden diese Parasiten ca. 1 cm groß, doch findet man ausgewachsene Exemplare erst nach Wochen, und dann sind die Korallen meistens schon zum größten Teil zerstört. Schlimm ist die hohe Vermehrungsrate dieser Tiere. Erwachsen leben sie paarweise (Zwitter?) oder in kleinen Gruppen. Die Eier werden in kleinen Paketen mit ca. 30-600 Eiern abgelegt, bis zu 50 Eipakete nebeneinandern konnte ich auszählen. Die erwachsenen Schnecken bleiben oft auf den Eipaketen liegen. Aus den Eiern schlüpfen keine planktonischen Larven. Leider überfallen die Schnecken nicht nur *Porites*, sondern bevorzugt auch Arten der Gattung *Montipora*. Andere Steinkorallen wurden von dieser Art nicht befallen, in den Korallenriffen gibt es aber bestimmt für fast jede Blumentierart einen spezifischen Schmarotzer. Die Schnecken ziehen sich tagsüber an die Basis der Korallen zurück und fressen erst nachts an dem lebenden Gewebe. Von einer 25 cm großen *Montipora* mußte ich schon 250 (!) Schnecken absammeln. Befallene Stöcke können kaum noch gerettet werden. Am besten entfernt man die Koralle mitsamt dem Siedlungssubstrat. Die gesunden Teile bricht man ab und siedelt sie als Ableger wieder an. In den meisten Fällen sind alle Arten einer Gattung befallen. Zur Unterstützung können Fische eingesetzt werden (Lippfische, *Bodianus, Halichoeres, Macropharyngodon*). Viele der in Korallen lebenden kleinen Krabben fressen die Nacktschnecken.

Zu den haltbaren, aber sehr selten importierten Tieren gehören die Seehasen (*Aplysia*). Seehasen tragen keine auffälligen Kiemen auf dem Rücken, ihre Färbung ist meistens bräunlich oder grün. Sie ernähren sich von Algen.

Bei der Pflege aller Schnecken ist zu beachten, daß diese Tiere keine größeren Dichteschwankungen und Wasserveränderungen ertragen können, dies trifft ganz besonders auf alle Nacktschnecken zu. Neu erworbene Schnecken müssen sich darum langsam an die anderen Verhältnisse gewöhnen können. Der Austausch des Transportwassers mit dem Aquarienwasser sollte möglichst langsam vonstatten gehen. Ideal ist ein kontinuierlicher, tropfenweiser Austausch über 1 bis 2 Stunden. Dabei muß man auch darauf achten, daß die Schnecken nicht zuviel UV-Strahlung erhalten – zum Beispiel von HQI-Strahlern –, weil das schwere Schädigungen der Tiere verursachen könnte.

Ansaugkörbe von Pumpen und Auslaufrohre sind für Nacktschnecken Todesfallen, so daß sie, wenn überhaupt, in kleinen Aquarien gepflegt werden sollten, die mit Lufthebern und einem Bodenfilter betrieben werden.

Häufig laichen die Schnecken ab. Viele Arten legen kunstvolle, verschlungene und farbige Laichbänder. Eine erfolgreiche Aufzucht des Nachwuchses gelingt jedoch nur sehr selten. Eine Ausnahme davon sind die Arten, die auch im Riffaquarium genügend Nahrung finden, fast immer handelt es sich aber um unerwünschte Nacktschnecken, die bekämpft werden müssen, weil sie die Blumentiere anfressen.

Abb. 104: Gelbes Seepferdchen *Hippocampus kuda,* mit farbiger Hornkoralle.

Abb. 105: *Pseudochromis fridmani,* der König-Salomo-Zwergbarsch, wurde schon mehrfach nachgezüchtet, unter anderem auch vom Autor dieses Buches (S. 145).

Abb. 106: *Chrysiptera cyanea* (S. 136).

Abb. 107: Langschnäuziger Korallenwächter *Oxcirrhites typus* (S. 136).

Röhrenwürmer

Klasse Polychaeta, Vielborster

Ordnung Sedentaria

Röhrenwürmer sind im Riffaquarium gern gesehene Gäste. Auf den ersten Blick erinnern sie kaum an Borstenwürmer, eher an ein Blumentier oder an eine schöne Blüte. Von dem Wurm ist nur die Fiederkrone zu sehen, mit der er seine Nahrung fängt. Der Wurm sitzt in einer selbstgebauten, 15 bis 30 cm langen, lederartigen Wohnröhre, in die er seine Krone zurückziehen kann; für einen Freßfeind ist er so nahezu unerreichbar. Im Notfall kann er seine Fiederkrone auch abwerfen. Ihre Wohnröhre befestigen die Röhrenwürmer im Riffgestein; einige Arten graben sich auch in den Korallensand ein. Die Behausungen der Kalkröhrenwürmer sind härter und erheblich stabiler, als die der anderen sessilen Borstenwürmer. Einige Arten leben innerhalb von Steinkorallen. Die Korallen wachsen um die Röhrenwürmer herum weiter, die so völlig eingeschlossen werden und gut geschützt sind. Einige Röhrenwürmer (*Spirobranchus,* Abb. 4) können ihre Wohnröhre mit einem Deckel verschließen.

Vergesellschaftung mit anderen Tieren

Mitunter verlassen Röhrenwürmer ihre Wohnröhre, was verschiedene Ursachen haben kann (Verletzungen, ständige Störungen, unzureichende Fütterung, schlechte Wasserqualität); in Ruhe gelassen, können sie zwar eine neue aufbauen, aber Garnelen, Seesterne, Seeigel und Fische fressen die schutzlosen Tiere. Selbst Tiere die ansonsten die Würmer nicht belästigen zupfen dann an ihnen. Viele Zwergkaiserfische (z. B.: *Centropyge bicolor, C. eibli, C. bispinosus*) zupfen oft an den zarten Fiederkronen und können deshalb nicht mit Röhrenwürmern gemeinsam gehältert werden. Mehrere Lippfische sind von Natur aus Freßfeinde der Würmer und überfallen oft die sessilen Tiere. Mit großen Röhrenwürmern können *Cirrhilabrus*-Arten, der Schnabellippfisch (*Gomphosus caeruleus*) und *Macropharyngodon*-Arten gemeinsam gehältert werden. Drückerfische und ähnlich robuste Tiere scheiden selbstverständlich aus. Ähnliches trifft natürlich auch auf die robusten Krebse und Stachelhäuter zu. Kräftig nesselnde Blumentiere sollten von den zarten Röhrenwürmern ferngehalten werden.

Fütterung

Zur Ernährung der Röhrenwürmer eignen sich alle im Zoofachhandel angebotenen feinen Futtermittel. Besonders wertvoll ist lebendes Plankton. Etwas aufgelöste Bäckerhefe kann ebenfalls gereicht werden. Muschelmilch ist ungeeignet und verklebt nur die feinen Fiederchen. Alle Röhrenwürmer sollten wenigstens 1 bis 2 mal wöchentlich gefüttert werden, wobei unbedingt darauf zu achten ist, daß man die Tiere nicht erschreckt.

Kalkröhrenwürmer *Serpula* cf. *magnifica* (Abb. 66)

Filograna implexa (Abb. 67)

Spirobranchus ssp. (Abb. 4)

Heimat: Zirkumtropisch. Zu den seltenen und teueren Pfleglingen gehören die verschiedenen Kalkröhrenwürmer. Die Systematik dieser Tiere ist immer noch sehr unklar. Die bekannteste Art ist *Spirobranchus giganteus*. Sie werden im Handel als Multicolorsteine angeboten. Die kleinen Würmer leben mit Steinkorallen zusammen, vor allem mit *Porites*. In beinahe jedem Buch über Korallenriffe werden diese hübschen Tiere vorgestellt. Aus der Karibik wird in letzter Zeit der etwas größere *Spirobranchus grandis* importiert. Regelmäßig findet man im Fachhandel die schönen Arten der Gattung *Serpula*. Raritäten sind aber Tiere mit farbigen Tentakelkronen. Sehr selten ist *Filograna implexa*. Diese Art bildet regelrechte Kolonien aus, die an Korallenstöcke erinnern. Leider werden die äußerst selten importierten Kolonien zumeist geteilt. Im Aquarium vermehrt sich *Filograna* auch, bildet aber erst nach Jahren kleine Kolonien, vor allem aber leider in den abgeschatteten Bereichen der Dekoration. Wie die meisten Röhrenwürmer werfen auch diese Tiere regelmäßig ihre Tentakelkronen ein- bis zweimal im Jahr ab. Die neue Fiederkrone wird innerhalb von ungefähr drei Wochen jedoch wieder vollständig nachwachsen.

Sabellastarte magnifica SHAW,
Sabellastarte Indica SAVIGNY
S. sanctijosephi, Bispira brunnea

Heimat: Indopazifik.
Größe: Je nach Art ist die Wohnröhre bis zu 30 cm lang; die Fiederkrone erreicht einen Durchmesser bis zu 15 cm. Im Normalfall ist sie ca. 5 bis 8 cm groß. Besonders schöne Exemplare werden regelmäßig aus Hawaii importiert. Pflege: Die Pflege dieser Röhrenwürmer ist nicht besonders schwierig. Dichteschwankungen, zu hohe Temperaturen (über 28 °C) und ständige Belästigungen veranlassen die Tiere ihre Fiederkrone abzuwerfen. Gesunde Röhrenwürmer regenerieren ihre Krone aber wieder, was jedoch Monate dauern kann.
Röhrenwürmer brauchen keinen hellen Standort. Eine kräftige und direkte Strömung können sie nicht vertragen; sie eignen sich deshalb besonders für die kritischen Stellen im Schatten von Lederkorallen oder ähnlichen sessilen Tieren.
Fütterung: Wie in der allgemeinen Beschreibung angegeben.
Lichtverhältnisse: Im gesamten Aquarium, an hellen und dunklen Standorten.
Abb. 68, 69

Die Krebse
Tierklasse Crustacea-Krebse

In diese Tierklasse gehören die Blattfußkrebse (*Phyllopoda*, 700 Arten), die Muschelkrebse (*Ostracoda*, 12 000 Arten), die Hüpferlinge (*Copepoda*, 10 000 Arten), die Rankenfußkrebse (*Cinipedia*, 800 Arten), mit den Seepocken und den Entenmuscheln, und die höheren Krebse (*Malacostraca*, 18 000 Arten). Abgesehen von den höheren Krebsen und den Seepocken, handelt es sich bei den Tieren dieser Klasse um unscheinbare Lebewesen, die auch recht klein bleiben.

Unterklasse *Malacostraca* – Höhere Krebse

Ordnung *Decapoda*-Zehnfußkrebse

Zehnfußkrebse sind interessante und auffällige Tiere. Auf der Erde leben ca. 8500 Arten, vornehmlich in den salzhaltigen Ozeanen. Die tropischen Korallenriffe werden von vielen Krebsen bewohnt, unter denen auch noch wissenschaftlich unbekannte Arten sind. So verwundert es auch nicht, daß im Zoofachhandel immer wieder unbekannte Krebse auftauchen.
Krebse haben einen äußeren Panzer, jedoch kein inneres Knochenskelett. Der Panzer ist durch Kalkeinlagerung unterschiedlich hart, der einer Garnele ist viel weicher, als der eines Riffhummers. Ein Nachteil des Panzers ist, daß er nicht mitwachsen kann. Die Krebse müssen den alten und zu kleinen Panzer durch einen größeren ersetzen. Die Häutung ist ein komplizierter und recht risikoreicher Vorgang. Der alte Panzer wird von innen her angelöst, gleichzeitig wächst darunter der neue Panzer. Während dieser Zeit verstecken sich die Krebse und nehmen keine Nahrung mehr auf. Sobald der neue Panzer fertig ist, reißt der alte am Rücken auf und das Tier krabbelt heraus. Mitgehäutet werden alle Gliedmaßen, auch die Augen.

Abb. 108: *Chrysiptera parasema* (S. 136).

Abb. 109: *Nemateleotris magnificus* (S. 139).

Abb. 110: *Gramma loreto, Feenbarsch* (S. 147).

Abb. 111: *Gramma melacara* (S. 147).

Verlorengegangene Scheren oder Schreitbeine können regeneriert werden. Der neue Panzer ist noch weich und muß erst aushärten. Zu diesem Zeitpunkt ist der Krebs praktisch wehrlos, weshalb sich die Tiere fast immer nachts häuten. Gesteuert wird dieser ganze Vorgang von zwei Hormondrüsen. Während der Häutung kommt es oft zu Komplikationen, es kann ein Bein oder eine Schere in der alten Haut hängenbleiben, was aber nicht weiter schlimm ist. Der Krebs stößt das betroffene Körperteil ab und ersetzt es bei der nächsten Häutung wieder. Verunreinigtes Wasser hemmt die Häutung und kann tödliche Komplikationen verursachen. Besonders gefährlich sind zu hohe Nitrit- und Nitratwerte (Seite 36). Bei der Pflege im Aquarium muß deshalb immer auf beste Wasserverhältnisse geachtet werden.

Neu erworbene Decapoden müssen sehr vorsichtig umgewöhnt werden. Der Wasseraustausch des Transportwassers mit dem Beckenwasser muß sehr langsam vonstatten gehen. Für die Krebse ist die Umgewöhnung am schonendsten, wenn der Austausch tropfenweise vorgenommen wird. Auf keinen Fall darf man die Tiere ohne Anpassung sofort aus dem Transportbeutel entlassen. Wichtig dabei ist, daß die Krebse keiner grellen Beleuchtung ausgesetzt werden. Alle Krebse lieben weiträumige Höhlen und Überhänge.

Die Vermehrung der Krebse erfolgt über Larven, die sie unter ihrem Abdomen zwischen den Schwimmbeinen tragen. Viele Arten beschützen ihren Nachwuchs sehr lange und entlassen schon recht weit entwickelte Larven, manchmal sogar schon fertig entwickelte kleine Krebse. Die Aufzucht der freischwimmenden Larven ist sehr schwierig und gelingt nur ganz selten.

Vergesellschaftung mit anderen Tieren

Für die Pflege im Riffaquarium sind leider nur einige Krebse geeignet. Nicht, daß sie die Blumentiere anfressen, oder gar Fische jagen (sehr räuberisch leben nur wenige Arten), die schönsten und von der Größe her geeignetsten Krebse verstecken sich einfach tagsüber. Viele Krebse, vor allem die friedlichen und schönen Garnelen, sind so scheu, daß man sie in großen Behältern mit Fischbesatz nur selten einmal zu sehen bekommen wird. Das ist dann schon beinahe wie zu Weihnachten, oft ist schon in Vergessenheit geraten, daß sie noch leben. Eventuell kann man die Krebse nachts beobachten, weil dann viele Decapoden auf der Suche nach Nahrung umherstreifen. Wer nächtliche Beobachtungen durchführen möchte, sollte eine schwache Nachtbeleuchtung einbauen, weil die Krebse bei jeder Störung sofort in die Dekoration flüchten. Nicht so vorsichtig sind die großen Putzergarnelen, Einsiedlerkrebse, große Langusten und die Krebse die in Seeanemonen leben (*Neopetrolisthes, Periclimenes*).

Fütterung

Die meisten Zehnfußkrebse sind keine Nahrungsspezialisten, sie fressen ohne weiteres die im Zoofachhandel angebotenen Ersatzfuttermittel. Im Riffaquarium suchen sich alle Decapoden selbst einen Großteil ihrer Nahrung, wie z. B. Hüpferlinge, Meerflohkrebse, Algen und kleine Würmer.

Größere Krebse (große Langusten, Riffhummer, große Einsiedlerkrebse) überfallen auch kleine Fische, Stachelhäuter und andere Decapoden. Blumentiere fressen nur einige Zehnfußkrebse an (Weiße Marmorgarnele, *Saron rectirostris;* Tanzgarnele, *Rhynchocinetes uritai*).

Regelmäßig sollte die angebotene Nahrung mit Vitaminen angereichert werden. Wichtig ist auch ein kleiner Wasserwechsel und die Zugabe von Spurenelementen, um verbrauchte Minimalstoffe zu ersetzen.

Lichtverhältnisse

Im Gegensatz zu den vielen sessilen Wirbellosen spielt die Beleuchtungsfrage bei der Pflege von Zehnfußkrebsen keine ausschlaggebende Rolle, aus diesem Grund wird bei der Vorstellung der einzelnen Arten auf diesen Punkt verzichtet, genauso wie bei den Stachelhäutern und den Korallenfischen.

Alle Zehnfußkrebse scheuen das Licht und ziehen sich in hell ausgeleuchteten Aquarien in schattige Bereiche zurück. Nur sehr große und wehrhafte Tiere verlieren mit der Zeit ihre Scheu völlig und zeigen sich auch am Tage. Die meisten anderen Krebse verlassen ihre Verstecke oft nur während der Fütterung.

Stenopus hispidus OLIVIER, Korallengarnele, Putzergarnele

Heimat: Indopazifik, Atlantik.
Größe: Körper ca. 8 cm, Scherenbeine 6 cm lang, Antennen 20 cm und mehr.
Pflege: Einfach; nur paarweise oder einzeln pflegen. Weibchen sind an den am Rücken durchscheinenden grünen Eierstöcken zu erkennen. Die grünen Eier trägt das Weibchen unter dem Abdomen, die Larven sind transparent und werden vom Weibchen nachts in das freie Wasser entlassen. Die Aufzucht ist bisher nur bis zum 12. Lebenstag gelungen, dabei fraßen die Larven Aufzuchtfutter, wie es für Salinenkrebse verwendet wird.
Abb. 90

Stenopus devaneyi GOY & RANDALL Rotpunktgarnele

Heimat: Polynesien, Sri-Lanka.
Größe: Körper ca. 5 cm.
Pflege: Putzt keine Korallenfische. Einfach zu hältern, sehr scheu. Nur paarweise oder einzeln pflegen. Am besten in separaten kleinen Behältern, die in den Wasserkreislauf eines großen Aquariums eingeschlossen sind.
Abb. 89

Stenopus tenuirostris DE MAN, Blaue Korallengarnele

Heimat: Indopazifik.
Größe: Körper ca. 3 cm.
Pflege: Sehr scheu, ansonsten einfach, aber wie bei allen Krebsen ist ein nitratarmes Wasser wichtig. Nur paarweise pflegen. Die Weibchen sind an den durchscheinenden blauen Eiern zu erkennen. Wie *Stenopus devaneyi* in kleinen Aquarien leichter zu beobachten.
Abb. 88

Saron inermis HAYASHI Gelbe Marmorgarnele

Heimat: Indopazifik.
Größe: Ca. 6 cm, ohne Scherenbeine.
Pflege: Einfach, Männchen bekommen verlängerte Scherenbeine, außerdem ist bei den Weibchen die Körperbehaarung stärker ausgebildet. Die Schwimmbeine werden von laichtragenden Weibchen eng angelegt, was wohl dem Schutz der Larven dienen soll. Männchen sind untereinander unverträglich. Die Erstbeschreibung dieser Art erfolgte nach meinen Aquarienexemplaren.
Fütterung: Selten, frißt Steinkorallen an.
Besonderheiten: Ähnlich sieht *Saron recitirostris* aus, die weiß gefärbt ist, die Beine sind leuchtend violett. Auch diese Art frißt Steinkorallen.
Abb. 99

Saron marmoratus OLIVER, Marmorgarnele

Heimat: Indopazifik.
Größe: Körper ca. 8 cm, Scherenbeine bei erwachsenen Männchen (siehe Abbildung) beinahe doppelt so lang wie der Körper.
Pflege: Nachtaktiv; einfach zu pflegen, aber sehr schreckhaft. Neben der abgebildeten Farbform gibt es noch verschiedene andere. Frißt Steinkorallen an, wenn auch bei weitem nicht so wie *Saron rectirostris*.

Lysmata debelius BRUCE, Kardinalsgarnele

Heimat: Sri-Lanka, Philippinen.
Größe: Ca. 8 cm.
Pflege: Getrenntgeschlechtlich; keine äußeren Geschlechtsunterschiede. Putzt Korallenfische; liebt große Höhlen und Überhänge, meidet helle Stellen.
Abb. 86

Lysmata amboinensis DE MAN, Weißband-Putzergarnele

Heimat: Indopazifik.
Größe: Ca. 6 cm.
Pflege: Nicht einzeln hältern. Alle Tiere sind Zwitter, so daß es vorkommen kann, daß alle Tiere Eier tragen. Eine der haltbarsten Garnelen, verträgt aber keine großen Dichteschwankungen, Temperatur nicht über 28 °C. In der Karibik lebt die nur durch die Zeichnung des Schwanzes zu unterscheidende Lysmata grabhami GORDON.
Abb. 87

Stenorhynchus seticornis HERBST, Spinnenkrabbe

Heimat: Karibische See.
Größe: Körper ca. 3 cm lang, die Schreitbeine, ca. 10 cm.
Pflege: Nicht schwierig; auch tagaktiv. Nur einzeln oder paarweise pflegen. Die Weibchen haben kleinere Scherenbeine als die Männchen, bei denen sie etwa doppelt so lang sind. Männchen und Weibchen können willkürlich ausgesucht werden. Nur für große Aquarien ab 300 Liter geeignet. Die Spinnenkrabbe hält sich sehr gerne unter großen Lederkorallen oder Überhängen auf.

Bei der Paarung legen beide Tiere ihre Abdomen aneinander, das ergibt dann ein Bild, das aussieht, wie eine Krabbe mit 20 Beinen. Dabei befruchtet das Männchen die Eier, die das Weibchen unter dem zu-rückgelegten Schwanz (Abdomen) trägt. Eine Vorratsbefruchtung ist sehr wahrscheinlich, weil Weibchen auch ohne die Anwesenheit von Männchen schon befruchtete Eier hervorbrachten.

Laichtragende Weibchen öffnen ihr Abdomen mit den Eiern und versorgen ihren Nachwuchs mit frischem Wasser und befreien die Eier und Larven von Verunreinigungen.

Stenorhynchus seticornis frißt manchmal zarte Wirbellose an, das unterbleibt aber fast immer, wenn die Krabben täglich gefüttert werden. Angenommen wird jede tierische Ersatznahrung, besonders gerne werden halbierte Sandgarnelen gefressen. Erwachsene Tiere können sich nicht mehr häuten und deshalb auch keine verlorengegangenen Körperteile mehr regenerieren.
Abb. 91

Lybia tessellata LATREILLE, Boxerkrabbe

Heimat: Indopazifik.
Größe: Ca. 2 cm.
Pflege: Nur in kleineren Aquarien ohne Fischbesatz, ansonsten einfach. Gefressen wird alles was die kleinen Mäuler bewältigen.

Die Boxerkrabbe ist ein Aasfresser. In ihren großen Scherenbeinen trägt diese Krabbe zwei kleine Anemonen, mit denen sie versucht, Feinde auf Abstand zu halten, das hat ihr auch den populären Namen eingebracht.

Größere Fische oder Panzerkrebse lassen sich davon aber nicht beeindrucken.
Gestalt: Die Beine sind transparent, mit schwarzen Ringen und kleinen weißen Punkten. Der Körper hat eine schwarze gitterförmige Zeichnung, die Felder zwischen den Linien sind abwechselnd rot oder weiß. Die Eier sind kräftig rot gefärbt, das Weibchen trägt sie unter dem Abdomen
Abb. 103

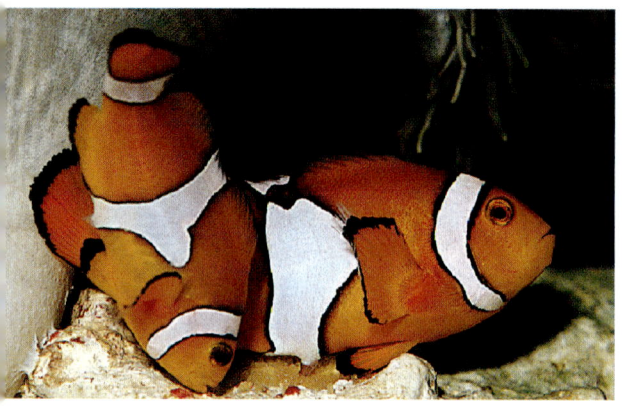

Abb. 112: Laichende Orangeringelfische (S. 134).

Abb. 113: Symbiosegrundeln *Amblyeleotris aurora*, und *Cryptocentrus cinctus* (S. 138).

Abb. 114: *Synchiropus stellatus* (S. 140).

Abb. 115: Catalina-Grundel *Lythrypnus dalli* (S. 139).

Abb. 117: Augenfleck-Leierfisch *Synchiropus ocellatus* (S. 140)

Abb. 116: *Cirrhilabrus exquisitus* (S. 147).

Abb. 118: Schleimfisch *Meiacanthus oualensis.*

Abb. 119: Weißkehldoktorfisch *Acanthurus leucosternon* (S. 144).

Abb. 120: *Ctenochaetus strigosus* (S. 145).

Abb. 121: Samtschwarzer Doktorfisch *Acanthurus nigricans* (S. 144).

Abb. 122: Gelber Segelseebader *Zebrasoma flavescens* (S. 145).

Abb. 123: Bürstenzahnseebader *Ctenochaetus hawaiiensis* (S. 144)

Enoplometopus occidentalis Randall, Hawaiihummer

Heimat: Indopazifik, einschließlich Rotes Meer.
Größe: Bis ca. 15 cm.
Pflege: Einfach, untereinander unverträglich. In Aquarien mit Fischen scheu. Gelegentlich erbeutet der Hawaiihummer kleine schlafende Fische und Garnelen, ansonsten ist er aber recht friedlich, sofern er wenigstens jeden zweiten Tag gefüttert wird. Besonders gerne werden halbierte Sandgarnelen gefressen. In kleinen Aquarien ist der Hawaiihummer weniger scheu und kann recht gut beobachtet werden.

Regelmäßig gelangen auch *Enoplometopus debelius* Holthius und *E. daumi* Holthius in den Zoofachhandel. E. debelius hat am ganzen Körper dunkelrote Punkte, die Scheren sind violett. Bei *E. daumi* ist die hintere Panzerhälfte weiß gepunktet, die vordere Hälfte ist mit roten Streifen verziert; die violetten Scheren sind rot gepunktet. Abb. 101

Panulirus versicolor Latreille, Blaue Languste

Heimat: Indopazifik.
Größe: Körper bis 20 cm, Antennen 50 cm und länger.
Pflege: Kann nur als Jungtier im Riffaquarium gepflegt werden. Große Langusten überfallen kleine Fische, Röhrenwürmer, kleinere Muscheln und Garnelen. Gegenüber anderen Tieren aber harmlos. *Panulirus versicolor* kann vor allem mit friedlichen, größeren Fischen, Symbioseanemonen und Kissenseesternen gemeinsam gepflegt werden. Jungtiere der Blauen Languste können auch an eine Fütterung aus der Hand gewöhnt werden, Sandgarnelen fressen sie besonders gerne. Abb. 102

Dardanus megistos Herbst, Roter Einsiedlerkrebs

Heimat: Indopazifik.
Größe: Ca. 15 cm.
Pflege: Einfach, aber sehr räuberisch und robust. Eine Vergesellschaftung ist nur mit großen Kissenseesternen und größeren, aber friedlichen Korallenfischen möglich. *Dardanus megistos* eignet sich nicht für die Pflege im Riffbecken. Bei allen Einsiedler-Krebsen ist die hintere Körperhälfte weich und ungeschützt. Deshalb krabbeln sie rückwärts in leere Schneckengehäuse, die sie während der Häutung kurzzeitig verlassen und gegen ein größeres Austauschen, wenn es zu klein geworden sein sollte. Ohne Abbildung.

Stachelhäuter

Tierstamm *Echinodermata*

Sehr interessante Lebewesen sind die Stachelhäuter. In allen Weltmeeren bewohnen sie viele verschiedene Lebensräume. Unter ihnen gibt es gefräßige Räuber ebenso, wie harmlose Algen- und Planktonfresser. Alle Stachelhäuter haben einen mehr oder weniger erkennbaren fünfstrahligen Körperaufbau, der nur bei den Seesternen und den Schlangensternen deutlich ausgeprägt ist.

Seesterne, Seeigel und Schlangensterne verfügen über ein wassergefülltes Ambulakralsystem, mit dem sie kleine Saugfüßchen steuern, die der Fortbewegung dienen. Einige Arten können damit erstaunlich schnell »laufen«; diese Stachelhäuter und die Schlangensterne können nicht schwimmen und leben substratgebunden. Haarsterne schwimmen mit grazilen Bewegungen der sonst planktonfangenden Arme über weite Strecken.

Alle Stachelhäuter sind empfindliche Tiere, die sehr sorgfältig behandelt werden müssen; ganz besonders wichtig ist das während der Eingewöhnung und beim Transport. Sie verlangen beste Wasserverhältnisse. Schwankungen der spezifischen Dichte, krasse und schnelle Temperaturänderungen, pH-Wert-Sprünge und geringe Nitrit-Mengen sind für Stachelhäuter, genauso wie für die beliebten Zehnfußkrebse, lebensgefährlich! Aus diesen Gründen dürfen Seeigel, Seesterne, Seegurken und Haarsterne nicht in ein neu eingerichtetes Riffbecken gesetzt werden. Im Normalfall dauert es wenigstens 3 Monate, ehe Seeigel und Schlangensterne in ein frisch eingerichtetes Aquarium einziehen können. Seesterne, Seegurken und Haarsterne sind noch empfindlicher, sie verlangen ein besonders gut eingefahrenes Biotop, wie es frühestens nach 12 Monaten erreicht wird.

Stachelhäuter sind getrenntgeschlechtlich, jedenfalls soweit es bis jetzt bekannt ist. Die Vermehrung erfolgt fast immer über frei schwimmende Larven. Im Riffaquarium ist das eine große Ausnahme, was sicherlich daran liegt, daß meistens zu wenige Tiere einer Art zusammen gepflegt werden und so keine Paare zusammenkommen. Seeigel laichen oft in großen Ansammlungen; Männchen und Weibchen entlassen ihre Geschlechtsprodukte einfach in das freie Wasser. Eine ungeschlechtliche Vermehrung ist bis jetzt nur bei einigen Seesternen beobachtet worden. Die Tiere stoßen einen Arm, oder einen Teil davon ab. Die Bruchstelle verheilt wieder und aus dem abgestoßenen Stück wächst ein neuer Seestern heran. Im Aquarium gelingt aber auch das nur sehr selten, meistens verenden die abgeschnürten Stücke.

Seeigel, *Echinoidea*

Für den Meeresaquarianer sind einige Seeigel zweifelsfrei die wichtigsten Stachelhäuter, weil sie als einzige von ihnen auch im Aquarium eine wichtige biologische Aufgabe erfüllen, sie fressen Algen. Viele Arten sind große Räuber, die auch herrlichste Bestände von Weichkorallen restlos abweiden können. Glücklicherweise werden diese Seeigel aber nur sehr selten einmal importiert. Einige Arten leben wochenlang friedlich, ehe° sie andere Wirbellose überfallen. Eine andere Unart vieler Seeigel ist, daß sie bei ihren Wanderungen durch das Aquarium lose aufliegende Tierstücke aus der Dekoration herabwerfen. Gerade die kleinen friedlichen Arten, mit kurzen dicken Stacheln »heben« ganze Dekorationen aus. Für eine Hälterung im Riffbecken eignen sich vor allem die regelmäßig importierten friedlichen Diademseeigel.

Astropyga magnifica A. M. CLARK
Diadema setosum LESKE,
Diadema savignyi MICHELIN

Heimat: Viele verschiedene Arten im Atlantik, Mittelmeer und Indopazifik.
Größe: Stachellänge im Meer bis zu 30 cm, im Aquarium wesentlich kleiner.
Pflege: Diademseeigel werden überwiegend als Jungtiere eingeführt, größeren Exemplaren stutzt man vor dem Transport die Stacheln, die aber bald wieder nachwachsen; erwachsene Tiere werden nicht importiert. Die langen Stacheln sind sehr beweglich und brechen leicht ab, bei einigen Arten sollen sie sogar leicht giftig sein. Im Aquarium muß man mit den Seeigeln sehr vorsichtig umgehen, damit man nicht aus Versehen in die Stacheln greift, die sofort abbrechen und in der Haut stecken bleiben.

Blumentiere werfen die Diademseeigel nur selten von der Dekoration herunter, trotz ihrer langen Stacheln. Die sehr beweglich gelagerten Stacheln ermöglichen es den Seeigeln, durch Spalten zu kriechen, die nicht breiter sind als ihr eigener Körper. Die untereinander friedlichen Diademseeigel sollten nicht einzeln gepflegt werden.
Fütterung: Diademseeigel sind Algenfresser, ohne Algen können sie nicht überle-

Abb. 124: Der Orangefleckdoktorfisch *Acanthurus achilles,* (S. 141), eignet sich nicht für die Pflege im Riffaquarium; Abb. mit Putzerlippfisch.

Abb. 125: Dekorgrundel *Nemateleotris decora* (S. 139).

Abb. 126: Mandarinfisch *Synchiropus splendidus* (S. 140).

Abb. 127: Mirakelbarsch *Calloplesiops altvelis* (S. 149).

Abb. 128: Prachtlippfisch *Cirrhilabrus jordani* (S. 146).

Abb. 129: Männchen von *Pseudanthias pleurotaenia* (S. 137).

Abb. 130: Schnabellippfisch *Gomphosus caeruleus*, Weibchen (S. 146).

Abb. 131: Schnabellippfisch, Männchen (S. 146).

ben; sie weiden jeglichen flachen Algenbewuchs ab. Rote Schmieralgen verschmähen sie aber, wie alle anderen Seeigel auch. Mit ihrem speziellen Kauapparat, der auch als »Laterne des Aristoteles« bezeichnet wird, nagen sie tiefe Spuren in den Kalkstein. Der mitaufgenommene Kalk ist für die Tiere sehr wichtig. Die Afteröffnung sieht wie ein Auge aus und liegt oben auf dem Rückenschild der Seeigel. Regelmäßig fressen die Diademseeigel auch tierische Nahrung, lebende Tiere werden aber nur dann überfallen, wenn sie nicht ausreichend Aas finden, deswegen sollte man einmal wöchentlich eine Sandgarnele in die Stacheln fallen lassen. Mit ihren Saugfüßen transportieren sie die Garnele zur Mundöffnung.
Abb. 85, 93, 98

Mespilia globulus (L.) Samtseeigel

Heimat: Malediven bis Neuguinea, Japan.
Größe: 5 cm.
Pflege: Ideal für Riffbecken, frißt kurze Fadenalgen, aber auch die nützlichen Kalkalgen. Gelegentlich Aas, aber so gut wie nie Blumentiere.
Abb. 98

Seesterne, Klasse Asteroidea

Seesterne sind faszinierende Lebewesen. Der Körperbau dieser Wirbellosen fällt aus dem üblichen Rahmen, und so ist es auch keine Überraschung, daß die Seesterne zu den bekanntesten Tieren gehören. Viele Seesterne sind arge Räuber, nur einige wenige Arten sind harmlose Kleintierfresser, sie sind auch die einzigen, die im Riffbecken gepflegt werden können. Hat ein Seestern die Witterung einer Beute aufgenommen, versucht er sie mit seinen Armen einzuschließen; gelingt ihm das, stülpt er seinen Magen nach außen und verdaut den Futterbrocken.

Seesterne sollen nicht aus dem Wasser herausgenommen werden, weil durch den Mund Luft in den Magen gelangen kann, die die Tiere oft nicht mehr ausstoßen können. Ist es nicht zu vermeiden, die Seesterne ohne Wasser umzusetzen, dreht man die Tiere unter Wasser auf dem Rücken und drückt mit einem Finger leicht auf die Mundöffnung, man läßt die Tiere erst los und dreht sie um, wenn sie wieder im Wasser sind. Beim Kauf der Seesterne muß man vor allem darauf achten, daß die Tiere unverletzt sind. Die Arme müssen sich prall anfühlen und wenn man sie berührt sofort starr werden. Zuhause muß man die Seesterne sehr vorsichtig umgewöhnen. Der Wasseraustausch des Transportwassers mit dem Aquariumwasser muß sehr langsam, am besten tropfenweise, über mehrere Stunden vorgenommen werden.

Kissenseesterne

Pentaceraster mammilatus AUDOUIN, Protoreaster lincki DE BLAINVILLE,

Heimat: Indopazifik.
Größe: Je nach Art bis zu 30 cm und mehr. *Culcita* sp. bleibt kleiner, bis ca. 15 cm.
Pflege: Kissenseesterne sind sehr einfach zu pflegen, wenn man die Tiere sorgfältig behandelt. Im Riffbecken können sie auf keinen Fall gepflegt werden, dafür sind sie zu gefräßig und zu räuberisch. Im Fisch-Aquarium kann man sie aber durchaus pflegen. Die abgebildeten Arten können auch mit großen Seeanemonen zusammen gehältert werden, sofern man sie wenigstens 2 mal wöchentlich füttert (Aquarium 5, Seite 61).

Alle drei Seesterne lebten zusammen in dem auf Seite 27 (Abb. 10) abgebildeten Aquarium. Der unten liegende *Pentaceraster mammilatus* hat innerhalb weniger Tage den Protoreaster und den *Culcita* sp. aufgefressen. Seeanemonen und schlafende Fische hat er noch nie belästigt. Kissenseesterne können sich erstaunlich schnell fortbewegen, und sie können sehr alt werden.
Fütterung: Kissenseesterne fressen mit Vorliebe aufgebrochene halbe Muscheln, Sand-

garnelen, Tintenfischfleisch und Futtertabletten. Die Futterbrocken legt man in die unmittelbare Nähe der Arme, die Tiere krabbeln dann schnell darüber; sind lebhafte Fische im selben Aquarium, schiebt man die Nahrung unter einen der Arme.
Abb. 10

Linckia laevigata LINNÉ, Blauer Seestern

Heimat: Indopazifik.
Größe: Bis ca. 20 cm.
Pflege: Sehr empfindlich. In seinen Heimatgewässern lebt dieser Seestern massenweise innerhalb von Algenfeldern. In algenreichen Aquarien ist seine Pflege durchaus möglich, im Riffbecken findet er jedoch nicht genügend Nahrung. Gegenüber anderen Tieren ist dieser Seestern absolut friedfertig.
Fütterung: Der Blaue Seestern weidet flachen Algenbewuchs ab und verwertet dabei Algen und allerlei Kleintiere. In dicht mit Blumentieren besiedelten Riffbecken fehlen die notwendigen Algenbestände. Ersatznahrung wird nur ganz selten einmal angenommen.
Abb. 81

Leiaster coriaceus, Picassoseestern

Heimat: Indopazifik.
Größe: Bis etwa 30 cm; die Färbung ist sehr variabel, kein Tier gleicht einem anderen.
Pflege: Schwierig, ähnlich wie der Blaue Seestern, genauso friedfertig.
Fütterung: *Leiaster* ist etwas problemloser in der Ernährung, als der vorher beschriebene *Linckia laevigata*. Mitunter nehmen die Tiere Futtertabletten an, der Picassoseestern bleibt aber immer heikel und sehr empfindlich.
Abb. 94

Fromia indica, Roter Seestern

Heimat: Indopazifik.
Größe: Bis ca. 8 cm.

Pflege: Es gibt viele verschiedene ähnlich gefärbte Arten. Alle Arten sind recht empfindlich, nicht verwechseln mit *Echinaster sentus*. Im Roten Meer lebt *Fromia ghardaghana*, der zusätzlich zu der schönen roten Färbung noch zahlreiche leuchtend blaue Punkte auf den Armen trägt.
Fütterung: Eine Nahrungsaufnahme kann nur sehr selten beobachtet werden. Sehr wahrscheinlich sind diese Seesterne Nahrungsspezialisten.
Abb. 97

Echinaster sentus SAY Purpurseestern

Heimat: Karibik.
Größe: Bis ca. 10 cm.
Pflege: Gut zu pflegen, harmloser Restevertilger. Sehr ähnlich sehen *Echinaster echinophorus*, *E. guyanensis* und *E. brasiliensis* aus. Abb. 92 zeigt *Echinaster sentus* zwischen Steinkorallen.

Seegurken oder Seewalzen, Klasse Holothuroidea

Seegurken sind friedliche Kleintierfresser, die sich für die Pflege im Riffbecken eignen. Leider gibt es ein Problem, das viele Aquarianer veranlaßt, diese Stachelhäuter nicht zu pflegen. Seegurken speichern in ihren Eingeweiden einen Giftstoff, das Holothurin. Unglückliche Zufälle können dazu führen, daß das Holothurin in das Beckenwasser gelangt und andere Tiere vergiftet. **Besonders auf Fische wirkt das Gift binnen kürzester Zeit tödlich.** Blumentiere ziehen sich zusammen, meistens erleiden sie keine ernsthaften Schädigungen.

Das Holothurin können die Seegurken nicht einfach so in das Wasser abgeben, dazu müssen die Tiere durch eine mechanische oder chemische Einwirkung verletzt oder getötet werden. Einige Seegurken können Teile ihres giftigen Darmes durch die Kloake ausstoßen, auf diese Weise können sie hartnäckige Angreifer abwehren. Im Aquarium wurde das bisher nur selten beobachtet, zumal überwiegend Arten gepflegt werden, die dazu anscheinend nicht in der Lage sind. Die häufigste Ursache für Vergiftungsunfälle ist eine mechanische Verletzung der Seegurken; besonders Ansaugkörbe von Filterpumpen sind Todesfallen für diese Wirbellosen, wie auch für andere Stachelhäuter, Krebse und Schnecken. Seegurken, die altersbedingt sterben, werden zusehends kleiner, sie degenerieren. Von solchen Exemplaren wird kein Gift mehr abgegeben, jedenfalls liegen darüber noch keine Berichte vor. Wahrscheinlich sind diese geschwächten Tiere nicht mehr in der Lage, das Holothurin zu produzieren.

Seegurken können ihrer Lebensweise nach in zwei Gruppen eingeteilt werden, in halbsessil lebende Filtrierer und in Restevertilger, die den Bodengrund nach Nahrung durchseihen. Die Pflege der planktonfangenden Filtrierer ist schwieriger, weil sie sehr sorgfältig gefüttert werden müssen; die Gefahr einer Vergiftung ist geringer, als bei den anderen Seegurken, sie ist aber immer latent vorhanden.

Pseudocolochirus axiologus A. M. CLARK Dreifarbige Seegurke

Pseudocolochirus tricolor, Blau-Gelbe Seegurke

Heimat: Indopazifik. P. axiologus wird oft importiert, P. sp. ist eine Rarität.
Größe: Bis ca. 15 cm.
Pflege: Neu erworbene Seegurken setzt man nach dem vorsichtigen Umgewöhnen einfach in die Dekoration, die Tiere suchen sich dann selbst einen passenden Platz. Die Ansaugkörbe der Pumpen müssen so groß gewählt werden, daß der Sog die Stachelhäuter nicht gefährden kann.
Fütterung: Täglich mit Ersatzplankton und lebendem Plankton füttern. Beide Arten fressen auch gröbere Futterstückchen, wie Mysis oder Artemia.
Abb. 84, 96

Ophiuroidea, Schlangensterne

Die Schlangensterne erinnern auf den ersten Blick sehr an die Seesterne, ein Unterschied ist aber doch auffällig, die langen dünnen, oft stacheligen und sehr beweglichen Arme. Schlangensterne sind liebenswerte friedliche Aasfresser, sie sind in etwa mit den Panzerwelsen im Süßwasser-Aquarium gleichzusetzen. Leider leben sie alle sehr versteckt und verlassen die schützende Dekoration nur während der Dunkelheit. Auf Blumentieren leben oft Schlangensterne, die manchmal nur wenige Millimeter groß sind (Seite 53).

Ophiolepis superba H. L. CLARK, Schlangenstern/*Ophiomyxa flaccida* SAY

Heimat: Indopazifik.
Größe: Die Arme können bis zu 20 cm lang werden.
Pflege: Schlangensterne verstecken sich tagsüber in der Dekoration. Die Pflege dieser friedlichen Stachelhäuter ist relativ einfach. Beide Arten können über Jahre im Aquarium leben.
Fütterung: Eine spezielle Fütterung der Schlangensterne ist nicht notwendig, sie ernähren sich von Futterresten, die sie im Aquarium finden. Wer seinen Tieren etwas Gutes tun möchte, kann sie gelegentlich gezielt mit einer Sandgarnele oder etwas Tintenfischfleisch füttern.
Abb. 83, 95

Haarsterne, Klasse Crinoidae

Für Taucher sind Haarsterne ein vertrauter Anblick, vor allem in den südostasiatischen Gewässern können, besonders bei nächtlichen Tauchgängen, große Ansammlungen von ihnen beobachtet werden. Besonders schöne und große Haarsterne leben im Südchinesischen Meer, von Japan bis zu den Philippinen. Nachts breiten die Tiere ihre Arme zum Planktonfang aus. An den Armen befinden sich kleine tentakelartige Fortsätze, die

Pinnulae, und an diesen wiederum feine Wimpernhärchen. Die ausgebreiteten Arme wirken wie ein Sieb. Ein klebriges Sekret verbessert noch zusätzlich den Wirkungsgrad dieser Planktonfalle. Dieses Sekret bewirkt aber auch, daß die Tiere ungewollt an der Dekoration, im Transportbeutel oder an den Fingern des Aquarianers kleben bleiben können. Die zerbrechlichen Haarsterne können auf diese Weise leicht Armspitzen oder sogar ganze Arme verlieren. Es ist also wichtig, mit den Tieren sehr sorgsam umzugehen. Das mit den Tentakeln eingefangene Plankton wird zur Längsachse der Arme geführt. Die Pinnulae klappen dabei nach oben zusammen. In der Längsachse transportieren feine Härchen die erbeuteten Nahrungspartikel durch die Futterrinne zur Mundeinbuchtung. In der Natur fressen Haarsterne überwiegend nachts. Tagsüber rollen sie ihre Arme ein. Das dürfte aber wesentlich vom Nahrungsangebot abhängen. Wenn das Wasser reich an Plankton ist, rollen die Haarsterne ohne weiteres auch am Tage ihre Arme aus. Schwach beleuchtete Aquarien eignen sich sehr gut für die Pflege dieser Stachelhäuter.

Leider ist die Hälterung der Haarsterne sehr schwierig, vor allem die Fütterung ist ein großes Problem. Im Aquarium ist es nur mit größtem Aufwand möglich, die Tiere ausreichend mit Nahrung zu versorgen. 2 bis 3 mal täglich muß man die Haarsterne ausgiebig mit lebendem Plankton und mit Ersatzplankton füttern.

Diese extreme Fütterung belastet natürlich das Wasser ungemein, weshalb bei der Pflege dieser Stachelhäuter keinesfalls auf einen leistungsstarken Abschäumer und auf einen denitrifizierenden Filter verzichtet werden kann.

Himerometra robustipinna CARPENTER, Roter Haarstern (Titelbild)

Heimat: Indopazifik.
Größe: Armlänge bis ca. 25 cm.
Pflege: Wie in der allgemeinen Beschreibung schon angegeben, sehr schwierig. Ansaugkörbe von Pumpen sind für diese Tiere Todesfallen (siehe auch unter Seegurken).
Fütterung: 2 bis 3 mal täglich mit Hefe, Calanus, Fischroggen, Artemianauplien, Brachionus, Euplotes, flüssigen Suspensionen und pulverisiertem Ersatzplankton füttern.
Lichtverhältnisse: Haarsterne können schwimmen und suchen sich deshalb von selbst einen zusagenden Platz. Gerne setzen sie sich auf lebende Hornkorallen oder abgestorbene Steinkorallen. Auch leicht veralgte, griffige Felsen werden als Siedlungssubstrat angenommen. Sagt ihnen ein Standort zu, verankern sie sich mit Cirren, das sind kurze Fortsätze ohne Pinulae, am Substrat. Für die Pflege der Haarsterne eignen sich sehr gut schwach beleuchtete Behälter, wie das auf Seite 60 beschriebene Aquarium (4).

Seescheiden

Die Tierklasse der Seescheiden, Ascidiacea, gehört systematisch zum Unterstamm Tunicata (Manteltiere). Seescheiden sind, trotz ihres einfachen Aussehens, recht weit entwickelte Tiere. Regelmäßig finden sie sich auf lebenden Steinen, unter Steinkorallen, oder zwischen Scheibenanemonen,

nur sehr selten werden sie gezielt importiert.

Auf der Seite und oben am Tier befindet sich bei vielen Arten eine Öffnung, die bei einer Berührung geschlossen wird. Diese Ein- und Ausströmöffnung ist oft sehr schön blau, gelb oder rot gefärbt. Der restliche Körper ist durchscheinend oder wird getarnt, mit Algen, Sedimenten, oder durch die Einlagerung von Fremdkörpern. Seescheiden sind kleine Tiere und werden nur selten über 10 cm groß.

In der Aquaristik sind Seescheiden wenig bekannte Tiere, wenn man einmal von den Arten aus dem Mittelmeer absieht, die sich nicht für die Pflege im tropischen Riffbecken eignen.

Seescheiden sollten in der Pflege ähnlich wie die Schwämme behandelt werden, nur daß sie keine starke Strömung verkraften können. Im Aquarium vermehrt sich öfter eine kleine, bis 2 cm hohe, rötlich gefärbte Seescheide, die nur an dunklen Stellen mit einer leichten Strömung gedeiht. Die Verbreitung erfolgt über freischwimmende Larven. Recht oft siedelt diese Seescheide in Bakterienfiltern, wo sie innerhalb kurzer Zeit lose Ansammlungen bildet.

Vergesellschaftung mit anderen Tieren

Größere Seescheiden fressen nur sehr räuberische Tiere (Kissenseesterne, gefräßige Seeigel, Drückerfische). Die kleineren, zarten Arten sind für andere Riffbewohner ein beliebtes Futter, im Riffaquarium leben aber nur wenige Freßfeinde (Gehäuseschnecken, verschiedene Seeigel) von ihnen. Ob sich im Aquarium zufällig eingebrachte Seescheiden vermehren, ist von

dem gesamten Biotop abhängig und kann im voraus nicht bestimmt werden.

Fütterung: Seescheiden sind Filtrierer, ähnlich wie die Schwämme, oder wie die Röhrenwürmer. Viele tropische Arten sind sehr genügsam und ausdauernd, leider nicht die abgebildete Blaue Seescheide. Im Aquarium ernährt man sie am besten mit verschiedenen flüssigen Suspensionen und mit lebendem Plankton.

Lichtverhältnisse: Die Beleuchtungsfrage kann bei vielen Seescheiden nur sehr schwer beantwortet werden. Hinweise, ob ein Tier hell oder dunkel stehen will, geben aber die Tiere, mit denen sie zusammen importiert wurden.

Blaue Seescheide

Der lateinische Name dieser Seescheide konnte nicht ermittelt werden, möglicherweise handelt es sich um eine Art der Gattung *Clavelina*.

Heimat: Indonesien.

Größe: Einzeltiere 3 bis 4 cm hoch. Es werden immer Kolonien gebildet.

Pflege: Sehr schwierig, bisher hat sich diese Seescheide als nicht haltbar erwiesen, egal bei welchen Bedingungen die Tiere gepflegt wurden, ob mit viel oder wenig Strömung, ob mit viel oder wenig Licht.

Abb. 72

Korallenfische für das Riffaquarium

Lange Zeit war die gemeinsame Pflege von Korallenfischen und wirbellosen Tieren ein Problem. Mittlerweile haben sich jedoch einige Fischarten herauskristallisiert, die ohne Einschränkungen mit fast allen

importierten Niederen Tieren zusammen in einem Aquarium leben können. Der Fachhandel hat sich darauf eingestellt und bietet eine Auswahl verschiedener Fische an. Bevorzugt gelangen solche Arten in den Verkauf, die durch leuchtende Farben auffallen. Von den größeren Arten sind nur Doktorfische (Familie *Acanthuridae)* regelmäßige Gäste im Riffbecken. Unter den ungefähr 5000 Korallenfischarten gibt es auf jeden Fall noch einige, die sich für das Riffaquarium eignen würden. Allgemein gültige Angaben sind nur bei wenigen Arten möglich, weil bei vielen Tieren auch das individuelle Verhalten eine nicht unerhebliche Rolle spielt. So ist es mitunter möglich Falterfische (Gattung *Chelmon, Forcipiger, Chaetodon*) im Riffbecken zu pflegen. Sicher ist man aber trotzdem nie davor, daß einer der Falterfische plötzlich die Wirbellosen anfrißt. Besonders unberechenbar ist das Verhalten eines Fisches, wenn neue Blumentiere, Weichtiere oder Seesterne und Seeigel eingesetzt werden. Selbst ansonsten harmlose Arten können dann einen beträchtlichen Schaden anrichten. Besonders häufig kommt es vor, daß die beliebten pumpenden *Xenia*-Weichkorallen überraschend angefressen werden. Vermutlich reizt die auffällige Eigenbewegung dieser Blumentiere immer wieder Fische zum Zubeißen, auch wenn sie sonst keine anderen Korallen belästigen. So fallen mitunter Doktorfische, Zwergkaiserfische, Riffbarsche, Schleimfische und Lippfische die *Xenia*-Weichkorallen an. Genauso gut kann man aber positive, völlig unerwartete, Überraschungen erleben. Dann nämlich, wenn ein Fisch keine Blumentiere anfrißt, obwohl er einer Art angehört die sonst nichts verschont. Hier kommt eben das individuelle Verhalten ins Spiel. Eine große Bedeutung hat auch das natürliche Verbreitungsgebiet und der damit unterschiedliche Lebensraum der verschiedenen Fischpopulationen. Mit den Wohngebieten ändert sich oft auch das Nahrungsangebot. Ein gutes Beispiel hierfür ist der Pfauenkaiserfisch *Pygoplites diacanthus*. Normalerweise ernährt er sich fast ausschließlich von Schwämmen. Einige Populationen müssen ihren Nahrungsbedarf jedoch auch anderweitig decken, weil sie in ihrem Biotop nicht genügend Schwämme finden. Impor-

tierte Exemplare aus diesen Gebieten lassen sich gut eingewöhnen. Dafür fressen die Pfauenkaiserfische aus diesen Gebieten aber auch viele Blumentiere an. Im Riffbecken kann so ein Fisch auf keinen Fall gepflegt werden, früher oder später würde es zu Übergriffen kommen. Die häufigeren Exemplare der Schwämme fressenden Populationen werden dagegen immer wieder erfolgreich im Riffaquarium gepflegt, auch wenn ihre Eingewöhnung sehr schwierig ist. Daher kommt es auch, daß der eine Zoofachhändler enorme Probleme mit dieser Art hat, während bei anderen beinahe jeder Pfauenkaiserfisch Ersatznahrung annimmt. Ein ähnliches Verhalten ist auch von anderen Fischen bekannt. Ein Beispiel hierfür ist der Halfterfisch *Zanclus cornutus*. Bei diesem Fisch ist das Risiko aber noch beträchtlich höher, daß er Blumentiere anfrißt. Dazu kommt noch, daß der Halfterfisch sehr leicht von den Parasiten Oodinium und Cryptocarion (»Ichtyo«) befallen wird. Eine Behandlung mit Medikamenten ist im Riffbecken keinesfalls möglich. Das Umsetzen in ein anderes Aquarium schwächt den Halfterfisch und mindert die Chancen einer erfolgreichen Behandlung. Aus diesem Grund sollte der Halfterfisch nicht in ein Riffaquarium eingesetzt werden, das Risiko eines Mißerfolges ist viel zu groß, ebenso wie bei dem Pfauenkaiserfisch. Sehr krankheitsanfällig sind auch die herrlichen Doktorfische *Acanthurus leucosternon* (Weißkehlseebader) und *Acanthurus achilles* (Orangefleckseebader). Wegen des sehr großen Risikos einer tödlichen Erkrankung sollten diese beiden, mit dem Halfterfisch verwandten Fische, nicht in ein Riffaquarium eingesetzt werden.

Eine ganze Reihe anderer Fische gedeiht dagegen im Riffaquarium besser, als in herkömmlichen Fischbecken. So ist die Hälterung von Leierfischen *Synchiropus*, Seenadeln, einigen Schleimfischen und Grundeln nur im Korallenriffaquarium möglich. Für die Pflege vieler Fische hat dieses Aquarium erhebliche Vorteile. Das zeigt sich meistens daran, daß in solchen naturnahen Behältern die Fische besonders schön und gesund aussehen. Insbesondere trifft dies für einige kleinere Arten zu, aber auch für solche Fische die auf ein ständiges Nahrungsangebot angewiesen sind. Ein Grund weshalb sich viele Korallenfische im Riffbecken anscheinend wohler fühlen ist auch, daß die besseren Wasserverhältnisse einige Unstimmigkeiten ausgleichen. Besonders das knappere Raumangebot im Verhältnis zur Natur macht sich zweifellos nachteilig bemerkbar. Im Riff haben die Fische einfach mehr Platz zur Verfügung. Ist das nicht der Fall, fehlt den Fischen bestimmt der höhere Außendruck des Wassers. Viele Fische, besonders die erwachsenen Tiere, leben im Meer in Wassertiefen ab 2 Meter. Kaum ein Aquarium kann eine solche Höhe aufweisen. Im Riffbecken werden diese kleinen aber feinen Unterschiede offensichtlich besser ausgeglichen, als in gleich großen Fischaquarien. Ein reines Fischbecken sollte deshalb immer so groß und so hoch wie möglich sein. Dabei ist auch noch miteinzuberechnen, daß die am häufigsten in Fischbecken gepflegten Arten in der Natur meistens größer werden, als diejenigen die sich am besten für ein Riffaquarium eignen. Der entscheidende Grund, weshalb viele Fische im Riffbecken besser gedeihen ist sicherlich der, daß den Tieren ständig Nahrung zur Verfügung steht. Wie in der Natur können sie tagsüber die Felsen nach Würmern, Krebsen, Asseln, Schnecken, Schwämmen und verschiedenen Algen absuchen. Deshalb sollten auch Tiere die in reinen Fischaquarien leben, denen der biologische Unterbau fehlt, mehrmals täglich gefüttert werden. Das ist besonders während der Eingewöhnungszeit sehr wichtig. Gefüttert wird immer nur so viel, wie die Fische innerhalb weniger Minuten vollständig auffressen. Das muß auch bei einigen Fischen beachtet werden, die öfter im Riffbecken gepflegt werden. Es handelt sich dabei um solche Arten, die in der Natur ihren Nahrungsbedarf aus dem freien Wasser entnehmen. Dazu gehören alle Fahnenbarsche *Anthias*, alle frei-schwimmenden Grundeln, der Falterfisch *Hemitaurichtys polylepis* und Kaiserfische der Gattung *Genicanthus*. Auch die sehr beliebten Demoisellen *Chrysiptera* nehmen fast nur frei im Wasser schwebende Nahrung an. Für diese Fische sind besonders verschiedene Kleinkrebse wie Mysis, Salinenkrebse und Krill, aber auch Fischroggen gut geeignet. Diese Art der Fütterung belastet das Wasser mehr als wenn ein beträchtlicher Teil der Nahrung im Aquarium selbst produziert wird. Von diesen Fischen, die mehrmals täglich gefüttert werden müssen und damit das Wasser erheblich belasten, kann man nicht so viele Tiere einsetzen, wie von solchen Arten die nur eine Zufütterung brauchen. Den Fischbesatz sollte man nie wahllos zusammenstellen, sondern ganz gezielt auf die jeweiligen Verhältnisse abstimmen. Die wesentlichen Kriterien sind:

1. **Nutzen für das Biotop**
   – Algenbekämpfung – Doktorfische;
   – Verhinderung einer Massenvermehrung verschiedener Kleintiere, wie Asseln, Meerflohkrebse und Borstenwürmer- Lippfische, Mandarinfische *Synchiropus*, Feilenfische *Monacanthus* und Mirakelbarsche *Calloplesiops*;
   – Bekämpfung von Glasrosen – Falterfische *Chaetodon*, *Chelmon*.

2. **Vermehrte Wasserbelastung durch spezielle Fütterung**

3. **Die maximale spätere Größe der Fische**

4. **Gefahr für das Biotop**
   – Freßfeind anderer Beckenbewohner;
   – Sehr krankheitsanfällig;
   – Sehr aggressiv.

5. **Hälterung paarweise, in Gruppen oder in Haremsgruppen möglich**
   – Als Ziel ist immer eine erfolgreiche Nachzucht anzustreben.

Abb. 132: *Centropyge acanthops* Männchen
(S. 148).

Abb. 133: *C. acanthops* (Weibchen), darunter
eine Steinkoralle der Gattung *Tubastraea*.

Abb. 134: Zwergkaiserfisch *Centropyge*
loriculus (S. 148).

Abb. 135: *Neocirrhites armatus* (S. 137).

Krankheitsbehandlung von Korallenfischen

Korallenfische werden leider von vielen verschiedenen Außenparasiten befallen. Eine Behandlung mit Medikamenten ist im Riffaquarium kaum möglich, keinesfalls aber mit dem üblichen Kupfersulfat. Das oft verwendete Kupfersulfat (Cu SO$_4$) kann alle wirbellosen Tiere tödlich vergiften, zumindest schädigt es die Bakterien und andere Kleintiere. Das kann den Zusammenbruch des gesamten Kleinbiotops verursachen. Auch für Korallenfische ist das Kupfersulfat keineswegs ungefährlich. Ab Konzentrationen von mehr als 1,6 mg/l verursacht es gefährliche, oft sogar tödliche Vergiftungen. Die meisten anderen Medikamente können aus denselben Gründen nicht im Riffbecken zur Anwendung kommen. Deswegen benötigt man zur Behandlung erkrankter Fische ein weiteres Aquarium mit einem Fassungsvermögen von wenigstens 150 Liter. Das Behandlungs-Aquarium muß mit einer Dekoration versehen sein, die den Fischen genügend Versteckmöglichkeiten bietet. Der Glasboden wird mit einer dünnen Schicht Korallensand verdeckt. Als technische Ausstattung ist ein mit Watte bestückter Schnellfilter nötig, der für eine ausreichende Umwälzung sorgt. Zur Sauerstoffanreicherung sollte ein Diffusor zum Einsatz kommen. Die Verwendung eines Abschäumers ist von dem eingesetzten Medikament abhängig. Im Behandlungsbecken darf man nur sehr wenig füttern, gerade soviel, daß die Fische nicht zusätzlich geschwächt werden. Die anfallenden Stoffwechselprodukte werden nicht von Bakterien aufoxidiert, weil sie von den Medikamenten geschädigt werden. Deshalb ist auch der Ammonium-/Ammoniakgehalt und der Nitritgehalt täglich zu überprüfen. Ist er zu hoch, wechselt man soviel Wasser, bis die Werte im ungefährlichen Bereich sind. Dazu verwendet man abgestandenes, entschärftes und niemals frisch angesetztes Salzwasser. Sicherheitshalber sollten während der Behandlung jeden zweiten Tag 5–10 % Wasser ausgetauscht werden. Das Medikament dosiert man entsprechend nach.

Im Behandlungsbecken sollte die Temperatur bei ca. 28 °C liegen. Das beschleunigt den Krankheitsverlauf und verkürzt damit die Behandlungsdauer. Das ist vor allem bei den »Pünktchen«-Seuchen Oodinium und Cryptocarion zu beachten, weil das Medikament nur die frei im Wasser schwimmenden Schwärmer, und nicht die am Fisch schmarotzenden Parasiten bekämpft. Besonders bei Cryptocarion kann es Wochen dauern, bis alle Krankheitserreger abgetötet sind. Entsprechend lange muß auch das Medikament nachdosiert werden. Bei der Verwendung von Kupfersulfat muß man täglich mit einem Kupfertest (im Zoofachhandel erhältlich) den Gehalt bestimmen und dementsprechend nachdosieren. Ohne eine exakte Messung wird die wirksame Dosis (0,8 mg–1,5 mg/l) leicht unter- oder überschritten. Der Zoofachhandel verkauft dem Leser viele gute Bücher über die Krankheiten der Zierfische. Sie können weitaus besser informieren, als es in diesem Buch, wegen der völlig anderen Themenwahl und Zielsetzung, möglich ist. In schwierigen Fällen ist es mitunter auch notwendig, den Rat eines Spezialisten einzuholen. Nur eine exakte Diagnose ermöglicht eine sichere Behandlung. Eventuell können einem auch Aquarienvereine Adressen vermitteln.

Bevor man aber damit beginnt, die Fische aus dem Riffaquarium herauszufangen, sollte der Versuch unternommen werden, den Parasiten anders beizukommen. Schonende Maßnahmen sind auf Seite 20 beschrieben (Krankheitsprophylaxe). Zuerst müssen auch die wichtigsten Wasserwerte gemessen werden. Sind die Werte in Ordnung kontrolliert man alle technischen Geräte auf eine einwandfreie Funktion. Diese Kontrollen sind deshalb notwendig, weil viele Parasiten, auch die Pünktchen-Seuchen, erst dann Fuß fassen, wenn die Fische durch irgendeine Ungereimtheit geschwächt sind. Einige Fische sind besonders anfällig (Doktorfische, Halfterfisch). Sie sollten bei einer Erkrankung sofort aus dem Becken herausgefangen werden. Bei einem Befall mit Oodinium und Cryptocarion ist es häufig so, daß nur eine Fischart stark befallen ist. Die anderen Fische sind nicht so sehr in Mitleidenschaft gezogen. Es genügt dann meistens schon die arg befallenen Tiere aus dem Aquarium zu entfernen, und die restlichen Fische sehr gut zu pflegen.

Die nachstehend beschriebenen Arten sind nur eine kleine Auswahl von Fischen, die im Riffaquarium gepflegt werden können, es soll keine vollständige Aufzählung sein, sondern eine möglichst vielseitige Darstellung.

Tierklasse Osteichthyes-Knochenfische

Ordnung Perciformes-Barschartige

Die meisten Fische der Korallenriffe gehören systematisch in die Ordnung der Barschartigen, die der Tierklasse der Knochenfische untergeordnet ist.

Riffbarsche (Familie Pomacentridae)

Gattung *Amphiprion,* Anemonenfische

Anemonenfische sind allgemein sehr bekannte Riffbewohner. Dies verdanken sie wohl dem Umstand, daß sie mit Symbioseanemonen (*Entacmea, Heteractis*) in einer engen Gemeinschaft leben. Wissenschaftler haben bisher 26 Arten beschrieben. Viele Anemonenfische bewohnen abgelegene, für die Fänger unerreichbare Gebiete, weshalb auch nur einige wenige Arten regelmäßig in Aquarien gepflegt werden. Anemonenfische sind transportempfindlich und während der Eingewöhnungszeit sehr krankheitsanfällig.

Die Nachzucht der Anemonenfische gelingt heute regelmäßig. Wer ein laichendes Pärchen pflegt, sollte immer um eine Auf-

zucht der Larven bemüht sein. Es genügt schon, wenn 10 oder 20 Anemonenfische heranwachsen. 5 Fische behält man selbst, die anderen gibt man an interessierte Aquarianer oder Zoohändler ab. Wildfänge müssen dann nur noch zur Blutauffrischung importiert werden. Zwei Besonderheiten erleichtern die Zucht der Amphiprion-Arten; sie durchleben einen Geschlechtswechsel und die Larven sind relativ groß und vergleichsweise widerstandsfähig. Im Fachhandel sollten keine großen Tiere erworben werden, weil die Aussichten, dadurch ein harmonierendes Pärchen zu bekommen, relativ gering sind. Günstiger ist es, 4 bis 6 Jungfische zu kaufen und mit 2 Symbioseanemonen zu vergesellschaften. Innerhalb dieser Gruppe von Jungfischen wird schnell eine Rangordnung festgelegt. Alle juvenilen Tiere sind Männchen, erst das stärkste Exemplar wechselt das Geschlecht und wird zum Weibchen. Das dauert ungefähr 12 Monate, kann aber auch mehr oder weniger Zeit in Anspruch nehmen. Das ist abhängig von der Größe der Tiere. Während der Geschlechtsumwandlung unterdrückt das zukünftige Weibchen die anderen Männchen. Sobald das Weibchen geschlechtsreif ist, beginnt es, zusammen mit dem stärksten Männchen, die anderen Fische zu attackieren. Das ist besonders bei den großen Arten zu beobachten. Die kleineren Anemonenfische, wie der beliebte Orangeringelfisch (*Amphiprion ocellaris*), leben mitunter weiter in kleinen Gruppen. Sobald sich jedoch ein festes Pärchen herauskristallisiert, sollten, im Interesse einer erfolgreichen Nachzucht, die anderen Anemonenfische entfernt werden. Anemonenfische sind recht produktiv und laichen fast das ganze Jahr über. Lediglich von April bis September legen sie mitunter eine Pause ein. Dem Ablaichen geht immer ein auffallendes Balzverhalten voraus. Beide Tiere putzen intensiv den zukünftigen Laichplatz. Eingespielte Paare laichen meist schon am darauffolgenden Tag. Innerhalb von 1 bis 4 Stunden werden zwischen 100 und 400, ca. 4 mm große, Eier abgelegt. Die Zeitigungsdauer der Eier ist unterschiedlich, sie liegt aber im Bereich zwischen 6 bis 17 Tagen. Interessant ist, daß sie bei dem jeweiligen Pärchen immer gleich bleibt, oder höchstens einen Tag schwankt. Ohne die Mithilfe der Eltern beim Schlüpfen, kann sich die Zeitigungsdauer erheblich verlängern. Die Larven schlüpfen immer nachts. Sie sollten vorsichtig mit viel Wasser in ein ca. 100 bis 300 Liter fassendes Aquarium überführt werden. Das dafür verwendete Wasser muß aus dem Ablaichbecken stammen. Schon am ersten Tag müssen die Larven gefüttert werden. Als Aufzuchtfutter eignet sich bis jetzt *Brachionus plicatilis,* ein Rädertierchen, am besten. Es kann in Mischkulturen mit dem Wimpertierchen *Euplotes vannus* herangezogen werden, allerdings ist *Euplotes* für die meisten Amphiprion-Larven zu klein. Das Plankton zieht man in beliebig großen Behältern, bei ca. 20 bis 25 °C. Gefüttert werden die Einzeller mit aufgeschwemmter Bäckerhefe. Das Plankton wird vor dem Verfüttern mit Kaffeefiltern abgesiebt und mit sauberem Meerwasser durchgespült. Die Einzeller können dann fast ohne Wasser verfüttert werden. Nach ungefähr 10 Tagen fressen die Larven auch Artemianauplien. Nach 4 Wochen wird die Futterpalette soweit als möglich erweitert. Sie erhalten dann die selben Futtersorten wie ihre Eltern, nur mundgerecht zerkleinert. Geeignete Futtermittel sind: Salinenkrebse (Nauplien lebend, sonst tiefgefroren), Mysis, Mückenlarven, Fischrogen, Krill, gut gewässerte Tubifex, Flockenfutter, Wasserflöhe und andere geeignete Nahrungsmittel, die die Tiere akzeptieren. Im Riffbecken sollten keine Symbioseanemonen gepflegt werden, weil sie die empfindlichen sessilen Blumentiere schädigen. In speziellen Aquarien, oder in, mit viel Feingefühl zusammen gestellten, Fischaquarien können die Anemonen gemeinsam mit ihren Symbiosepartnern gepflegt werden. Ohne Anemonen laichen die meisten Arten nicht. Für das Riffaquarium eignen sich weniger die kleineren Arten, wie *Amphiprion ocellaris*

(Orangeringelfisch) und *A. perideraion* (Halsbandanemonenfisch). In Ermangelung ihrer eigentlichen Symbiosepartner nehmen sie auch Lederkorallen, Scheibenanemonen und Steinkorallen als Partner an, was aber für diese Tiere gar nicht gut ist.

Amphiprion ocellaris Cuvier
Orangeringelfisch

Heimat: Indoaustralischer Archipel.
Größe: Bis 8 cm.
Pflege: Friedlich, empfindlich während der Eingewöhnungszeit. Anemonenfische fressen besonders gerne Flockenfutter.
Abb. 112

Amphiprion frenatus Breevort
Weißbinden-Glühkohlenfisch

Heimat: Indoaustralischer Archipel.
Größe: Über 10 cm.
Pflege: Gut haltbar. Sehr aggressiv. Männchen bleiben meistens kleiner als die Weibchen. Sehr ähnlich ist *A. ephippium,* der keine weiße Halsbinde besitzt. Exemplare von den Philippinen sind besonders kräftig rot gefärbt.
Abb. 136

Dascyllus melanurus Bleeker
Schwarzschwanz-Preußenfisch

Heimat: Von den Malediven bis in den Westpazifik.
Größe: Max. ca. 8 cm.
Pflege: Als einzige *Dascyllus*-Art gut im Riffaquarium zu pflegen, relativ friedlich. Nicht verwechseln mit dem weniger kontrastreich gefärbten *Dascyllus aruanus,* der vor allem aus Ostafrika importiert wird. Dieser Preußenfisch wird größer und erheblich aggressiver. Die Schwanzflosse ist bei dieser Art grau gefärbt, die kräftige schwarze Binde von *D. melanurus* fehlt.
Abb. 138

Abb. 136: *Amphiprion frenatus* beim Ablaichen (S. 134).

Abb. 137: Zwergzackenbarsch *Serranus tortugarum* (S. 151).

Abb. 138: Neonlippfisch *Bodianus bimaculatus* und Preußenriffbarsch *Dascyllus melanurus* (S. 147).

Abb. 139: Kubalippfisch *Bodianus pulchellus* (S. 147).

Abb. 140: Leopardfeilenfisch *Monacanthus spilosoma* (S. 150).

Abb. 141: Blaustreifen-Seenadel *Doryrhamphus excisus* (S. 151).

Gattung *Chrysiptera*, Demoisellen

Riffbarsche der Gattung sind für das Riffaquarium meistens zu groß und zu aggressiv. Lediglich die sehr schöne blaue Demoiselle (*Chrysiptera cyanea*) und die Gelbschwanzdemoiselle (*Chrysiptera parasema*) können für das Riffbecken empfohlen werden. Beide Arten sind Höhlenlaicher. Die bis jetzt noch nicht gelungene Aufzucht der Larven ist viel schwieriger als die der Anemonenfische. Die Larven schlüpfen ca. 7 Tage nach dem Ablaichen, immer nachts. *Brachionus* und *Euplotes* fressen sie nicht. Die Larven schnappen zwar nach den *Brachionus*- Rädertierchen, spucken sie aber jedesmal wieder aus.

Die beiden Demoisellen bilden keine festen Paare, sie sind polygam. Die Männchen laichen mit mehreren Weibchen. Im Aquarium belegen sie feste Reviere, so daß es nicht möglich, ist nachträglich Artgenossen einzusetzen. Kleineren Fischen gegenüber können sie mitunter auch unausstehlich sein. Die Ernährung aller Demoisellen ist nicht besonders schwierig, gefressen wird alles, was die kleinen Mäuler bewältigen können. Die Ersatznahrung sollte so abwechslungsreich wie möglich sein, dann laichen die Riffbarsche über viele Jahre regelmäßig ab.

Chrysiptera cyanea Quoy & Gaimard
Blaue Demoiselle
(Abb. 106, Abb. 147)

Heimat: Indoaustralischer Archipel, Westpazifik.
Größe: Bis ca. 6 cm.
Pflege: Leicht zu pflegen, aggressiv. Bei den Männchen sind alle Flossen blau, bei den Weibchen ist die Schwanzflosse durchsichtig. Hälterung am besten in Haremsgruppen, 1 Männchen und mehrere Weibchen. Bei einigen pazifischen Varianten haben die Männchen orangene Schwanzflossen, Abb. 144

Chrysiptera taupou, Fidji-Demoiselle

Heimat: Pazifik
Größe: 5 cm.
Pflege: Seltener als die anderen Arten. Sehr aggressiv. Geschlechtsunterschiede sind nur schwer zu erkennen.
Abb. 147

Chrysiptera parasema Fowler,
Gelbschwanz-Demoiselle

Heimat: Indoaustralische Riffe.
Größe: 4 cm.
Pflege: einfach. Keine offensichtlichen Geschlechtsunterschiede. Weniger aggressiv als die beiden anderen Arten.
Abb. 108

Korallenwächter (Familie Cirrhitidae)

Zu dieser Familie gehören vorwiegend kleinere Arten mit einer Größe um 10 cm. Leider leben die meisten Korallenwächter recht räuberisch, weshalb nur einige Arten für die Pflege im Riffbecken geeignet sind. Bei allen Korallenwächtern ist die Schwimmblase zurückgebildet. Auf Korallen liegend lauern sie nach Beute, was auch der Ursprung ihres populären Namens ist.

Oxycirrhites typus Bleeker
Langschnäuziger Korallenwächter
oder Büschelbarsch

Heimat: Gesamter Indopazifik von Ostafrika bis Kalifornien, einschließlich Rotes Meer, in Tiefen ab etwa 15 m.
Größe: 12 cm
Pflege: Nicht mit kleinen Garnelen vergesellschaften, ansonsten friedlich und einfach zu pflegen. Hälterung mehrerer Tiere nicht immer möglich. Aquarien gut absichern, springt leicht heraus.
Abb. 107

Neocirrhites armatus CASTELNAU
Feuerkorallenwächter

Heimat: Südpazifik
Größe: 8 cm
Pflege: Leicht zu pflegen, aber selten und teuer.
Gestalt: Keine verlängerte Schnauze wie *O. typus*. Leuchtend rot mit einer schwarzen Binde längs der Rückenflosse; Augen von einem dunklen Ring umgeben.
Abb. 135

Fahnenbarsche (Familie Anthiidae)

Besonders farbenprächtige Tiere sind die Fahnenbarsche der Gattung *Pseudanthias*. Auffallend ist bei allen Arten der ausgeprägte Geschlechtsdimorphismus. Die Männchen sind oft völlig anders gefärbt als die juvenilen Tiere, die genauso aussehen wie die erwachsenen Weibchen. Die stärksten Weibchen einer Gruppe wechseln das Geschlecht und die Färbung, sie werden zu Männchen, die meist auch viel größer sind als die anderen Tiere.

Pseudanthias-Arten sind keine einfachen Pfleglinge. Fahnenbarsche müssen sehr sorgfältig gefüttert werden, weil sie nur frei im Wasser schwebende Nahrung aufnehmen und das Aquarium nicht nach Kleintieren oder Algen absuchen. Diese ausgiebige Fütterung belastet das Wasser erheblich, dazu kommt noch, daß sie in der Futterannahme sehr wählerisch sind und nicht jede Ersatznahrung akzeptieren. Darum sind *Pseudanthias*-Arten keine Fische für den Neuling. Lediglich *Pseudanthias squamipinnis* ist etwas einfacher zu pflegen. Sehr selten wird auch der heikle *Pseudanthias pleurotaenia* eingeführt. Für eine erfolgreiche Eingewöhnung ist sehr wichtig, daß die Fische nicht mit Betäubungsgiften gefangen wurden. Solche Tiere sind kaum mehr zu retten, weil die inneren Organe, besonders Leber und Nieren, irreparabel geschädigt sind. Giftfrei gefangene Fische können jedoch über Jahre im Aquarium leben, sofern sie mehrmals täglich gefüttert werden. Besonders während der Eingewöhnungszeit ist darauf zu achten, daß die gefressene Nahrung auch verdaut wird.
Abb. 129, *Pseudanthias pleurotaenia*, Männchen.

Schleimfische (Familie Blenniidae)

Schleimfische sind den meisten Seewasser-Aquarianern keine unbekannten Tiere. Im Mittelmeer leben einige schöne Arten, die leicht in freier Natur beobachtet werden können. Eine Art lebt sogar im Garda-See in reinem Süßwasser. Leider eignen sich die Schleimfische der kühleren Gewässer nicht für das tropische Riffaquarium. Die Körperform der Schleimfische ist länglich, die Haut weich und schuppenlos. Die Schwimmblase ist bei vielen Arten zurückgebildet. Diese Tiere sind substratgebunden und ortstreu. Zu ihnen gehören auch die europäischen Schleimfische. Tropische Arten werden selten importiert und sind mitunter recht aggressiv. Einige Fische können gut schwimmen und gehen tagsüber rege auf Nahrungssuche. Viele Schleimfische haben eine feste Wohnröhre, die sie zwischendurch immer wieder aufsuchen. Schleimfische sind sehr lebhaft und beleben ein Aquarium ungemein, leider belästigen sie oft Röhrenwürmer, kleinere Zehnfußkrebse und verschiedene Muscheln.

Viele Schleimfische sind Algenfresser, die sehr gut im Riffaquarium gepflegt werden können. In letzter Zeit wird von Ostafrika eine etwas unscheinbare Art importiert, die unerwünschte Algen fleißig abweidet.

In letzter Zeit werden regelmäßig Säbelzahnschleimfische der Gattung *Meiacanthus* importiert. Diese Fische zeichnen sich dadurch aus, daß sie große Unterkieferzähne besitzen, die mit Giftdrüsen in Verbindung stehen. Ihr Biß kann auch für den Menschen schmerzhaft sein.

Meiacanthus oualensis GÜNTHER,
Gelber Säbelzahnschleimfisch

Heimat: Westpazifik.
Größe: Bis 8 cm.
Pflege: Heikel, nur in Riffbecken möglich.
Selten. Manche Autoren stellen diese Art
als Unterart zu *Meiacanthus atrodorsalis*.
Abb. 118

Meiacanthus grammistes VALENCINNES,
Zebra-Blenni oder Zebra-Lyrafisch

Synonym: *Petroscirtes temmincki*
Heimat: Indoaustralischer Archipel.
Größe: 10 cm
Pflege: Manchmal heikel in der Nahrungs-
annahme. Schwimmt tagsüber frei im Wasser, ruht oft in einer Wohnhöhle, in der er
auch die Nacht verbringt. Das Männchen
ist kräftiger gelb gefärbt, die Schwanzflos-
senstrahlen sind weiter ausgezogen, außerdem ist es etwas größer. Revierbildend.
Gleichgeschlechtliche Fische können nicht
immer zusammen gepflegt werden.
Abb. 55

Meiacanthus mossambicus SMITH,
Afrikanischer Lyraschleimfisch

Heimat: Ostafrikanische Riffe.
Größe: 7 cm
Pflege: Wie *M. grammistes*.
Gestalt: Körperform wie die beiden ande-
ren Arten. Körper olivgrün, Schwanzflosse
leuchtend gelb.

Meergrundeln (Familie Gobidae)

Grundeln sind in ihrer Lebensweise bo-
dengebunden, zumindest aber substratab-
hängig. Bei vielen Arten sind die Bauchflossen zu einem Saugnapf umgebildet. Einige
Meergrundeln sind ausgesprochene Riff-
spezialisten. Sie sind klein und leben in
Acropora-Steinkorallen, die sie ganz selten

verlassen (*Gobiodon*). Meergrundeln leben
sehr oft paarweise, oder in kleinen Gruppen mit einer territorialen Abgrenzung untereinander. Andere Arten stehen tagsüber
im freien Wasser über ihren Wohnhöhlen
und warten auf vorbeitriftende Nahrung
(*Nemateleotris*). Bei Gefahr verschwinden
sie blitzschnell in ihrem Versteck. Hat sich
ein festes Pärchen zusammengefunden,
kann man ein sehr interessantes Verhalten
beobachten, wie es nur wenige Korallenfische im Aquarium zeigen. Grundeln sind
Substratlaicher, zumindest die Arten, die
bisher im Aquarium gelaicht haben. Die
Eier sind länglich geformt und sehr klein,
die pelagisch lebenden Larven schlüpfen
innerhalb von 2 bis 7 Tagen. Häufig legen
die Grundeln die Eier in ihrer Wohnhöhle
ab. Das Männchen übernimmt oft die alleinige Betreuung des Geleges. Es gibt aber
auch viele Arten, bei denen beide Tiere die
Brut betreuen.

Leider werden nur sehr wenige Grundeln
importiert, obwohl es eine sehr artenreiche
und weit verbreitete Fischfamilie ist.

Amblyeleotris aurora
POLUNIN & LUBBOCK
Aurora-Symbiosegrundel

Heimat: Indischer Ozean, Ostafrika.
Größe: Bis ca. 8 cm.
Pflege: Recht einfach zu pflegen. Friedlich,
selten. Lebt in der Natur mit Knallkrebsen
in einer gemeinsamen Wohnhöhle.
Abb. 113

Cryptocentrus cinctus HERRE
Gelbe Symbiosegrundel

Heimat: Indoaustralischer Archipel.
Größe: Bis 10 cm.
Pflege: Untereinander sehr aggressiv, nur
Pärchen können gemeinsam gepflegt werden. Lebt mit Knallkrebsen in einer gemeinsamen Wohnhöhle. Neben dieser sehr
schönen gelben Form gibt es noch eine

grau-braune Variante. Die systematische Stellung ist aber noch nicht endgültig geklärt.
Abb. 113

Stonogobius nematodes HOESE & RANDALL Fadengrundel

Heimat: Bislang nur von den Philippinen bekannt.
Größe: 4 cm.
Pflege: Scheu und schreckhaft. Diese Symbiosegrundel kann nur mit sehr ruhigen und vor allem kleinen Fischen gemeinsam gepflegt werden. In solchen Aquarien ist sie ein wunderbarer Pflegling und schwimmt die meiste Zeit frei im Wasser. Bei Australien lebt die ähnliche Art *Stonogobius xanthorhinica*, bei der die erste Rückenflosse aber nicht so spektakulär verlängert ist.
Abb. 143

Lythrypnus dalli GILBERT, Catalina-Grundel

Heimat: Ostpazifische Küste, Kalifornien.
Größe: Bis 5 cm.
Pflege: Die Catalina-Grundel ist eine Art, die sich nur für ruhige Aquarien eignet. Größere und mitunter räuberische Fische, wie z. B. Korallenwächter, Lippfische und ähnliche Tiere scheiden für die gemeinsame Pflege aus. Untereinander sind die *Catalina*-Grundeln streitsüchtig; revierbildend. In Behältern ab 200 l Inhalt können sie aber durchaus zu mehreren gehalten werden. In kleineren Aquarien ist das nur bei einer unnatürlich hohen Populationsdichte möglich. *Lythrypnus dalli* bewohnt tiefere Wasserschichten ab 6 m. In den kalifornischen Küstengewässern steigt die Temperatur selten über 16 °C. Die Catalina-Grundel eignet sich vor allem für die schwach beleuchteten Aquarien mit lichtunabhängigen Hornkorallen, Schwämmen und empfindlichen Muscheln (Aquarium 4, Seite 73). Im Riffbecken wurde diese Grundel schon mehr als 3 Jahre gepflegt.
Abb. 115

Nemateleotris magnificus FOWLER, Feuergrundel oder Schwertgrundel

Heimat: Indopazifik.
Größe: 10 cm.
Pflege: Ein ruhiger Fisch, der nur mit friedlichen Fischen zusammen gepflegt werden kann. Untereinander oft streitsüchtig, ideal für ein Riffaquarium.
Gestalt: Körperform wie *N. decora*, erste Rückenflosse aber viel weiter ausgezogen, ca. 5 cm lang. Hintere Körperhälfte leuchtend orangebraun. Von der verlängerten ersten Rückenflosse zieht sich ein rosafarbener Streifen wie eine Blesse bis zum Maul.
Abb. 109

Nemateleotris decora RANDALL & ALLEN, Dekorgrundel

Heimat: Zentraler Pazifik, Indoaustralischer Archipel.
Größe: 10 cm.
Pflege: Wie *N. magnificus*. Mit der ersten Rückenflosse »winken« die Fische rhythmisch. Bei einer Beunruhigung erhöht sich die Zahl der Bewegungen, genauso macht es auch die Feuergrundel *N. magnificus*.
Abb. 125

Leierfische (Familie Callionymidae)

Ungewöhnliche Tiere sind die Leierfische der Familie Callionymidae. Aquaristisch sind nur 3 Arten der Gattung *Synchiropus* näher bekannt. Im Mittelmeer und Atlantik leben auch zwei schöne Arten (*Callionymus festivus* PALLAS, *C, lyra* L.). In den tropischen Meeren warten aber bestimmt noch einige Überraschungen, darunter auch einige aquaristisch interessante Leierfische.

In der Pflege sind alle Leierfische proble-matisch. Die Synchiropus-Arten können al-leine mit Ersatznahrung nicht über Jahre ge-pflegt werden. Ihre Hälterung ist nur in gut eingefahrenen Kleinbiotopen möglich, in denen viele Kleinkrebse und Würmer für ei-ne natürliche Nahrungsgrundlage sorgen. Unter diesen Umständen sind die Leierfische sogar einfache Pfleglinge, die keine zusätzli-che Fütterung mehr benötigen. Alle Synchir-opus-Arten sind gleichgeschlechtlichen Fi-schen gegenüber sehr aggressiv. Einzelne Fi-sche akzeptieren aber ohne weiteres einen fremden Partner. Meistens harmonieren sie so gut miteinander, daß sie regelmäßig ablai-chen. Vor dem eigentlichen Laichvorgang balzen die Fische mehrere Tage lang. Dem Laichakt gehen mehrere Scheinpaarungen voraus. Das Pärchen steigt engumschlungen langsam aus dem Riff hoch. Zum Ausstoß der Geschlechtsprodukte kommt es nur, wenn die Tiere wenigstens 30 cm aus der Dekoration hochsteigen können. Für geziel-te Zuchtversuche ist es deshalb wichtig, daß die Fische in hohen Aquarien gepflegt wer-den. Die Wasserstandshöhe sollte wenig-stens 60 cm betragen. Die Schleimhaut soll leicht giftig sein, dies wäre ein wirksamer Schutz vor Raubfischen, für die das langsam aufsteigende Pärchen eine leichte Beute wä-re. Die Eier sind klein, die Larven leben pela-gisch. Die Aufzucht der Larven ist bisher in Europa noch nicht gelungen. Für das Riffaquarium eignen sich alle Leierfische ganz hervorragend, weil sie sich auch von lebhaften Fischen nicht aus der Ruhe brin-gen lassen, außerdem fressen sie keine sessi-len Wirbellose an.

Synchiropus ocellatus PALLAS, Augenfleckleierfische

Synchiropus stellatus SMITH

Heimat: Indopazifik.
Größe: 7 cm.
Pflege: Wie in der Gattungsbeschreibung angegeben. Bei den Männchen ist die erste

Rückenflosse größer als bei den Weibchen. Nachts gräbt sich dieser Fisch in den Boden ein. Sehr ähnlich ist Synchiropus stellatus SMITH, in der Pflege bestehen keine Unter-schiede zu S. ocellatus.
Abb. 117

Synchiropus splendidus HERRE, Mandarinfisch

Heimat: Indoaustralischer Archipel, Great-Barrier-Reef.
Größe: 7 cm.
Pflege: Wie in der Gattungsbeschreibung angegeben. Beim Männchen ist die erste Rückenflosse deutlich verlängert.
Abb. 126, Männchen.

Synchiropus picturatus PETERS, LSD-Fisch

Heimat: Indoaustralischer Archipel.
Größe: 7 cm.
Pflege: Wie in der Gattungsbeschreibung angegeben.
Gestalt: Ähnelt etwas S. splendidus. Die Zeichnung ist aber mehr kreisförmig. Die Grundfarbe ist ein zartes Graugrün. Die Flecken bilden drei farbige Ringe, rötlich, schwarz und blaugrün.

Doktorfische (Familie Acanthuridae)

Doktorfische oder Seebader werden diese Tiere genannt, weil sie am Schwanzstiel beid-seitig einen messerscharfen, aufstellbaren Dorn besitzen. Dieser Dorn, das »Skalpell«, liegt in einer Vertiefung und kann nicht direkt mit Muskelkraft hochgestellt werden. Damit er sich aufstellt muß der Seebader seine Schwanzflosse abwinkeln, dies kann er aber nur dann weit genug, wenn er seinen Rivalen schnell und bogenförmig anschwimmt. Die Schläge erfolgen oft überraschend und blitz-schnell. Bei ungepanzerten Fischen kann es 1 bis 2 cm lange, tiefe, die Haut durchdringende

Schnitte verursachen. Doktorfische schwimmen mit den Brustflossen, was den oft auch hochgebauten Fischen einen typischen Bewegungsablauf verleiht. Die Schwanzflosse wird nur zur Steuerung eingesetzt. Die Haut der Seebader ist lederartig und mit kleinen rauhen Schuppen bedeckt.

Acanthuriden gehören fast ausschließlich den Pflanzenfressern an. Im Riff übernehmen sie dadurch eine wichtige Aufgabe. Zusammen mit Seeigeln und Schnecken verhindern sie ein übermäßiges Wachstum von Algen, welche die riffbildenden Steinkorallen überwuchern könnten. Diese Aufgabe übernehmen sie auch im Riffa-quarium, so daß sie für ein funktionierendes Kleinbiotop sehr wichtig sind. Tierische Ersatznahrung ist nur zur zusätzlichen Fütterung geeignet. In einem kräftig beleuchteten Riffbecken wachsen aber immer genügend unerwünschte Algen, die von den Doktorfischen gefressen werden können. Ist das nicht der Fall, kann man den Doktorfischen auch im Süßwasser eingeweichte Algen (Nori) aus dem Naturkostladen anbieten.

Doktorfische gehören zu den empfindlichsten Korallenriffbewohnern. Die meisten Arten sind recht krankheitsanfällig und vertragen zudem noch keine hohen Dosen von Medikamenten. Erkrankte, oder sehr geschwächte Fische können innerhalb von zwei bis drei Tagen völlig abmagern. Solche Fische sind kaum noch zu retten. Für das Riffaquarium eignen sich nicht alle Seebader die importiert werden gleichermaßen gut. *Acanthurus achilles*, *A. leucosternon* und *Paracanthurus hapatus* sind dafür meist zu krankheitsanfällig. Schnell werden sie von den Parasiten Oodinium oder Cryptocarion (Ichtyo) befallen. Einige Arten werden recht groß und zupfen manchmal an Blumentieren (*A. sohal*, *Zebrasoma xanthurum*).

Doktorfische leben im Meer oft in Schulen oder sogar in größeren Schwärmen, einige leben einzeln und schließen sich nur zum Ablaichen in Schwärme zusammen. Trotz dieser eher geselligen Lebensweise sind Doktorfische in Aquarien üblicher Größe recht aggressive Tiere. Besonders andere,

ähnlich aussehende Seebader und neu eingesetzte Fische werden hartnäckig verfolgt. Es bleibt einem dann nur übrig, ein Tier zu entfernen. In sehr großen Aquarien ab 1000 Liter Inhalt ist es möglich einige Arten (*Acanthurus achilles*, *A. lineatus*, selten auch mit *A. leucosternon*) in Gruppen ab 5 Exemplaren erfolgreich zu pflegen. Gewähr für ein friedliches Zusammenleben kann zwar niemand übernehmen, doch im Hinblick auf eine erfolgreiche Nachzucht sollten solche Versuche doch unternommen werden. In Meeresaquarien unter 1000 l Inhalt können auch einige Doktorfische in kleineren Gruppen oder zu zweit gepflegt werden, z. B. *Zebrasoma flavescens*, *Acanthurus triostegus*, zumindest als Jungtiere; *Paracanthurus hepatus* und *Acanthurus olivaceus*. In sehr großen Aquarien gelingt das öfters mit *Acanthurus achilles*, *A. lineatus*, *Zebrasoma desjardinij* und *Z. veriferum*.

In sehr großen, mehrere tausend Liter fassende Aquarien, haben einige Doktorfische schon abgelaicht; leider ist das bisher noch nicht fotografiert worden. Wie bei vielen anderen Korallenfischen leben die kleinen Larven pelagisch. Zum Ablaichen stößt das Pärchen schnell einen Meter oder mehr nach oben in eine geringere Wassertiefe; der schwächere Außendruck soll vermutlich das gleichzeitige Ausstoßen der Geschlechtsprodukte ermöglichen oder erleichtern. Für Zuchtversuche ist es daher ratsam, sehr hohe Aquarien einzusetzen. Die Larven durchleben ein Stadium in der sie als Acronurus-Larve bezeichnet werden. Die Zucht von Doktorfischen ist bis jetzt noch nicht gelungen.

Acanthurus achilles SHAW, Orangefleckdoktorfisch

Heimat: Pazifischer Ozean.
Größe: Bis ca. 25 cm.
Pflege: Schwierig, während der Eingewöhnungszeit sehr empfindlich; krankheitsanfällig. Im Fisch-Aquarium leichter zu pflegen, verträgt aber keine ruppigen Mitbewohner. Mitunter aggressiv, kann aber in

Abb. 142: *Cirrhilabrus cyanopleura* (S. 147).

Abb. 143: Symbiosegrundel *Stonogobius nematodes* (S. 139).

Abb. 144: *Hoplolatilus purpureus,* am Boden, *Hoplolatilus marcosi* (S. 150).

Abb. 145: *Hoplolatilus starki* (S. 150).

Abb. 146: *Chrysiptera taupou* (S. 136).

Abb. 147: *Chrysiptera cyanea* (S. 136).

Abb. 148: Centropyge bicolor (S. 149).

Abb. 149: *Chaetodontoplus septentrionalis* (S. 149)

Behältern ab 1000 l Inhalt in Gruppen gepflegt werden. *A. achilles* kann die Körperfärbung völlig in ein helles Grau wechseln. Abb. 124

Acanthurus nigricans CUVIER, Samtschwarzer Doktorfisch

Heimat: Gesamter Pazifik, vom Indoaustralischen Archipel bis Mexiko.
Größe: 15 bis 20 cm.
Pflege: Sehr nahe mit *A. achilles* verwandt. Etwas einfacher zu pflegen, insgesamt robuster; selten. Nur gesunde Tiere sind kräftig schwarz gefärbt. Außer Algen fressen diese Doktorfische sehr gerne Salinenkrebse und Mysis.
Abb. 121

Sehr ähnlich ist der Philippinen-Doktorfisch, *Acanthurus japonicus* SCHMIDT, gefärbt. *A. japonicus* ist mehr bräunlich und hat in der Rückenflosse zusätzlich eine rote Längsbinde. Der weiße Fleck unter dem Auge reicht bis an das Maul heran. In der Hälterung gleicht er *A. nigricans*.

Acanthurus leucosternon BENNETT, Weißkehldoktorfisch

Heimat: Indischer Ozean, Indoaustralischer Archipel.
Größe: Ca. 20 cm.
Pflege: Gut zu pflegen, nicht ganz so krankheitsanfällig wie *A. achilles*. Gesunde Fische haben eine kräftige blaue Färbung, bei Unwohlsein, oder bei einer Erkrankung verblaßt das Blau, das kann auch ein Anzeichen für eine Verschlechterung der Wasserqualität sein.
Abb. 119

Acanthurus sohal FORSKAL, Rotmeer-Doktorfisch

Heimat: Nur im Roten Meer (endemisch).
Größe: Bis 40 cm.
Pflege: Nicht sehr für das Riffaquarium geeignet, ansonsten aber leicht zu hältern.

Gegenüber Neuankömmlingen mitunter sehr aggressiv. Jungtiere sind bei weitem nicht so schön wie geschlechtsreife Tiere. Im Riffaquarium zupft diese Art immer wieder an den empfindlichen Blumentieren, Anemonen werden nicht belästigt. Abbildung:10, *A. sohal* in einem überwiegend mit Fischen besetzten Aquarium (Seite 60).

Im Indopazifischen Raum lebt die ähnlich aussehende Art *Acanthurus lineatus* (L.). Dieser Fisch hat auf gelb, oder auch orange-gelb gefärbtem Grund zahlreiche schwarz-blauschwarz gezeichnete Längsbinden. Die Flossen sind hell, nicht dunkel wie bei *A. sohal*. Im Gegensatz zum Rotmeer-Seebader kann der Streifendoktorfisch sehr gut im Riffbecken gepflegt werden. *A. lineatus* ist ein fleißiger Algenfresser.

Paracanthurus hepatus (L.), Paletten- oder Picasso-Doktorfisch

Heimat: Indischer Ozean, Indoaustralischer Archipel.
Größe: Bis 30 cm.
Pflege: Nicht einfach im Riffbecken zu pflegen; krankheitsanfällig. Zumindest Jungtiere können in kleinen Gruppen (1/3/5/7) gehältert werden.
Abb. 10

Ctenochaetus hawaiiensis BENNETT, Hawaii-Bürstenzahnseebader

Heimat: Pazifik.
Größe: Bis 25 cm.
Pflege: Nicht schwierig, benötigt aber immer ausreichend Algen. Jungtiere sind besonders farbig, ältere Tiere haben eine feinere Zeichnung. Sehr gut für die Pflege im Riffbecken geeignet. *Ctenochaetus hawaiiensis* ist einer der »fleißigsten« Algenfresser.
Abbildung 123 (S. 119) zeigt ein halberwachsenes Tier.

Erwachsenen *Ct. hawaiiensis* ist der Blaustreifen-Bürstenzahnseebader, *Cteno-*

chaetus strigosus BENNETT, sehr ähnlich. *Ct. strigosus* hat aber einen gelben Ring um beide Augen. Jungtiere sind leuchtend gelb gefärbt.
Abb. 122

Zebrasoma flavescens BENNETT, Gelber Segelseebader

Heimat: Pazifik, besonders um Hawaii.
Größe: Bis 20 cm.
Pflege: Einfach; kann auch in kleinen Gruppen gehältert werden. Sehr gut für ein Riffaquarium geeignet. Eine Erkrankung mit Cryptocarion ist bei dieser Art auch an dunklen Pünktchen zu erkennen, weiße Flecken finden sich meistens nur in den Flossen.
Abb. 122

Familie Pseudochromidae (Zwergbarsche, Dottybacks)

Kleine sehr gut für das Riffbecken geeignete Fische. *Pseudochromis*-Arten werden mittlerweile oft nachgezüchtet. Manchmal aggressiv, vor allem wenn sie einzeln gepflegt werden. Am friedlichsten ist *Pseudochromis fridmani* aus dem Roten Meer. Weitere gut geeignete Arten: Rotes Meer: *P. springeri, P. flavivertex, P. sankeyi*; Indischer Ozean: *P. aldabrensis (dutoiti)*; Indoaustralischer Archipel: *P. paccagnellàe, P. porphyreus, P. diadema*.
Größe: 5-10 cm.
Pflege: Ideal für Riffbecken, einfach zu ernähren, sie nehmen fast alle gängigen Futtersorten an.
Abb. 105

Lippfische (Familie Labridae)

Eine große, verwirrende und wenig erforschte Familie ist die der Lippfische. Viele Lippfische durchleben einen Geschlechtswechsel, mit dem oft eine drastische Farb- und Zeichnungsveränderung einhergeht. Männchen und Weibchen einer Art sehen dann vollkommen verschieden aus. Dazu kommt noch, daß die juvenilen, nicht geschlechtsreifen Tiere völlig anders als die erwachsenen Lippfische aussehen können. Das hat dazu geführt, daß eine ganze Reihe von Arten mehrfach beschrieben worden sind. Bei allen bekannten Lippfischen ist noch nicht geklärt, wie sich Männchen und Weibchen einer Art unterscheiden; die Meeresaquaristik kann hierzu wertvolle Hinweise geben.

Für das Riffaquarium eignen sich leider nur einige Lippfische; viele Arten werden zu groß, oder sind zu räuberisch. Selbst die meisten kleineren Arten sind mehr oder weniger räuberische Allesfresser, die jedoch keine Blumentiere anfressen. Im Riffbecken übernehmen Lippfische eine durchaus wichtige Aufgabe, sie verhindern ein übermäßiges Ausbreiten verschiedener Kleintiere, wie Asseln, Meerflohkrebse, Schnecken und ganz besonders verhindern sie eine Massenvermehrung von Borstenwürmern (Polychaeta). Im Meer leben viele verschiedene Borstenwürmer, zu denen auch die sessil lebenden Röhrenwürmer gehören. Eine ganze Reihe von, mitunter auch sehr wehrhaften Arten, leben frei beweglich und sind oft große Räuber. Das trifft aber nicht auf alle Borstenwürmer zu. In einem gut eingefahrenen Aquarium vermehren sich schnell einige kleinere Arten, die eigentlich harmlose und nützliche Aasfresser sind. Unter den günstigen Bedingungen im Riffbecken vermehren sie sich aber zu schnell. Sie werden dann leicht zu gefräßigen Schädlingen, die Muscheln, Schnecken, Röhrenwürmer und Blumentiere anfressen, oder zumindest beeinträchtigen. Viele Lippfische sind von Natur aus Freßfeinde der Borstenwürmer, sie reduzieren die, in der richtigen Menge durchaus nützlichen, Polychaeten auf das natürliche Maß.

Einige Lippfische haben sich darauf spezialisiert andere Fische von Parasiten zu befreien. Am bekanntesten sind die Putzerfische der Gattung Labroides. Für das Riffaquarium sind diese Putzerfische aber nicht geeignet, weil große Fische in solchen Aquarien nicht gepflegt werden können. Es hat auch keinen Sinn Putzerlippfische einzusetzen, wenn andere Fische von Oodinium und Cryptocarion befallen sind, weil diese Parasiten für die Fische unerreichbar tief in der Haut schmarotzen. Von größeren Parasiten können sie ihre Mitbewohner durchaus befreien. Putzerfische sind von Natur aus so auf ihre Tätigkeit ausgerichtet, daß sie, wenn ihnen geeignete »Kunden« fehlen, auch Blumentiere, Röhrenwürmer und Muscheln nach Parasiten absuchen, was für diese Tiere aber gar nicht gut ist.

Die Putzerlippfische umhüllen sich nachts mit einem Schleimkokon, der sie vor Raubfischen schützt. Viele andere Lippfische vergraben sich nachts im Sand, weshalb sie an einer Stelle eine wenigstens 5 cm hohe Schicht, keinesfalls scharfkantigen, Bodengrundes benötigen.

Lippfische sollten nach Möglichkeit immer in kleinen Gruppen gepflegt werden. Man darf aber nie mehrere Männchen zusammenbringen. Das stärkste Tier aus einer Gruppe von Weibchen oder Jungtieren färbt sich um und wird zum dominierenden Männchen. Beobachtungen dazu sollten immer publiziert werden. Bei Arten von denen bekannt ist, daß sie vermutlich keine Geschlechtsumwandlung vollziehen können, ist es allerdings erforderlich, die Fische einzeln zu pflegen; der Versuch sollte aber, im Hinblick auf eine erfolgreiche Vermehrung, immer unternommen werden.

Lippfische sind sehr lebhafte und gelehrige Tiere. Wie die Doktorfische schwimmen auch sie mit den Brustflossen. Das Maul ist meistens nicht sehr groß, dafür ist es aber mit gut entwickelten Zähnen ausgestattet, die eine einmal ergriffene Beute nicht mehr loslassen. Ist es einem Lippfisch gelungen, einen zu großen Futterbrocken zu erbeuten, schlägt er ihn an einen Stein oder eine Koralle, so lange bis das Futterstück mundgerecht zerkleinert ist.

Labroides dimidiatus VALENCIENNES, Putzerlippfisch

Heimat: Indopazifik.
Größe: 10 cm.
Pflege: Nicht besonders für ein Riffbecken geeignet; wie alle Putzerlippfische nicht einfach zu pflegen, muß vor allem sehr sorgfältig gefüttert werden; transportempfindlich. Männchen und Weibchen sind äußerlich nicht zu unterscheiden; gleichgeschlechtliche Tiere können nicht miteinander gepflegt werden. Abgelaicht wird an einer strömungsreichen Stelle in das freie Wasser. Die Eier sind sehr klein und glasklar, genauso wie die von den Zwergkaiserfischen (Centropyge). Abb. 124

Gomphosus caeruleus LACEPEDE, Schnabellippfisch

Heimat: Indopazifik. Im Roten Meer lebt die Unterart Gomphosus c. klunzigeri KLAUSEWITZ, bei der die Weibchen mehr gelb gefärbt sind, die Schwanzflosse ist hell.
Größe: Bis ca. 20 cm.
Pflege: Nur in Aquarien mit ausreichender Kleintierfauna leicht zu pflegen. Kann im Riffbecken gehältert werden, dezimiert sehr erfolgreich Borstenwürmer. Große Röhrenwürmer werden meistens in Ruhe gelassen. Kleinere Zehnfußkrebse werden aber erbeutet, nicht jedoch die großen Putzergarnelen Stenopus hispidus, Lysmata debelius und Lysmata amboinensis.
Abb. 130, Weibchen.
Abb. 131, Männchen.

Cirrhilabrus jordani SNYDER Prachtlippfisch

Heimat: Hawaii.
Größe: Männchen bis zu 12 cm.
Pflege: Einfach, teuer und selten. Männchen sind kräftiger gefärbt; Weibchen fehlt die gelbe Färbung in der Bauchregion.
Abb. 128

Cirrhilabrus exquisitus Sмiтн
Cirrhilabrus lubbocki Randall & Carpenter
Cirrhilabrus cyanopleura Bleeker

Alle drei Lippfische sind im Indopazifischen Raum weit verbreitet. Es handelt sich durchweg um sehr gut und einfach zu pflegende Lippfische. Sie eignen sich vorzüglich für die Pflege im Riffbecken.
Abb. 54, 118, 142

Bodianus bimaculatus Allen
Neonlippfisch

Heimat: Indopazifik, seltene Importe von Sri Lanka. Vorwiegend im tieferen Wasser ab 40 Meter.
Größe: Ca. 10 cm.
Pflege: Sehr einfach, aber aggressiv untereinander und gegenüber anderen kleinen Lippfischen, gut für das Riffbecken geeignet. *Bodianus bimaculatus* hat eine sehr leuchtende gelbe Färbung.
Abb. 138

Bodianus pulchellus Poey
Kubalippfisch

Heimat: Nördlicher Golf von Mexiko.
Größe: Bis ca. 25 cm.
Pflege: Dieser sehr schöne Lippfisch kann auch im Riffbecken gepflegt werden. Eine gemeinsame Hälterung mit Garnelen und Röhrenwürmern ist aber nicht empfehlenswert.
Abb. 139

Feenbarsche (Familie Grammidae)

Zu den liebenswerten kleinen Korallenfischen gehören die Arten der Gattung Gramma. Bislang werden nur 2 Arten aus der Karibik importiert. Ob es noch weitere Arten gibt scheint zumindest fraglich, doch von der verwandten Gattung Lipogramma, die auch im Indopazifik lebt, wartet sicher-

lich noch so mancher schöne Fisch auf seine Ersteinfuhr nach Deutschland. Die Feenbarsche sind recht ruhige Fische, die untereinander manchmal aggressiv reagieren können. Zumindest Männchen verteidigen ihr Revier. *Gramma loreto* hat im Aquarium schon abgelaicht. Die Eier legen sie in kleine Höhlen und bauen, wenn vorhanden, aus Algen sogar richtige kleine Nester. Die Eltern betreiben Brutpflege, ähnlich den Anemonenfischen. Die Larven schlüpfen nach ca. 3-5 Tagen, sie sind sehr klein und leben anfangs pelagisch. Die Aufzucht ist bis jetzt in Europa anscheinend noch nicht gelungen. Frisch importierte Tiere sind empfindlich gegen bakterielle Infektionen und leiden manchmal unter einem Befall mit Trichodina.

Gramma loreto Poey, Feenbarsch

Heimat: Karibik, im Flachwasser bis ca. 25 m.
Größe: Bis ca. 10 cm meist kleiner.
Pflege: Einfach. Männchen sind zumeist größer und haben verlängerte Bauchflossen. Gegenüber den meisten anderen Fischen und allen Wirbellosen absolut friedlich. Achtung! Aus dem Indopazifik werden sehr ähnliche kleine Barsche aus der Gattung *Pseudochromis* importiert, die viel öfter im Handel erscheinen und leider erheblich aggressiver sein können. Ein gutes Unterscheidungsmerkmal ist die Färbung der Flossen.
Abb. 110

Gramma melacara Böhlke & Randall
Schwarzkappenbarsch

Heimat: Karibik, oft erst ab 30 m Tiefe.
Größe: Bis zu 14 cm (nur in sehr großen Becken)
Pflege: Einfach. *Gramma melacara* ist viel seltener als *Gramma loreto*, weswegen dieser Fisch wohl meistens auch allein gepflegt wird. Über das Ablaichverhalten ist mir leider nichts bekannt.
Abb. 111

Kaiserfische (Familie Pomacanthidae)

Typische Riffbewohner sind die Kaiserfische der Gattung *Pomacanthus*. Diese Fische werden aber zu groß für ein Riffaquarium und zupfen außerdem noch immer wieder an den empfindlichen Blumentieren. Allenfalls kräftig nesselnde Seeanemonen werden nicht behelligt (Abbildung 9). In der Natur suchen sich die meisten Arten ihre Nahrung zwischen den Steinkorallen, die zumeist aus allen möglichen Algen, Schwämmen und Moostierchen (*Hydrozoen*) besteht. Im Aquarium fressen viele Kaiserfische der Gattungen *Pomacanthus, Holacanthus, Chaetodontoplus, Apolemichthys* und *Centropyge*, Blumentiere an. Das individuelle Verhalten ist aber auch bei diesen Fischen wieder sehr unterschiedlich. Aus dieser Familie eignen sich nur einige Zwergkaiserfische der Gattung *Centropyge* und die meisten Lyrakaiserfische der Gattung *Genicanthus* für die Pflege im Riffbecken.

Centropyge acanthops NORMANN, Orangerücken-Zwergkaiserfisch

Heimat: Ostafrika. Im Atlantischen Ozean lebt der sehr ähnliche *C. aurantonotus* BURGESS, bei dem die Schwanzflosse aber immer dunkelblau gefärbt ist.
Größe: 6 cm.
Pflege: *C. acanthops* ist einer der dankbarsten Herzogfische, der immer in Haremsgruppen (1/2–1/3) gepflegt werden sollte. Männchen und Weibchen sind bei genauerer Betrachtung gut zu unterscheiden. Das Männchen wird etwas größer und der blaue Fleck am Körper ist weiter ausgedehnt. Die Kiemenregion ist meistens blau überlaufen. Am weichstrahligen Ende der Rückenflosse ist der blaue Flossensaum breiter als beim Weibchen, oft ist er sogar zu einem kleinen Fleck erweitert. Die Schwanzflosse ist nicht wie die des Weibchens rein gelb gefärbt. Die Afterflosse ist bei den Männchen ganz blau, die Weib-

chen haben parallel zum Schwanzstiel einen gelben Streifen. Schon jüngere Tiere können relativ sicher unterschieden werden. Eine spätere Geschlechtsumwandlung ist möglich. Dem Ablaichen geht ein intensives Balzverhalten voraus. Dabei verblaßt der blaue Fleck des Männchens. Mit gespreizten Flossen führt es sprunghafte Schwimmbewegungen aus. Mit dem Balzen und Ablaichen beginnen die Fische nur dann, wenn eine wenigstens 30 Minuten lange Dämmerung in die Beleuchtung mit eingebaut ist. Beim Ablaichen schwimmen beide Fische ca. 30 cm aus der Dekoration empor.

Das Weibchen bleibt dabei nahezu waagerecht, das Männchen folgt und berührt mit der Schnauze die Genitalregion des Weibchens.

Das Pärchen bewegt sich merkwürdig langsam, fast starr. Die ausgestoßenen Eier bilden eine kleine Wolke, sie werden sofort vom Männchen befruchtet. Die Eier sind sehr klein und glasklar, die Strömung verdriftet sie schnell. Die Aufzucht ist schwierig und bisher noch nicht gelungen, zumindest liegen noch keine dokumentierten Berichte darüber vor.
Abb. 132, 133

Centropyge loriculus GÜNTHER, Feuer-Herzogfisch

Heimat: Pazifik. Australien, Tahiti, Hawaii.
Größe: 7 cm.
Pflege: Diese Art ist recht friedfertig und kann in ausreichend großen Behältern (ab 300 l) in kleinen Gruppen gepflegt werden. Im Riffbecken vergreift sich diese Art selten an den Blumentieren, ebenso wie *C. acanthops*. Viele andere Fische zupfen immer wieder an den Wirbellosen, allerdings ist das auch bei den Zwergkaiserfischen individuell sehr unterschiedlich.
Gestalt: Feuerrot, mit 5 schwarzen Querbinden. Die Weichteile der Rücken- und Afterflosse sind mit leuchtend blauen Streifen verziert. Bei den Männchen ist die

blaue Streifung ausgeprägter, außerdem werden sie größer.
Abb. 136

Chaetodontoplus septentrionalis
TEMMINCK & SCHLEGEL
Blaustreifenkaiserfisch

Heimat: Nördliche Philippinen, Hongkong, Taiwan, Südjapan.
Größe: Bis 20 cm.
Pflege: Einfach, nur bedingt für das Riffbecken geeignet, sehr selten. Anemonen werden nicht belästigt.
Abb. 149

Centropyge bicolor BLOCH
Blaugelber Zwergkaiserfisch

Heimat: Indoaustralischer Archipel, Westpazifik, Südchinesisches Meer.
Größe: Bis zu 15 cm.
Pflege: Über den Schwierigkeitsgrad dieses Fisches gehen die Auffassungen weit auseinander. Ich halte den Fisch für nicht viel problematischer als *C. loriculus*. Die Aufnahme zeigt ein Pärchen beim Ablaichen.
Abb. 148

Mirakelbarsche (Plesiopidae)

Ungewöhnliche, sehr schöne Fische sind die Mirakelbarsche, von denen nur eine Art (*Calloplesiops altivelis*) regelmäßig importiert wird. Besonders farbige Tiere sind aber auch die seltenen australischen Arten der Gattung *Paraplesiops*.
Die Pflege der Mirakelbarsche ist nicht besonders schwierig. Wie in der Natur leben sie auch im Aquarium zurückgezogen in Höhlen und unter Überhängen. Mirakelbarsche sind aber keine ängstlichen Fische. Rückwärtsschwimmend, mit fast bis zum Zerreißen gespannten Flossen, drohen sie andere Fische, oder auch einen in das Aquarium blickenden Menschen, an. Mira-

kelbarsche können sehr alt werden, 10 Jahre und mehr.

Calloplesiops altivelis STEINDACHNER,
Mirakelbarsch

Heimat: Indischer Ozean, Indoaustralischer Archipel.
Größe: Ca. 15 cm.
Pflege: Einfach; sucht sich selbst einen Großteil seiner Nahrung im Aquarium (Kleinkrebse). Ideal für ein Riffbecken. Sehr selten wird der ähnliche *C. argus* eingeführt, der aber leicht an den viel kleineren und zahlreicheren weißen Pünktchen unterschieden werden kann.
Abb. 127

Torpedobarsche (Branchiostegidae)

Torpedobarsche sind sehr elegante Fische. Aquaristische Erfahrungen bestehen eigentlich nur mit *Hoplolatilus*-Arten und mit *Malacanthus latovittatus*. Die Behälter in denen Torpedobarsche gepflegt werden, müssen immer gut abgedeckt sein, weil die Gefahr sonst zu groß ist, daß die schreckhaften Fische herausspringen. Besonders von den Philippinen gelangen regelmäßig *Hoplolatilus*-Arten nach Deutschland. Mit Betäubungsgiften gefangene Fische können oft nicht mehr erfolgreich eingewöhnt werden. Torpedobarsche benötigen eine sehr sorgfältige Fütterung, weil sie nur frei im Wasser schwebende Nahrung annehmen. Dazu kommt noch, daß sie nicht viel Nahrung auf einmal fressen können, sie müssen darum mehrmals täglich versorgt werden, ansonsten eignen sich aber alle *Hoplolatilus*-Arten sehr gut für ein Riffaquarium.

Hoplolatilus marcosi BURGESS
Weißer Torpedobarsch

Hoplolatilus purpureus
Purpur Torpedobarsch

Hoplolatilus starki
Stark's Torpedobarsch

Heimat: Philippinen, Westpazifik.
Größe: Bis zu 15 cm.
Pflege: Von den 3 vorgestellten Arten ist *H. marcosi* am einfachsten zu pflegen. Leider muß man die Barsche 2 x täglich füttern, weswegen man sie keinesfalls in Aquarien mit nitratempfindlichen Wirbellosen pflegen kann, z. B. Steinkorallen.
Abb. 144, 145

Ordnung Tetraodontiformes

Kugelfischartige

Zu dieser Ordnung gehören durchwegs ungewöhnliche und hochinteressante Fische. Leider eignen sich nur ganz wenige Arten für eine Pflege im Aquarium. Kugelfische *Tetraodontidae*, Igelfische *Diodomtidae*, Kofferfische *Ostraciontidae* und Drückerfische *Balistidae* werden in diese Ordnung eingegliedert. Nahezu alle Arten sind aber sehr räuberisch und ernähren sich von Stachelhäutern, Zehnfußkrebsen und Schnecken. Blumentiere fressen nur einige Arten an, aber viele Fische werden sehr groß und sind mitunter auch sehr aggressiv. Eine Besonderheit dieser Ordnung sind die giftigen Inneren Organe, die bei Verzehr auch für den Menschen tödliche Vergiftungen verursachen können. In Japan gehören diese Fische aber zu den kulinarischen Spezialitäten. Fugu darf nur von extra ausgebildeten Köchen zubereitet werden, trotzdem sterben jedes Jahr Menschen durch eine unsachgemäße Zubereitung.

Igelfische und Kugelfische sollten nicht in ein Riffbecken eingesetzt werden. Kofferfische sind sehr empfindliche Tiere, die,

wenn sie verenden, auch in das Wasser Gift abgeben können.

Drückerfische werden fast immer zu groß und sind viel zu räuberisch, als daß man sie im Riffaquarium pflegen könnte. Lediglich einige Feilenfische eignen sich mit Einschränkungen für die Lebensgemeinschaft in einem Wohnzimmerriff.

Monacanthus spilosoma LAY & BENNETT,
Leopardfeilenfisch

Heimat: Hawaii-Inseln.
Größe: 12 cm.
Pflege: Gut zu pflegen; selten. Kann im Riffaquarium gepflegt werden, aber nicht zusammen mit kleineren Zehnfußkrebsen, wie z. B. Garnelen. Für fortgeschrittene Aquarianer.
Abb. 140

Oxymonacanthus longirostris
BLOCH & SCHNEIDER

Heimat: Indopazifik.
Größe: 10 cm.
Pflege: Sehr schwierig; nur paarweise pflegen. Ernährt sich in der Natur von Korallenpolypen und Kleinkrebsen. Bereitet oft Probleme mit der Annahme von Ersatznahrung.
Gestalt: Ähnlich *M. spilosoma*, aber langgestreckter und mit verlängertem Maul. Auf kräftig grünblauem Grund mehrere Reihen großer orangener Flecken. Im Roten Meer lebt der ähnlich gefärbte *Oxymonacanthus halli* MARSHALL. *O. halli* bleibt etwas kleiner, hat eine kürzere Schnauze und ist nicht so kräftig gezeichnet, dafür ist er aber einfacher zu pflegen.

Ordnung Syngnathiformes
Röhrenmaulartige Fische

Sehr ungewöhnlich sehen die Fische dieser Ordnung aus. Namen wie Seepferdchen, Trompetenfische, Rasiermesserfische oder Seenadeln, geben schon einen Hinweis auf das ungewöhnliche Aussehen von diesen Tieren. Nahezu alle Arten aus der Ordnung *Syngnathiformes* sind sehr auf ihre Tarnung bedacht. Sie bewegen sich nur langsam und haben nur selten eine auffällige Färbung. Ihre interessante Gestalt und das faszinierende Verhalten gleicht das aber bei weitem aus. Röhrenmaulartige Fische leben zumeist in großen Algenfeldern, lediglich Seenadeln, Trompetenfische und Rasiermesserfische *(Aeoliscus)* leben in den von Steinkorallen aufgebauten Riffen. Regelmäßig importiert werden nur Seenadeln und Seepferdchen. Seepferdchen eignen sich weniger für die Pflege im Riffbecken, weil sie sich an die Blumentiere anklammern, was diese erheblich stören kann. Seepferdchen sollten darum in separaten Behältern oder in einem geräumigen Algenfilter gepflegt werden.

Doryrhamphus excisus KAUP
Blaustreifenseenadel

Heimat: Indopazifik.
Größe: 6 cm.
Pflege: Nur in ruhigen Aquarien mit einer reichen Mikro- und Makrofauna erfolgreich zu pflegen. Finden die Seenadeln im Aquarium genügend kleine Tiere als Nahrung, sind sie recht ausdauernd.
Abb. 141

Doryrhampus dactyliophorus BLEEKER
Zebraseenadel

Heimat: Indopazifik
Größe: 15 cm
Pflege: Sehr gut für ruhige Riffbecken geeignet. Auch diese Art braucht Kleinkrebse, nimmt aber auch Mysis und Artemia als Ersatznahrung an.
Gestalt: Weiß. Rotbraun geringelt, weißrote Schwanzflosse.

Hippocampus kuda BLEEKER
Gelbes Seepferdchen

Heimat: Indopazifik
Größe: Bis 15 cm.
Pflege: Im Riffaquarium schwierig, in speziellen Aquarien einfach; die Nachzucht ist möglich; die gelbe Färbung zeigen die Fische nur in der Gruppe und wenn sie sich wohl fühlen. Innerhalb weniger Stunden können die Seepferdchen eine dunkelbraune Färbung annehmen. Die Abbildung zeigt ein Weibchen
Abb. 104

Ordnung Perciformes, Familie Serranidae

Serranus tortugarum
Neon-Zwergzackenbarsch

Heimat: Karibische See.
Größe: Bis ca. 8 cm.
Pflege: Sehr gut für die Pflege im Riffbecken geeignet. Sehr friedlich, springt leicht aus dem Aquarium. Selten.
Abb. 137

Stichwortverzeichnis

Literaturverzeichnis

Allen, Gerald R.: Die Anemonenfische – Arten der Welt, Mergus 1978;
Allen, Gerald R.: Falter- und Kaiserfische Band 2, Mergus 1979;
Allen, Randall, Steene: Fishes of the Great Barrier Reef and Coral Sea, University of Hawaii Press 1990;
Baumeister, Werner: Karibische Polychaeten, DATZ 2/94;
Clark, Ailsa: Starfishes of the Atlantic, Chapman & Hall, 1993;
Debelius, Helmut: Grundeln im Meerwasseraquarium, Aquarium Heute 2/86;
De Graaf, Frank: Tropische Zierfische im Meerwasseraquarium, Neumann-Neudamm 1988;
Fielding, Robinson: An Underwater Guide to Hawaii, University of Hawaii Press 1990;
Hering: Wunderwelt der Meeresalgen, DATZ 1968-1975;
Hickson, Sidney J.: A Revision of the Generera of the Alcyonaria Stolonifera, 1892;
Klausewitz, Wolfgang: Handbuch der Meeresaquaristik, Dähne Verlag;
Kerstich, Alex: Sea of Cortez Marine Invertebrates, Sea Challengers 1989;
Sefton, Webster: Carribean Reef Invertebrates, Sea Challengers 1986;
Steene, Roger C.: Falter- und Kaiserfische Band 1, Mergus 1977;
Scott, P.J.B.: Corals of Hongkong, Hongkong University Press 1984;
Sterrer, Wolfgang: Marine Fauna and Flora of Bermuda, Wiley-Interscience 1986;
Veron, J.E.N.: Corals of Australia and Indopacific, University of Hawaii Press, 2. Auflage 1993 (1986);
Wiedenmayer, Felix: Shallow-Water Sponges of the Western Bahamas, Birkhäuser, 1977;
Wood, Dr. Elisabeth: Corals of the World, T.F.H. 1982;
IUCN, Coral Reefs of the World, 1991 (1988), 3 Bände.

Daniel Knop
Riffaquaristik für Einsteiger
Preiswerte Einrichtung – pflegeleichte Tiere

2. Auflage. 200 Seiten, 190 Farbfotos, geb. DM 49,80
ISBN 3-921684-59-5

Riffaquarien haben den Ruf, kompliziert und teuer zu sein. Ganz zu unrecht, wie dieses Buch zeigt, denn es weist dem Einsteiger einen Weg mit geringem technischen Aufwand und wenig Vorkenntnissen ein preiswertes Riffaquarium einzurichten.

Der Autor stellt besonders pflegeleichte und anspruchslose Korallentiere vor, die für den Einstieg gut geeignet sind. Er berät beim Kauf von technischem Zubehör, zeigt wie die meisten der vorgestellten Korallentiere im Aquarium vermehrt werden können und hilft Fehlschläge, Enttäuschungen und unnötige Kosten zu vermeiden.

Daniel Knop
Riesenmuscheln

255 Seiten, 370 Abbildungen
ISBN 3-921684-22-6

Daniel Knop stellt in diesem Buch alle neun bisher bekannten Tridacnidae-Arten vor. Durch die Kontakte des Autors zu führenden Wissenschaftlern und Universitäten in Deutschland, Australien und Asien sowie die Auswertung eigener Erfahrungen mit Meeresaquarien bis zu 6.000 Litern Inhalt, entstand ein umfangreiches Werk über die Riesenmuscheln, das detailliert die Lebensweise, die Anatomie und die Fortpflanzung der Tiere beschreibt.

Dähne Verlag GmbH, Postfach 250, D-76256 Ettlingen
Tel. 07243/575-142, Fax 575-100
info@daehne.de, www.AQUARISTIK-online.de

Julian Sprung/Charles Delbeek
Das Riffaquarium

Ein umfangreiches Handbuch zur Bestimmung und Aquarienhaltung tropischer Meerestiere

Band 1.
544 Seiten, 400 Farbfotos
ISBN 3-921684-44-7

Band 2. 546 Seiten, 400 Farbfotos
ISBN 3-921684-45-5

Julian Sprung und Charles Delbeek gehören zu den weltweit angesehensten Experten für die Korallenriffaquaristik. Die englischen Originalausgaben dieser auf mehrere Bände geplanten Reihe sind in den USA längst zur „Bibel" der Riffaquarianer geworden.

Die Buchreihe führt den Laien und den wenig erfahrenen Aquarianer ohne Ballast an die Meeresaquaristik heran und gibt dem erfahrenen Riffaquarianer einen Überblick über die erfolgreichen Techniken zum Betrieb eines Korallenriffaquariums.

Der erste Band vermittelt das nötige Grundwissen über Biologie, Aquarienchemie und Aquarientechnik sowie Einrichtung und Pflege eines Riffaquariums und beschreibt viele Steinkorallengattungen und -arten.

Der zweite Band beschreibt zahlreiche Weichkorallengattungen und -arten und deren Aquarienhaltung.

Beide Bände sind mit großer Sachkompetenz übersetzt von Daniel Knop.

Dähne Verlag GmbH, Postfach 250, D-76256 Ettlingen
Tel. 07243/575-142, Fax 575-100
info@daehne.de, www.AQUARISTIK-online.de